普通高等教育土建类专业系列教材

CONSISE COURSE OF MINING METHOD
OF METRO ENGINEERING

地铁暗挖工程简明教程

江 华 孙立柱 陈一夫 主编

江玉生 主审

人民交通出版社股份有限公司
北京

内 容 提 要

遵照城市地下空间工程专业教学大纲要求,本教材依据国家、行业实施的相关标准规范,结合地铁工程建设技术发展的最新成果,秉持"实用、适用"的原则编写而成。教材共分 8 章:第 1 章绪论,第 2 章地铁暗挖车站建筑设计,第 3 章暗挖工程衬砌结构设计与计算,第 4 章暗挖工程防水设计,第 5 章暗挖风险工程专项设计,第 6 章暗挖工程地下水控制技术,第 7 章暗挖工程施工方法选择与关键技术,第 8 章暗挖工程支护与衬砌结构施工技术。为拓展教材内容,以二维码链接了翔实的工程案例等数字化资源,供读者参考。

本教材为普通高等教育土建类专业系列教材之一,可供高等院校土木工程、城市地下空间工程等专业本科生使用,也可作为从事地铁及相关工程设计、施工、科研工作的技术人员的参考资料。

图书在版编目(CIP)数据

地铁暗挖工程简明教程 / 江华, 孙立柱, 陈一夫主编. — 北京: 人民交通出版社股份有限公司, 2023.4
ISBN 978-7-114-18415-4

Ⅰ.①地… Ⅱ.①江… ②孙… ③陈… Ⅲ.①地下铁道—暗挖法—教材 Ⅳ.①U231

中国版本图书馆 CIP 数据核字(2022)第 258221 号

Ditie Anwa Gongcheng Jianming Jiaocheng

书　　　名:地铁暗挖工程简明教程
著 作 者:江 华　孙立柱　陈一夫
责 任 编 辑:谢海龙
责 任 校 对:孙国靖　宋佳时
责 任 印 制:张 凯
出 版 发 行:人民交通出版社股份有限公司
地　　　址:(100011)北京市朝阳区安定门外外馆斜街 3 号
网　　　址:http://www.ccpcl.com.cn
销 售 电 话:(010)59757973
总 经 销:人民交通出版社股份有限公司发行部
经　　　销:各地新华书店
印　　　刷:北京虎彩文化传播有限公司
开　　　本:787×1092　1/16
印　　　张:15.75
字　　　数:389 千
版　　　次:2023 年 4 月　第 1 版
印　　　次:2023 年 4 月　第 2 次印刷
书　　　号:ISBN 978-7-114-18415-4
定　　　价:52.00 元

编审委员会

PREFACE | 前言

国家"十四五"规划纲要提出要统筹推进传统基础设施和新型基础设施建设，打造系统完备、高效实用、智能绿色、安全可靠的现代化基础设施体系，随着我国国民经济的快速发展及城市化进程的不断加快，以轨道交通为代表的城市地下基础设施发展驶入快车道，在这种新格局、新体系的任务背景下，对以城市轨道交通为代表的现代化基础设施建设高素质人才培养提出了新标准、新要求。为此，中国矿业大学（北京）基于在隧道及地下工程、岩土工程等学科建设优势，主动对接新发展理念下的城市地下空间工程及相关专业领域的建设发展需求，积极推动学科建设对人才培养的支撑作用，确立了"以立德树人为核心，培养与我国城市地下空间工程发展水平相适应，引领城市地下空间工程行业发展创新人才为目标"的人才培养方案及相关教材编写思路。

本教材在编写过程中，秉持"实用、适用"的原则，力求全面整合作者团队的学术资源、融合教学环节改革创新成果、结合相关工程技术体系及技术发展前沿进展，充分吸纳凝练来自工程一线的新理念、新方法，以此探索推进"知行合一、求实务实、融汇贯通"的现代化建设（城市地下空间工程建设）人才培养新模式。

本教材共分8章：第1章绪论，第2章地铁暗挖车站建筑设计，第3章暗挖工程衬砌结构设计与计算，第4章暗挖工程防水设计，第5章暗挖风险工程专项设计，第6章暗挖工程地下水控制技术，第7章暗挖工程施工方法选择与关键技术，

第8章暗挖工程支护与衬砌结构施工技术。为拓展教材内容，以二维码链接了翔实的工程案例等数字化资源，供读者参考。

本教材由江华、孙立柱、陈一夫主编，江玉生主审。在教材编写过程中，得到了北京城建集团有限公司、北京市勘察设计研究院有限公司、中铁十八局集团有限公司以及北京市市政工程设计研究总院有限公司相关专家的指导与帮助，在此表示感谢。

限于水平有限，教材中难免有不足和疏漏之处，敬请各位读者批评指正。

作　者

2022 年 10 月

PREFACE | 前言

国家"十四五"规划纲要提出要统筹推进传统基础设施和新型基础设施建设，打造系统完备、高效实用、智能绿色、安全可靠的现代化基础设施体系，随着我国国民经济的快速发展及城市化进程的不断加快，以轨道交通为代表的城市地下基础设施发展驶入快车道，在这种新格局、新体系的任务背景下，对以城市轨道交通为代表的现代化基础设施建设高素质人才培养提出了新标准、新要求。为此，中国矿业大学(北京)基于在隧道及地下工程、岩土工程等学科建设优势，主动对接新发展理念下的城市地下空间工程及相关专业领域的建设发展需求，积极推动学科建设对人才培养的支撑作用，确立了"以立德树人为核心，培养与我国城市地下空间工程发展水平相适应，引领城市地下空间工程行业发展创新人才为目标"的人才培养方案及相关教材编写思路。

本教材在编写过程中，秉持"实用、适用"的原则，力求全面整合作者团队的学术资源、融合教学环节改革创新成果、结合相关工程技术体系及技术发展前沿进展，充分吸纳凝练来自工程一线的新理念、新方法，以此探索推进"知行合一、求实务实、融汇贯通"的现代化建设(城市地下空间工程建设)人才培养新模式。

本教材共分8章：第1章绪论，第2章地铁暗挖车站建筑设计，第3章暗挖工程衬砌结构设计与计算，第4章暗挖工程防水设计，第5章暗挖风险工程专项设计，第6章暗挖工程地下水控制技术，第7章暗挖工程施工方法选择与关键技术，

第8章暗挖工程支护与衬砌结构施工技术。为拓展教材内容,以二维码链接了翔实的工程案例等数字化资源,供读者参考。

本教材由江华、孙立柱、陈一夫主编,江玉生主审。在教材编写过程中,得到了北京城建集团有限公司、北京市勘察设计研究院有限公司、中铁十八局集团有限公司以及北京市市政工程设计研究总院有限公司相关专家的指导与帮助,在此表示感谢。

限于水平有限,教材中难免有不足和疏漏之处,敬请各位读者批评指正。

作 者

2022 年 10 月

CONTENTS | 目录

第 1 章
CHAPTER 1
绪论

城市地下工程建造方法

　　城市地下空间开发需根据地层及环境条件进行工程设计,进而根据工程特性选择恰当的施工方法才能快速、高效、优质地完成建造任务。其中,施工方法应根据工程的性质规模、围岩介质分类、环境条件、施工装备、施工技术水平、工期要求、经济情况等要素,综合考量后确定。根据开挖方式区分,城市地下工程的施工方法主要分为明(盖)挖法、盾构法和暗挖法。

1.1.1　明(盖)挖法

　　1)明挖法

　　明挖法是指从地面向下分层、分段依次开挖,直至达到结构要求的尺寸和标高,然后在基坑中进行主体结构施工和防水作业,结构施工完成后进行土方回填恢复地面,最终完成地下工程的施工方法,如图1-1所示。该方法多用于浅埋隧道和基坑工程,是地下工程施工中最基本、最常用的方法。

　　明挖法具有施工简单、快捷、经济的优势,在城市地下工程发展初期,是首选的开挖方法。但该施工方法对周围环境影响大、工程涉及拆迁量多、易受气候条件影响,且受地面交通和环境等因素的限制,目前城市中心区域已经很少采用该工法进行地下空间的开挖。图1-2和图1-3是典型的明挖法工程施工现场情景。

　　2)盖挖法

　　盖挖法是指由地面向下开挖至一定深度后,将顶部封闭,其余的下部工程在封闭顶盖的保护下施工的方法。根据主体结构施作顺序,盖挖法分为盖挖顺作法和盖挖逆作法。盖挖顺作法作业顺序为:在地面修筑维持地面交通的临时路面及其支撑后,自上而下开挖土方至坑底设计标高,再自下而上修筑结构。盖挖逆作法作业顺序与顺作法相反,开挖地面修筑结构顶板及其竖向支撑结构后,在顶板的下面自上而下分层开挖土方,分层修筑结构。图1-4为盖挖法示意图。

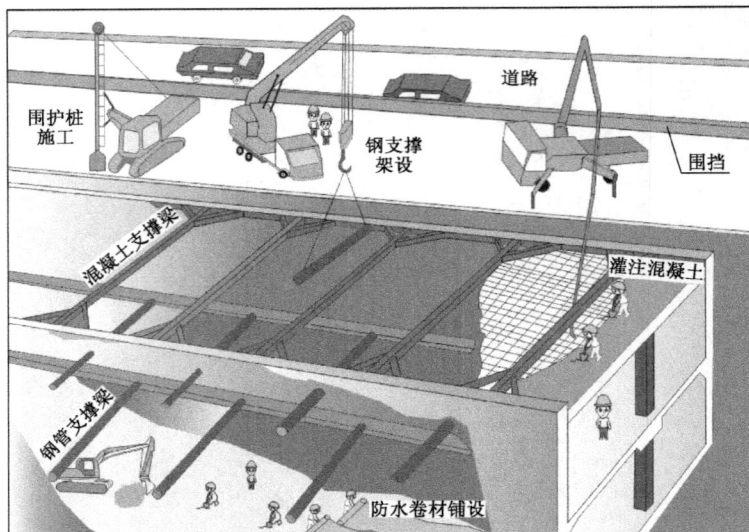

图 1-1 明挖法施工示意图

图 1-2 明挖法钢支撑

图 1-3 明挖法区间隧道作业

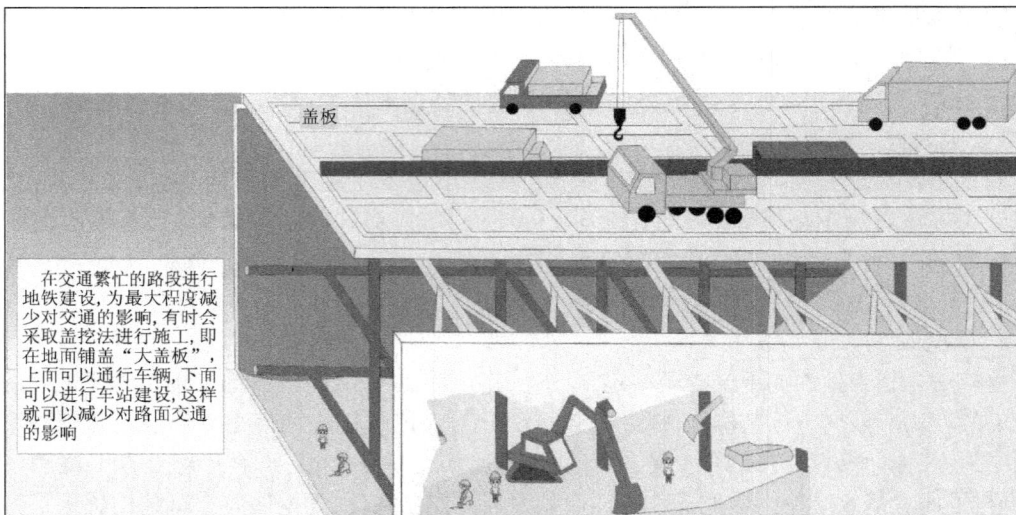

在交通繁忙的路段进行地铁建设,为最大程度减少对交通的影响,有时会采取盖挖法进行施工,即在地面铺盖"大盖板",上面可以通行车辆,下面可以进行车站建设,这样就可以减少对路面交通的影响

图 1-4 盖挖法施工示意图

在城市中心区域繁忙地带进行地下工程修建时,往往需要占用道路,势必会影响交通通行,为减少城市地下工程施工对地面交通的影响,常常采用盖挖法进行地下工程开挖。

盖挖法也适用于上面有高层建筑的地铁车站建设,其优点是可尽快恢复路面;缺点是混凝土内衬的水平施工缝处理困难、施工工序复杂,施工费用较高。盖挖顺作法只适用于市区浅埋地铁车站。图1-5为盖挖法施工地铁车站现场。

a)   b)

图1-5 盖挖法施工地铁车站

1.1.2 盾构法

盾构法是应用盾构开挖土体,形成隧道结构的机械化施工方法。盾构是全断面推进式隧道施工机械设备,在盾壳保护下可完成隧道掘进、出渣、管片拼装等作业,由主机和后配套设备组成。根据开挖面的稳定方式,盾构分为土压平衡式盾构、泥水平衡式盾构、敞开式盾构和气压平衡式盾构等。盾构机结构如图1-6所示。

盾构法的优点:施工安全,掘进速度快;盾构的推进、出土、拼装衬砌等全过程可实现自动化作业,施工劳动强度低;不影响地面交通与设施,也不影响地下管线等设施;穿越河道时不影响航运;施工中不受季节、风雨等气候条件影响;在松软含水地层中修建埋深较大的长大隧道更具技术和经济方面的优越性。

盾构法的缺点:盾构初始购置费相对较高,对施工区段短的工程经济性低;在隧道上方一定范围内,尤其是饱和含水松软土层,地表沉陷控制难度大;用于施工小曲率半径隧道时,有一定困难。

图1-6 盾构机结构

综上,盾构法能适用于各种复杂的工程地质和水文地质条件,从流动性很大的第四纪淤泥质土层到中风化和微风化岩层,既可用来修建小断面的区间隧道,也可用来修建大断面的车站隧道。

1.1.3　暗挖法

暗挖法是指不挖开地面,采用在地下挖洞的方式施工的方法,如图1-7所示。

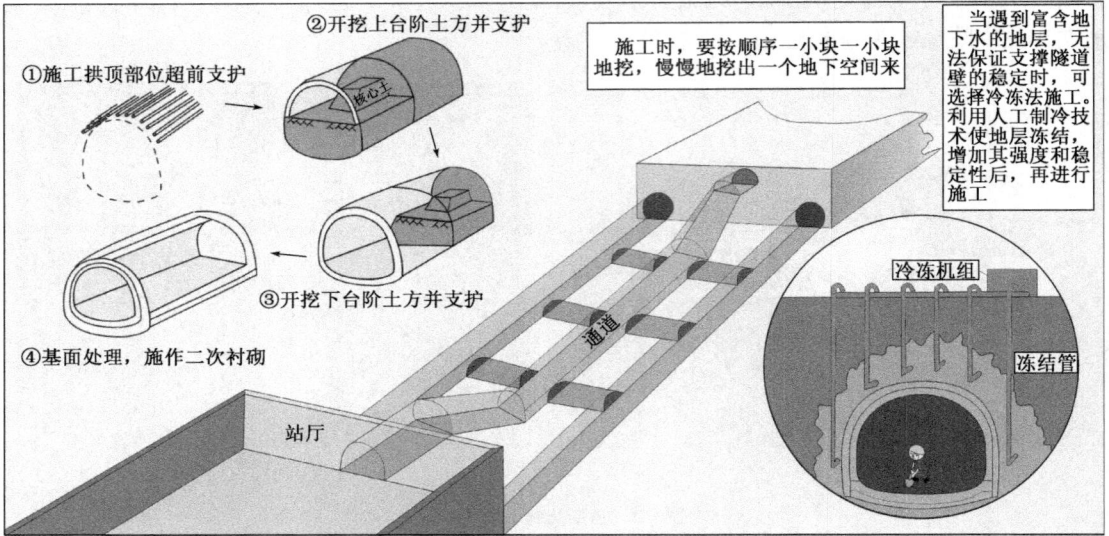

①施工拱顶部位超前支护

②开挖上台阶土方并支护

核心土

③开挖下台阶土方并支护

④基面处理,施作二次衬砌

站厅

通道

施工时,要按顺序一小块一小块地挖,慢慢地挖出一个地下空间来

当遇到富含地下水的地层,无法保证支撑隧道壁的稳定时,可选择冷冻法施工。利用人工制冷技术使地层冻结,增加其强度和稳定性后,再进行施工

冷冻机组

冻结管

图1-7　暗挖法施工流程示意图

暗挖法最初指传统矿山法,它是以木或钢构件件作为临时支撑,待隧道开挖成型后,逐步将临时支撑撤换下来,而代之以整体式衬砌作为永久性支护结构的施工方法;而后在传统矿山法基础上经奥地利隧道工程专家 L. V. 拉布采维茨总结施工经验提出了新奥法,并强调该法是利用岩体自身的强度,符合围岩-支护共同作用原理。20 世纪 80 年代中期,以王梦恕为代表的我国科技工作者结合北京地区的工程地质及水文地质条件,在新奥法的基础上提出了浅埋暗挖法,并成功应用于北京复兴门车站折返线工程(图1-8)。矿山法和新奥法多用于山岭隧道和公路隧道,而城市地下工程多埋深较浅,因此城市地下工程中所使用的暗挖法基本为浅埋暗挖法,本书中所指的"暗挖法"即为浅埋暗挖法。

a)

b)

图1-8　北京地铁复兴门折返线区间断面

　　暗挖法适用于城市软弱围岩地层,不开挖地面,采用从施工通道(竖井、工作井等)进入地下进行开挖、支护、衬砌的方式修筑车站、区间隧道等地下设施。即在浅埋条件下修建地下工程,以改造地层为前提,以控制地表或地层沉降为重点,以格栅(或其他钢结构)和喷锚作为初期支护手段,按照"十八字"方针,即"管超前、严注浆、短开挖、强支护、快封闭、勤量测"进行工程施工。

　　暗挖法具有高度灵活性,适合各种断面形式,以及变化断面,尤其适合折返线、停车线、渡线等断面频繁变化情形。相比明挖法,暗挖法可以极大减轻地下工程施工对地面交通和商业活动的影响,避免地面建筑物的大量拆迁;相比盾构法,暗挖法灵活性强,在短距离、非标准断面地下隧道、地铁车站等工程中使用更加较经济。暗挖法在区间隧道应用中,常用的施工方法有全断面开挖法、台阶法、中隔壁法(CD法)(图1-9)、交叉中隔壁法(CRD法)(图1-10)、双侧壁导坑法(眼镜工法)(图1-11)等;在地铁车站应用中,常用的施工方法还有侧洞法、中洞法、洞桩法(PBA法)(图1-12)等。

a)

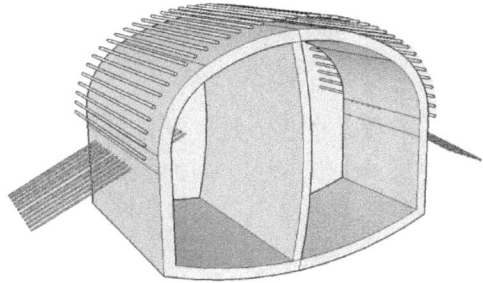

b)

图1-9　中隔壁法(CD法)施工

a)

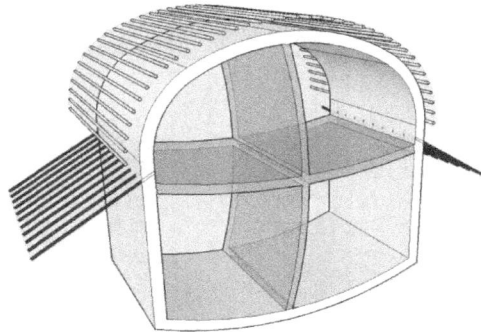

b)

图1-10　交叉中隔壁法(CRD法)施工

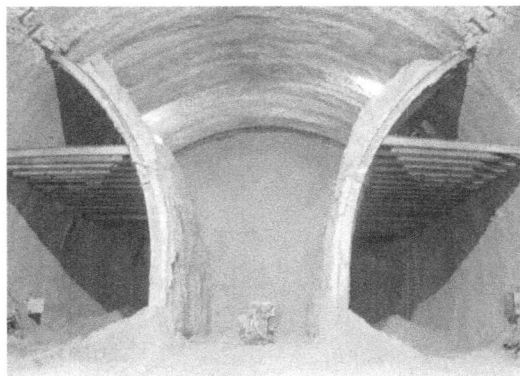

图 1-11　双侧壁导坑法施工

图 1-12　PBA 法施工

1.2　暗挖法的起源与发展

1.2.1　基本原理

暗挖法的技术核心是依据新奥法的基本原理,遵照"十八字"方针,施工中采用多种辅助措施加固地层(围岩),充分调动地层(围岩)的自身承载能力,开挖后及时支护、封闭成环,使其与围岩共同作用形成联合支护体系,是一种抑制围岩过大变形的综合配套施工技术。

1)管超前

管超前指采用超前管棚或超前导管注浆加固地层,由于城市地下工程处于较浅、软弱地层中,围岩缺少自稳能力,需要在开挖前对工作面前方的土体进行超前支护,以增加土体稳定性。图 1-13 为超前小导管支护示意图,图 1-14 为超前管棚支护现场作业,图 1-15 为超前小导管支护现场作业。

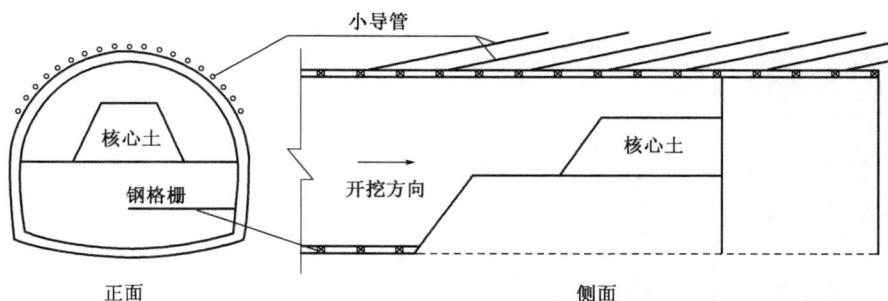

图 1-13　超前小导管支护示意图

2)严注浆

严注浆指在管棚或导管超前支护后,为稳定工作面、确保安全施工,采用注浆的方式进行地层加固,并起到堵水作用。注浆方法包括小导管超前周边注浆加固和深孔注浆加固,浆液凝固后,与土体集结成具有一定强度的"结石体",使周围地层形成一个壳体,增强其自稳能力,为施工提供一个安全的环境,如图 1-16 所示。

图 1-14 超前管棚支护

图 1-15 超前小导管支护

3）短开挖

开挖过程中，土体暴露时间越长、开挖进尺越大，土体坍塌的风险就越大，反之越小。因此，应根据地层条件的不同，及时调整暗挖隧道开挖进尺，地层稳定性较差地段，应严格控制开挖进尺，一般不良地段每次开挖进尺为 0.5～0.8m，甚至更短。图 1-17 所示为短开挖示意图，图 1-18 为台阶式短开挖现场。

图 1-16 超前注浆作业

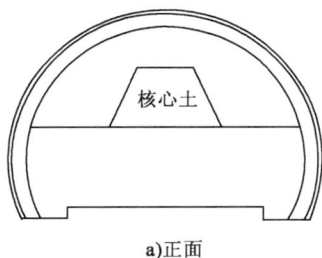

a) 正面

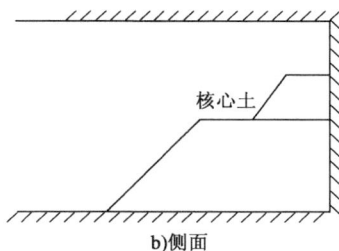

b) 侧面

图 1-17 短开挖示意图

图 1-18 台阶式短开挖现场

4）强支护

开挖对土体造成一定的扰动，由于松散围岩无自承能力，松散土体会直接作用于初期支护上，因此需要较强的初期支护体系来保证围岩与隧道结构的稳定。一般按照"喷射混凝土→开挖→架立钢架→挂钢筋网→喷混凝土"的次序进行初期支护，喷射混凝土初期支护施工示意如图 1-19 所示，施工现场如图 1-20 所示。

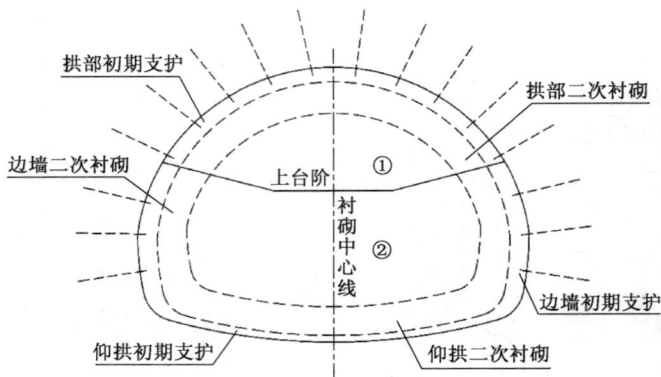

图 1-19　强支护示意图
注：①、②表示开挖顺序。

图 1-20　喷射混凝土初期支护施工

5）快封闭

暗挖隧道开挖多采用分部开挖的方法，其中台阶法使用较为频繁，一般根据作业空间设置分层高度，自上而下分层施工，为了防止拱部在没有坚实支撑面的情况下土体压迫拱部持续下沉，应尽早使支护体系成环，施工中一般预留 0.5 ~ 1 倍的跨度台阶长度，下台阶及时跟进，及早成环。在特殊部位，为了尽早成环，可采取临时仰拱等措施。图 1-21 所示为快封闭示意图，图 1-22 和图 1-23 为施工现场。

6）勤量测

暗挖施工过程应重视施工量测，以量测资料进行反馈指导施工。通过量测可以及时了解隧道开挖中以及支护后的变形、受力和地层沉降等，这些信息可以直接或间接反映隧道的稳定情况以及对周边环境的影响状况。这些信息也可以反馈给设计单位，以便根据需要及时调整和优化设计参数，达到安全和经济的双重目的，如图 1-24 所示。

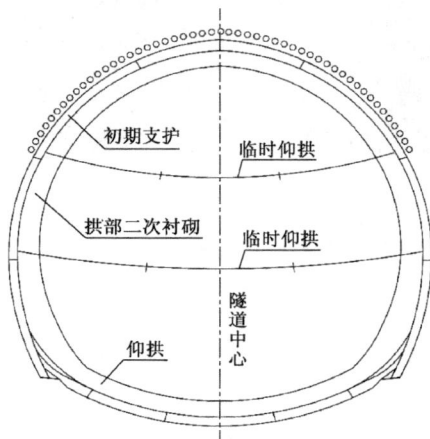

图 1-21　快封闭示意图

图 1-22　快速封闭成环

图 1-23　设置临时仰拱
注：①~④表示开挖分部。

a)隧道内监控量测   b)地面周围环境监控量测

图 1-24 暗挖工程监控量测

1.2.2 适用范围及特点

暗挖法适用于不宜明挖施工且含水率较小的地层,尤其对城市城区地面建筑物密集、交通运输繁忙、地下管线密布,且对地表沉陷要求严格的情况下修建埋置较浅的地下结构工程更为适用。对于含水率较大的松软地层,采取堵水或降水等措施后该法仍能适用。经过诸多工程的成功实践,其应用范围进一步扩大,从无水、地质条件较好的地层小断面施工逐渐扩展到超浅埋、大跨度、高水位等复杂地层条件下的地下工程施工中。

采用暗挖法施工的城市地下工程一般具有埋深浅(最小覆跨比可达0.2)、地层条件差(通常为第四纪软弱地层)、存在地下水(需降低地下水位)、周围环境复杂(邻近既有建、构筑物)等特点。暗挖法因具有对地面交通及周围环境影响小,灵活性强、专用设备使用少等优点得到广泛应用。

1.2.3 暗挖法技术发展现状

20世纪80年代以前,我国城市没有采用暗挖法施工软土隧道的先例,地下工程施工普遍采用的是明挖法。随着城市建设规模的扩大,建筑物密集程度不断增大,明挖法由于其施工场地面积较大不再适用于城市地下工程施工,因此人们开始研究和探索暗挖法施工技术。

20世纪80年代,军都山铁路双线隧道在进口段黄土地层首次开展浅埋暗挖施工技术的研究和试验。随后,1987年12月28日完工的北京地铁复兴门折返线隧道工程,开创了北京城市隧道在第四纪地层中暗挖法施工的先河。在此基础上,20世纪90年代,北京地铁1号线复兴门—八王坟区间(复八线,现已统称1号线)改变了北京地铁一、二期工程惯用的明挖法,全面推广浅埋暗挖法,修建了约13.5km的区间隧道及西单站、天安门西站、王府井站和东单站4座地下车站。

复八线的成功建设,丰富与发展了地铁的修建方法,创造了一整套城市地铁工程暗挖修建的新技术、新方法、新工艺,开创了我国地下工程暗挖施工的新纪元。在这之后,暗挖法被广泛应用于广州、深圳、青岛等城市的地铁工程及全国各地浅埋热力隧道、电力管道、过街通道、地下停车场、水利隧道等地下工程中。

1)大跨度地下空间暗挖技术的发展

（1）双侧壁导坑法

双侧壁导坑法也称眼镜工法,将大断面分成多个小断面进行分部开挖,即分为两侧导洞和中部导洞,导洞尺寸以满足机械设备和施工条件为准,其施工示意如图 1-25 所示。

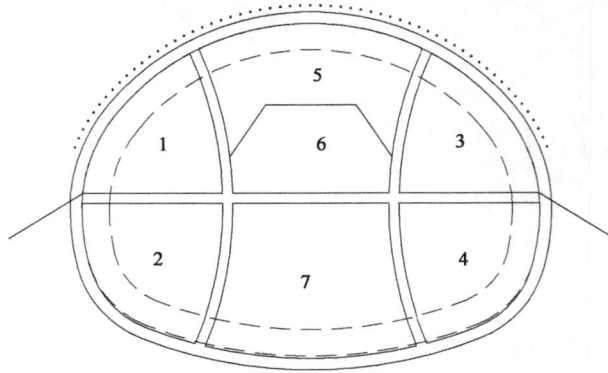

图 1-25　双侧壁导坑法施工示意图

注:1 ~ 7 表示开挖顺序。

在北京地铁复兴门折返线及北京地铁西单三联拱车站等大跨度地下工程建设过程中,采用了单侧壁导洞结合双侧壁导坑法,应用了大管棚、小导管注浆加固地层等预加固技术以及多导洞开挖技术,工程效果良好,示范推广作用明显,实现了我国城市地铁暗挖技术的突破,该工法已经成为大跨度隧道施工的基本方法之一。

（2）中洞法

中洞法是首先施工中间导洞,然后施工两侧导洞形成整个地铁车站的施工方法。中洞法的施工顺序如图 1-26 所示。中洞法完成中洞施工后再用侧洞法施作其余部分。两侧洞对称施工,解决了从中洞初期支护转移到梁柱上时产生的不平衡压力问题,施工引起的地层沉降控制效果良好。

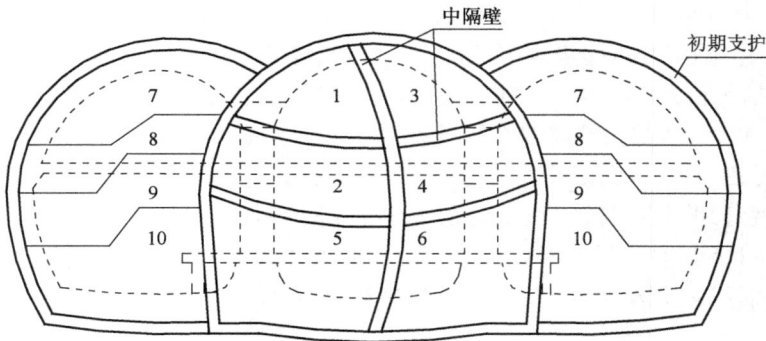

图 1-26　中洞法施工顺序

注:1 ~ 10 代表施工顺序。

（3）洞桩法（PBA 法）

洞桩法（PBA）法是在浅埋暗挖法的基础上,结合盖挖法理念发展起来的,由边桩、中桩、顶底梁、顶拱共同构成初期结构受力体系,承受施工过程荷载。其核心思想在于尽快形成竖向结构承载体系。该工法灵活多变,适应性强。

PBA 法首次在北京地铁复八线暗挖地铁车站工程中得到成功应用,后续逐步被推广至北京地铁多条线路的暗挖车站工程中,目前已经成为北京地铁暗挖车站的主流工法。PBA 法典型断面如图 1-27 所示。

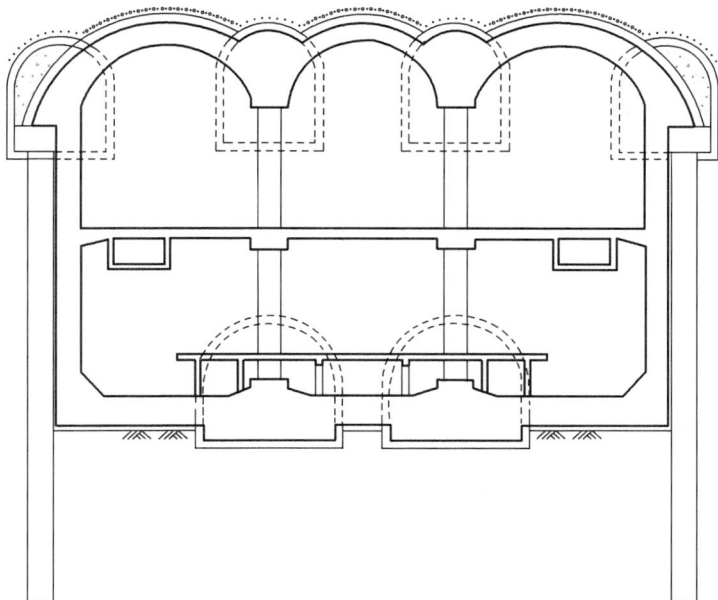

图 1-27　PBA 法典型断面示意图

2)平顶直墙暗挖技术的发展

在地铁建设过程中,会遇到各种地下构筑物,如新建地铁要下穿既有地铁线、地下热力、电力、燃气管沟,各种直埋水管等。以往的设计方法,一般采取加大新建线路纵坡以加大新旧线之间的距离,但这样往往加大隧道埋深,增加施工难度。因此,在起拱条件得不到满足的时候,一般采用平顶直墙暗挖施工技术,图 1-28 为平顶直墙下穿既有线示意图。

工程实践表明,在下穿既有结构时,采用不留或少留间隔土,对控制既有结构沉降是可行的。目前,北京地铁工程采用暗挖施工通过既有线结构时,一般选用平顶直墙暗挖技术。

3)辅助工法技术的发展

在暗挖法施作过程中,由于对周围环境变形控制要求严格,会对地层沉降和施工控制采取相应的辅助施工措施,如管井降水、小导管注浆、环形开挖预留核心土、大管棚等,对控制沉降、保障施工安全有着极其重要的意义,至今仍然广泛应用。随着工程实践的拓展,辅助施工技术也在不断发展完善。

(1)降水技术

暗挖法最基本的作业要求是无水,在有水地层中使用暗挖法开挖时大多采用取降水和止水等措施。目前地铁工程降水一般采用管井降水,在遇到地上、地下构筑物无法布设管井井位时,可采用辐射井降水;在渗透系数较小的地层,管井降水效果不好时,也可采用真空管井技术;在特殊环境下亦可采用隧道内成井降水技术。

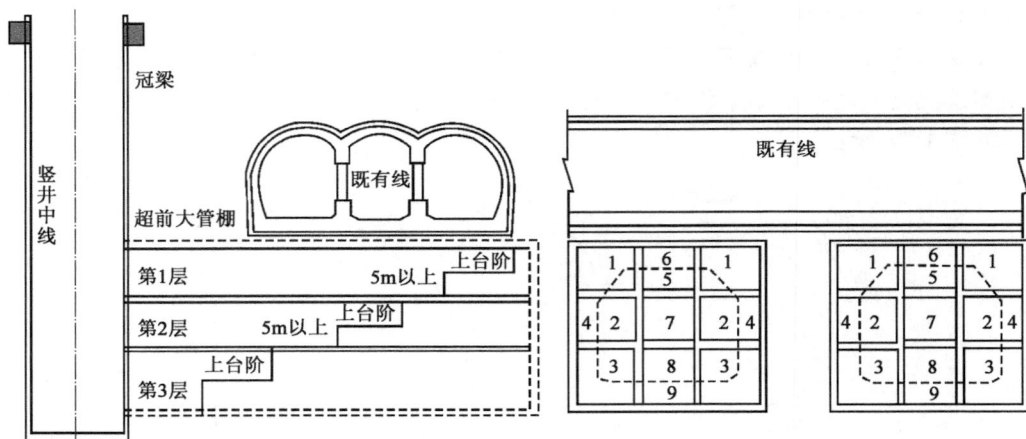

图 1-28　平顶直墙下穿既有线示意图

注:图中 1、2、3、5、7、8 表示导洞开挖及初期支护施工,4、6、9 表示二次衬砌施工。

（2）隧道预切槽技术

隧道预切槽技术是指在掌子面开挖之前,先用一台锯割机械沿着隧道拱背线切割出一条切槽,预切槽以后向槽内喷射混凝土形成初期支护,并在其保护下进行开挖作业。

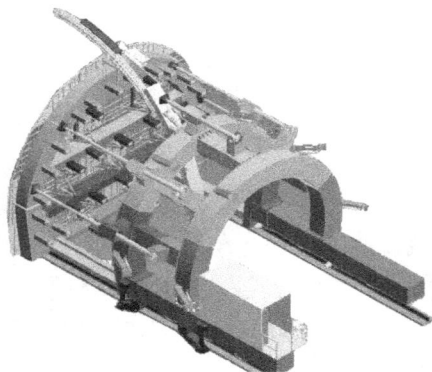

图 1-29　隧道预切槽机

在硬岩地层条件下,这条切槽是空的,利用它作为爆破开挖的临空面;在松散地层中,这条切槽则用混凝土充填成为预置拱圈,在其下进行开挖。隧道预切槽机如图 1-29 所示。

（3）岩土锚固技术

岩土锚固技术在地铁深基坑设计中已有过诸多应用,但在地铁隧道上跨既有线、施工新线开挖时控制既有线上浮方面应用较少。北京地铁 4 号线西单站上跨地铁 1 号线时,为控制区间隧道上浮,采取在新施作的车站隧道开挖到第 2 层导洞时,增加地层锚杆技术,用锚杆锁住隧道的上浮从而达到了预期效果。

1.2.4　暗挖法发展方向

暗挖法因其施工断面大、对施工环境扰动小的特点,目前广泛应用于我国城市地下空间建设中,尤其是城市地铁建设中。该法在保证地面交通不中断、管线正常使用的前提下,避免了传统工法对周围环境扰动较大的情况。然而,暗挖法也存在一些明显的不足之处,如施工速度慢、喷射混凝土粉尘较多、劳动强度大、机械化程度不高、施工工艺受施工队伍的技术水平限制以及高水位地层结构防水比较困难等。

因此,暗挖法要不断深入发展,适应实践需要,得到持续广泛应用,有以下几个发展方向。

1）提高机械化、自动化程度

我国正在加速进入老龄化社会,人口红利逐渐消失,在暗挖法施工中表现为劳动力成本的提高。

隧道开挖支护是暗挖法使用劳动力和机具设备最多的环节,是成本控制以及制约工期的关键环节。对初期支护的时间及设备选型进行研究,能够提升暗挖施工的效率以及机械化程度。隧道开挖支护作业时,设备使用量增加,则使用的劳动力数量会减少。但设备过多,对通风设备要求会大幅增加;设备的损坏对工期进度的影响会增大。因此,对隧道开挖支护设备的选型应该遵循"设备集成、小型灵活、一机多用"的原则,增加适用性强的设备,以提高效率、节约人工费用。图1-30为暗挖开挖支护常用设备之一多功能台车,其施工流程如图1-31所示。

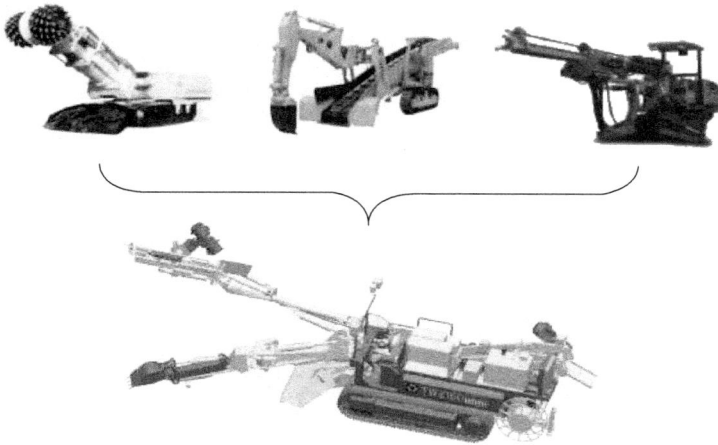

图 1-30　多功能台车

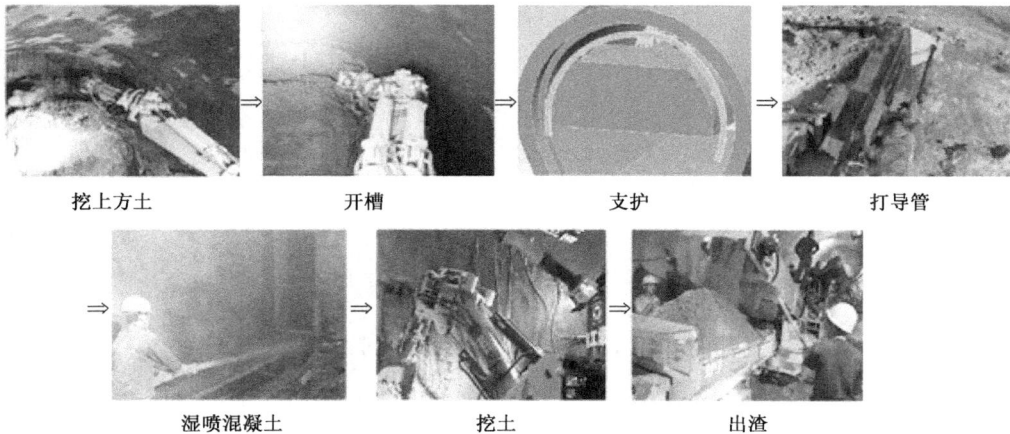

挖上方土　　　　　开槽　　　　　支护　　　　　打导管

湿喷混凝土　　　　挖土　　　　　出渣

图 1-31　多功能台车施工流程图

2)强化辅助工法,简化主要工法

在浅埋软弱富水地层中,需要依靠水平旋喷、管幕、冻结或降水等辅助工法形成较稳定超前加固体后,再进行开挖。因此,根据地层情况选择辅助工法,强化其作用可以大大简化对主要工法的选择依赖,同时,尽可能地采用台阶法或全断面法等少分部的工法,可提高机械化水平,有利于降低施工成本和缩短工期。

（1）管幕

依靠顶管机一次形成隧道开挖轮廓外 360°范围管幕,其施工主要有以下特点：

①带锁扣的咬合管幕成管过程中对地层扰动大、地表沉降大、咬合效果差,端头密封处容易漏水漏砂,不利于地层沉降控制。

②咬合的锁口因顶管机的旋转及顶管轴线精度的偏差容易撕裂,成为造成地层损失与沉降变形的主要因素。

③缓和曲线上的管幕,每一管节与相邻管节间的转角随着管节的顶进随时调整。因此,导向控制复杂,施工技术难度较大,工艺水平要求高。

（2）高压旋喷注浆

高压旋喷注浆经过数十年的发展,设备、工艺与成桩质量已取得了长足的进步,尤其是在水平高压旋喷注浆方面,我国科技工作者攻克了许多核心技术难题,形成了一整套完整关键技术与工艺。主要表现在以下方面：

①成桩导向、定位的自动化数字化水平与精度较工法起步之初大大提高。

②施钻过程中孔内压力监测、孔口保压卸压装置的出现为控制变形和降低对地层的扰动提供了可能。

③超高压注浆配套设备与大功率、大扭矩的钻孔设备大大提升了高压喷射注浆的地层适用范围,可以形成大桩径(ϕ3m 以上)、高强度的加固体。

（3）冷冻法施工

①水平冻结的长度大大加长,大功率的冷冻站辅以合理的冷冻管布设使得水平冻结长度很容易超过 100m。

②冻结的监测手段、冻胀融沉的控制措施随着地下工程技术的发展积累了越来越多的成熟经验。

3）加强信息化监测

根据地表建筑物条件,选择合理的初期支护沉降预警值和初期支护结构参数,通过监控量测信息,及时调整、优化支护参数。对于地面无建筑物、地下无管线、对地面沉降要求不高的区段,可采用刚度较小的初期支护结构,以充分发挥围岩的自承能力；对于地面沉降要求比较严格的区段,应采用钢拱架等支护方式增加支护刚度,防止围岩过度变形。

4）完善风险管理系统

由于地下工程的隐蔽性、复杂性和不可逆性,暗挖工程风险管理应贯穿于规划、可行性研究、勘察、设计、施工直至竣工验收并交付使用的全过程。地铁暗挖工程多由建设管理单位负责统一组织与实施风险管理,建设各方应共同参与进行项目风险管理。

城市地下工程风险管理形成一个包含各阶段的完整的风险管理系统,各阶段编制完成的风险管理文件都可以作为后续阶段实施风险管理的依据。其中,城市地下工程风险管理中施工阶段的风险管理尤为重要,不仅决定着项目前期的各项工作能否顺利实现,而且也是项目后期运营的基础条件。

1.3 暗挖法在地铁工程中的应用

1.3.1 暗挖法在地铁区间隧道中的应用

自1987年暗挖法首次成功应用于北京地铁复兴门折返线隧道工程以来,北京地铁4号线、5号线、6号线、7号线、8号线、9号线、10号线、15号线、16号线等工程中均大量采用了暗挖法施工地铁区间隧道。经过多年的研究和应用,暗挖法结合各类辅助工法已推广应用至其他城市地下工程建设中。

(1)上海地铁

由于上海地层大部分属于含水淤泥质地层,传统的超前预支护因管间缝隙流泥、流水,超前注浆加固效果差,水平冻结帷幕工期长和因施工精度等原因造成冻结交圈可靠性低等因素,暗挖技术还不够完善,隧道施工主要采用明挖法和盾构法,通常采用暗挖法施工修建地铁泵站、出入口通道和联络通道等。20世纪90年代修建的上海地铁思南路泵站,采用深层搅拌水泥桩加固,后以冻结法为辅进行开挖,取得成功;2006年开通运行的上海地铁2号线西延伸工程威宁路站3号出入口通道工程,采用管幕超前预支护、超前注浆加固和排水施工等技术顺利完成了施工。

(2)广州地铁

1994年开始修建的广州地铁1号线杨箕站—体育西路站区间隧道是广州地区最先开工、施工难度最大且采用暗挖法施工的区间。对于地下水丰富、地质条件复杂多变、地层上软下硬的广州来说,修建地铁难度相当大,施工中采用多种工法,如CRD法以及全断面注浆堵水辅助工法加固地层来通过特殊地段,为后续类似工程提供相关经验。

2000年广州地铁2号线海珠广场站—公园前站区间隧道暗挖施工中遇到硬塑粉质黏土地层,地面发生塌陷,后采用冻结法辅助施工,顺利通过了不良地层,并确保了地面建筑物的安全。2009年通车的广州地铁西场站站厅联络通道采用暗挖法穿越东风西路,施工中采用了超前大管棚、超前小导管及边墙注浆管施工、全断面注浆施工等技术。

(3)深圳地铁

2004年正式通车的深圳地铁一期工程中,车公庙站—竹子林站区间暗挖隧道是深圳地铁建设中最早采用暗挖法施工的隧道。该区间暗挖隧道位于深圳市深南大道下面,为单洞单线隧道结构。地下水采用地表深井降水结合注浆止水施工方式处理,开挖中尽可能控制沉降并加快了开挖速度,由于施工组织合理,选用方法得当,该区间是深圳地铁一期工程暗挖隧道中开挖进度最快的一个区间。

地铁金田站—益田站区间是深圳地铁一期工程首批开工的项目之一。该区间全长455.192m(其中有30m位于深圳市福田中心区益田路下),原拟全部采用钻孔咬合桩围护结构支护的明挖法施工,后因益田路交通繁忙和地下管线、管道需要支托以及工期紧迫等原因,将过益田路段80m长的区间改为暗挖法施工。暗挖区间采用马蹄形断面,最大宽度6.7m、高6.9m。隧道施工中拱部采用水平旋喷搅拌桩与小管棚注浆共同作用形成超前支护,其主要目的是加固围岩,提高软弱围岩的自稳能力,从而达到支护和止水效果。

1.3.2 暗挖法在地铁车站建造中的应用

地铁车站是地下铁道系统中一个重要组成部分,是乘客集散和候车的场所,需要满足客流需求、乘候安全、疏导迅速、布置合理、便于管理等要求。目前,分部开挖法和 PBA 法是暗挖地铁车站的主要施工方法,其中分部开挖法又可以分为中洞法、侧洞法和柱洞法。

（1）PBA 法

PBA 法在北京地铁 4 号、10 号线施工中得到了大量的推广应用,北京地铁 3 号、6 号、7号、12 号、14 号、15 号、16 号线所有的暗挖车站中均涉及此工法,已经成为北京地区暗挖车站的主流工法。图 1-32 与图 1-33 分别为北京地铁 10 号线苏州街站和 6 号线朝阳门站主体结构PBA 法示意图。

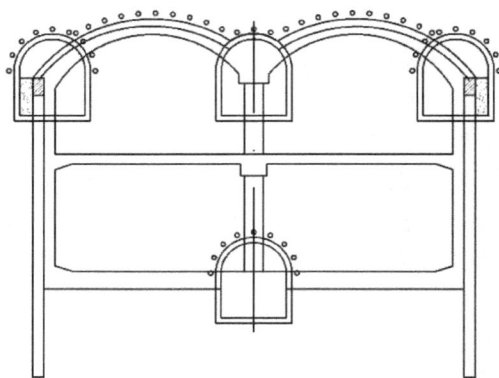

图 1-32　北京地铁 10 号线苏州街主体结构
　　　　　PBA 法示意图

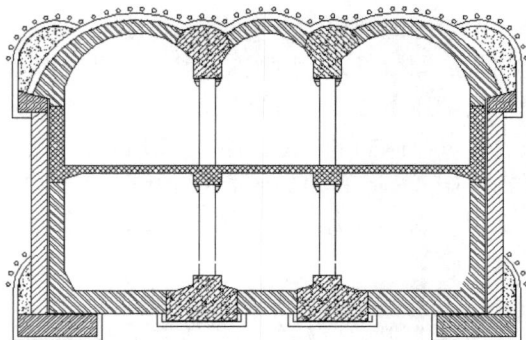

图 1-33　北京地铁 6 号线朝阳门站主体结构
　　　　　PBA 法示意图

（2）中洞法

北京地铁 5 号线天坛东门站采用了中洞法施工,主体结构如图 1-34 所示。施工时先按CRD 法施作,施工中跨洞室,拱部施作大管棚超前支护、小导管注浆加固地层;后按顺序施作中洞底板、底纵梁、钢管柱、中纵梁、中层板、拱部顶纵梁及衬砌。

工程实践证明,中洞法能够满足城市大跨浅埋隧道开挖时对地表下沉的严格要求,通过开挖面的巧妙分部,既起到超前探明前方地质的作用,又因开挖面小,能快速封闭形成受力封闭环,使施工安全性大大提高,有力地遏制了洞体和地表的下沉,保证了地面道路及建筑物的安全。该施工方法对浅埋大跨隧道,特别是对地表沉降要求严格的城市地下工程具有参考借鉴作用。

（3）侧洞法

侧洞法是先开挖两侧部分(侧洞),在侧洞内做梁、柱结构,然后再开挖中间部分(中洞),并逐渐将中洞顶部荷载通过侧洞初期支护转移到梁、柱上。这种施工方法,在处理中洞顶部荷载转移时,相对于中洞法要困难一些。两侧洞施工时,中洞上方土体经受多次扰动,形成危及中洞的上小下大的梯形、三角形。该土体直接压在中洞上,中洞施工若不够谨慎就可能发生坍塌。采用该工法施工受力转化较好,施工时工作面的利用率比较大,施工进度相对较快,但是引起的地面沉降较大,故选择该工法需要谨慎考虑。

北京地铁 5 号线张自忠路站,为地下岛式站台车站,车站主体结构包括南北两端头厅及横跨平安大街下的暗挖结构，其中南北两端头厅结构为地下三层三跨矩形框架结构，长分别为55.8m、55.4m，采用盖挖顺作法施工；暗挖结构为单层三跨三连拱结构，长68.6m，采用侧洞法施工，如图1-35所示。

图1-34　北京地铁5号线天坛东门站主体结构示意图

图1-35　张自忠路站主体结构示意图

（4）柱洞法

柱洞法开挖阶段和侧洞法一样快速且更安全，且二次衬砌阶段又比中洞法受力转换简单，不足之处是操作空间小，施工中中间土体受力比较大，稳定性较差。

北京地铁5号线东单车站的暗挖段是一个单层两柱三跨单拱结构，属于典型的单层大跨结构，采用柱洞法施工。施工时首先考虑柱洞开挖层高，后对侧洞分层开挖，东单车站主体结构如图1-36所示。

（5）平顶直墙法

平顶直墙法是在隧道因特殊外部条件无法按传统拱形断面实施时，采取的一种特殊施工方法。与传统拱形断面方法相比，该方法以暗挖方式实现平顶直墙结构断面，但这样的技术特点导致其在风险控制、沉降控制、进度控制等方面有一定劣势。

平顶直墙暗挖隧道施工除应严格遵循浅埋暗挖"管超前、严注浆、短开挖、强支护、快封闭、勤量测"的"十八字"方针外，还应遵循"初期支护谨防坍塌，二次衬砌合理转换"的原则，如图1-37所示。

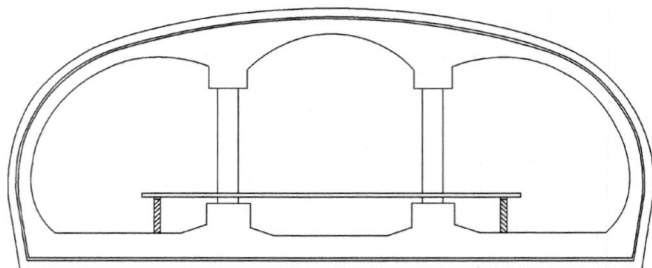

图 1-36　东单站主体结构示意图

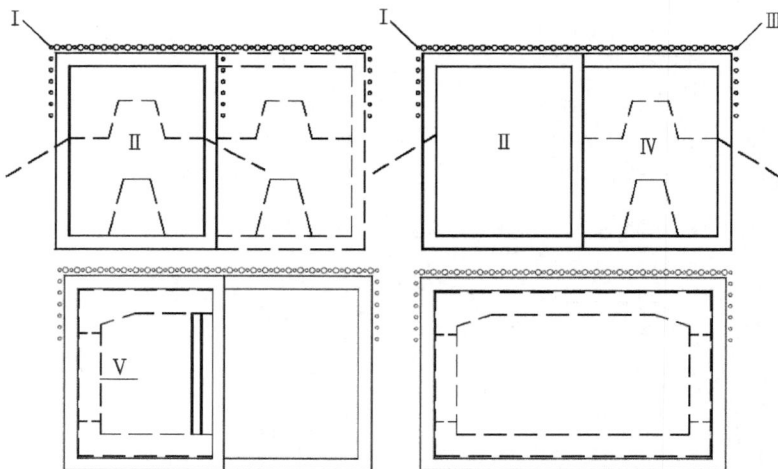

图 1-37　单层矩形框架结构平顶直墙暗挖隧道(较小跨度)
Ⅰ-超前支护；Ⅱ-左侧导洞；Ⅲ-超前支护；Ⅳ-右侧导洞；Ⅴ-二次衬砌

（6）管幕法

传统管幕法是采用专门的管幕顶管机,通过管与管之间的锁口连接形成封闭或半封闭管幕,然后在管幕保护下实现地下空间开挖施工。新管幕法和传统管幕法略有不同,是采用小断面圆形顶管机,将多个小断面组合成圆形念珠状的管幕结构,待完成所有管幕施工后,在内部进行土砂挖掘,从而构筑大型地下空间,如图 1-38 所示。

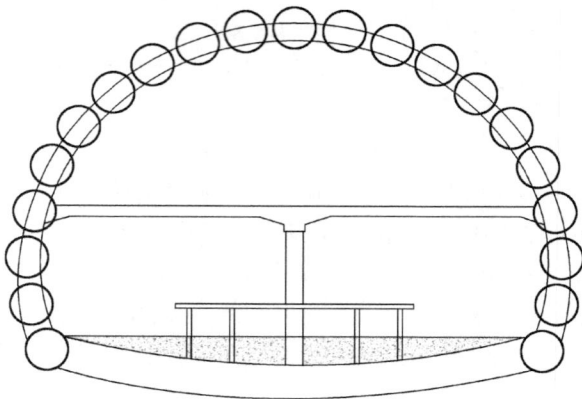

图 1-38　新管幕法示意图

本章思考题

1. 城市地下工程有哪些分类方法?

2. 城市地下工程有哪些主要特点?

3. 城市地下工程的主要施工方法有哪些?

4. 简述明挖法的施工流程及该方法的优缺点。

5. 简述盾构法施工的优缺点及其适用范围。

6. 暗挖法的技术核心及原则分别是什么?

7. 不同的暗挖施工方法的适用范围是什么?

8. 暗挖地铁车站主要有哪些施工方法?

9. 暗挖法在地铁车站和区间隧道建造中有哪些异同点?

10. 思考在未来城市地下工程建设中应该如何发展暗挖法?

第 2 章
CHAPTER 2
地铁暗挖车站建筑设计

2.1　地铁暗挖车站的主要形式

地铁车站是地铁线路中的交通枢纽,随着地铁网络的发展,越来越多的地铁线路穿越城市繁华地段。由于车站所处地理位置的特殊性,施工受道路交通、地下管线、房屋拆迁、线路埋深等外界环境影响不得采用明挖法,越来越多的地铁车站将采用暗挖法进行建筑结构修建。

根据常见的暗挖车站形式,暗挖车站又可分为明、暗挖结合和全暗挖 2 种形式。

2.1.1　明、暗挖结合形式

车站结构形式与站址周边环境条件及施工方法密切相关。由于采用全暗挖施工造价高、工期长、施工难度大,因此当车站无法采用全明挖施工时,通常会因地制宜,优先考虑明、暗挖结合的建筑结构形式。

例如北京地铁 4 号线西四站,车站中部既有管线众多,为降低投资,减少管线改移,车站采用两端明挖,中部暗挖的形式,如图 2-1 所示。

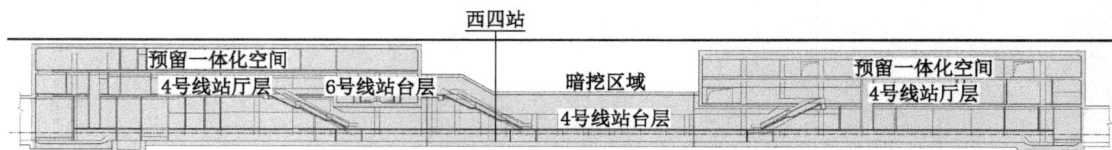

图 2-1　西四站车站纵断面示意图

2.1.2　全暗挖车站

当车站顶板覆土较大时,车站仍采用明挖法施工,工程造价就不一定合理;或是管线改移难度大、费用高,改移周期长影响车站工期,通常会考虑全暗挖施工;或是路面交通繁忙,不允许中断交通进行明挖施工,且周边没有任何明挖施工场地,此时只能考虑全暗挖施工。

例如,北京地铁西单站是我国第一座采用全暗挖修建的双层大跨车站,车站于1992年10月建成,开挖及初期支护采用了双侧壁导坑法,如图2-2所示。

图2-2 西单站车站横断面示意图

本章主要对采用全暗挖施工的地铁车站工程进行介绍。

2.2 地铁车站组成

地铁车站一般由站厅层、站台层(三层车站设设备层)及人行通道、出入口、风道等使用空间组成,车站使用空间按运营要求划分,一般分为公共区和设备区两部分。公共区主要供乘客使用,设备区主要满足车站运营相关功能和内部管理使用。

站厅层一般分为公共区(付费区与非付费区)、设备及管理用房两部分,站台层一般分为候车区及设备区。图2-3为常规车站的组成,图2-4为常规车站组成的立体示意图,图2-5为北京地铁九龙山站效果图。

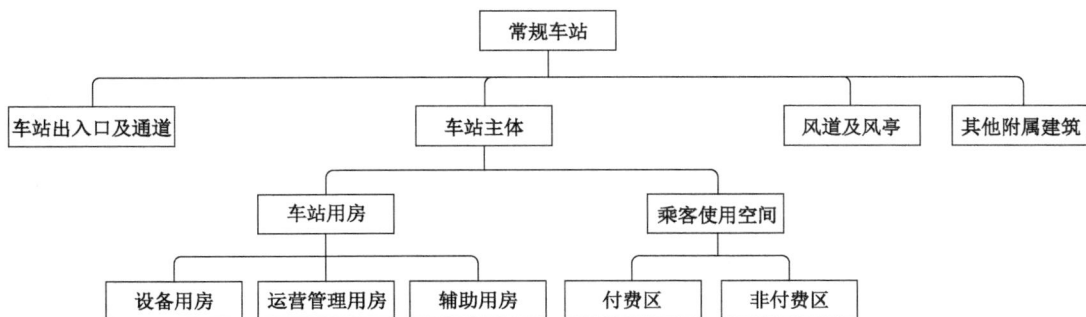

图2-3 常规车站组成

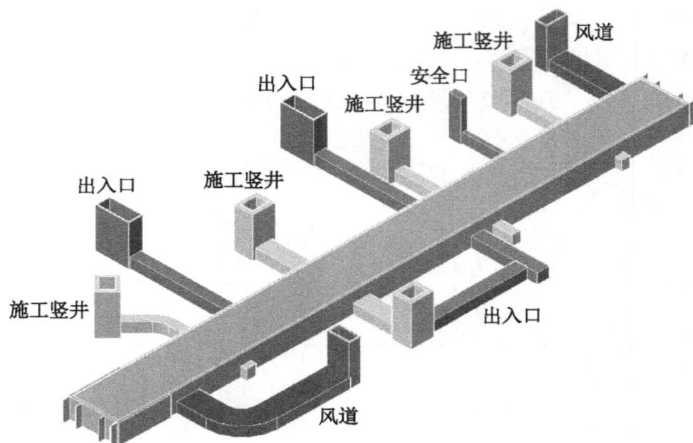

图 2-4　常规车站组成的立体示意图

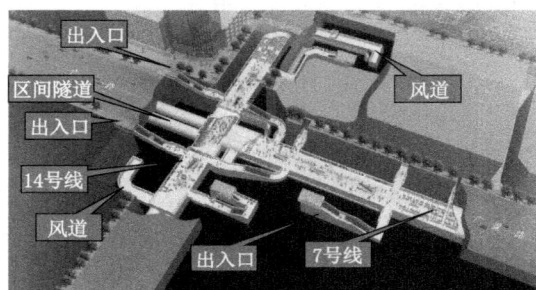

图 2-5　北京地铁九龙山站效果图

2.3　地铁车站分类分级

2.3.1　地铁车站分级

地铁车站规模根据主导客流对车站基本功能使用要求的差异性,各类性质车站的分级应符合表 2-1 的规定。

车站建筑分类分级　　　　　　　　　　　　　　　　　　　　表 2-1

等　级	类　别		
	A 类(旅行)	B 类(休闲、集会)	C 类(通勤)
	转乘城际交通客流	旅游观光及商业购物客流 瞬时大规模突发客流	上下班客流 日常商务客流
特级	大型城际客运交通枢纽站	世界文化遗产旅游观光区 举办国际性聚会活动的场所	—

等 级	类 别		
	A 类（旅行）	B 类（休闲、集会）	C 类（通勤）
	转乘城际交通客流	旅游观光及商业购物客流 瞬时大规模突发客流	上下班客流 日常商务客流
甲级	发车距离≥300km 的城际客运站	国家级风景名胜区 著名商业区 举办国家级聚会活动的场所	近郊客运中心 市域公交枢纽 市郊铁路首末站 国家级商务中心 国家行政办公中心 大型居住区
乙级	发车距离＜300km 的城际客运站	市级休闲、商业购物中心 举办市级聚会活动的场所	市级办公中心 区级行政中心 室内公交枢纽 居住区
丙级	—	区级休闲、商业购物中心 举办市级以下聚会活动场所	线路起终点 居住小区 普通车站

2.3.2 地铁车站分类

1）按运营性质分类

（1）一般中间站

一般中间站仅供乘客上、下车之用。其功能单一，是地铁最常用的车站，如图 2-6 所示。

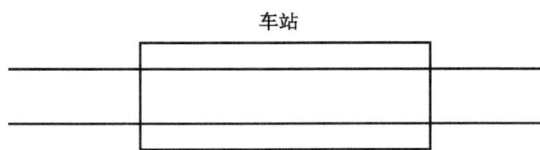

a)平面示意图　　　　　　　　　　　　　　　　b)立体效果图

图 2-6　一般中间站

（2）换乘站

换乘站是位于两条及两条以上线路交叉点上的车站，它除具有中间站的功能外，更主要的是可以从一条线上的车站通过换乘设施转换到另一条线路上的车站，如图 2-7 所示。

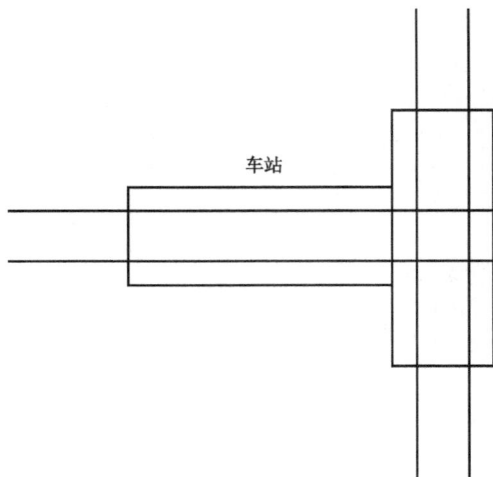

a)平面示意图

b)立体效果图

图 2-7　换乘站

（3）终点站

终点站是设在线路两端的车站。就列车上下行而言,终点站也是起点站,终点站设有可供列车全部折返的折返线和设备,也可供列车临时停留检修,如图 2-8 所示。

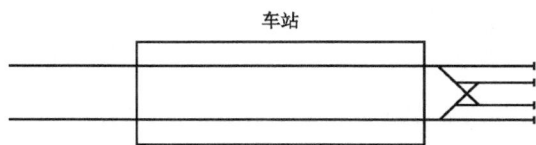

a)平面示意图

b)立体效果图

图 2-8　终点站

2）按站台形式分类

（1）岛式站台车站

岛式站台位于上、下行线路之间,车站具有站台利用率高、能灵活调剂客流、乘客使用方便等优点,一般位于客流较大的车站,如图 2-9 所示。

（2）侧式站台车站

侧式站台位于上、下行线路的两侧,根据环境条件可布置成平行相对式、错开式、上下叠落式等。侧式站台的利用率、调剂客流、站台之间的联系等方面不及岛式站台,因此侧式站台车站多用于客流量不大的车站。图 2-10 为叠落式侧式站台,图 2-11 为相对式侧式站台。

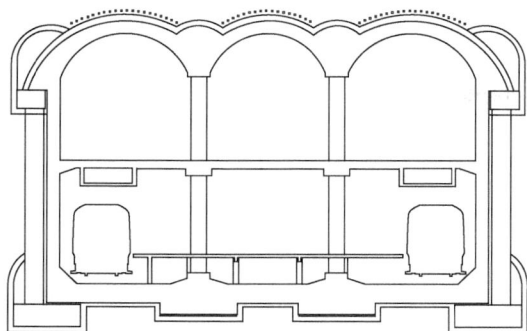

a)横断面示意图 b)效果图

图2-9 岛式站台

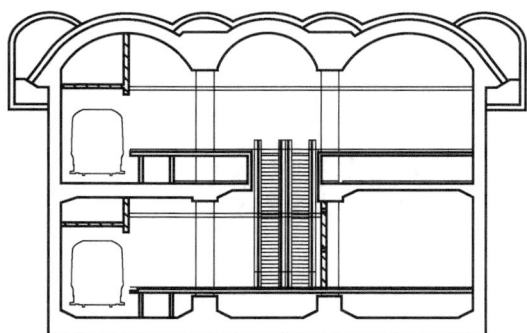

a)横断面示意图 b)效果图

图2-10 叠落式侧式站台

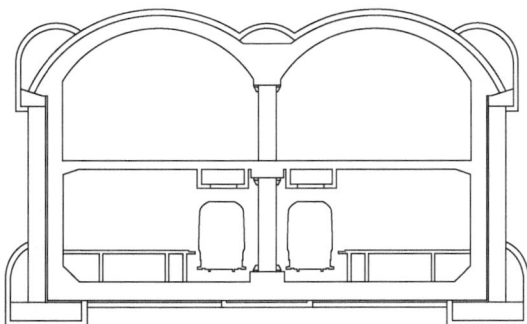

a)横断面示意图 b)效果图

图2-11 相对式侧式站台

（3）组合式站台车站

组合式站台就是将岛式站台和侧式站台设置在一个车站内,乘客可同时在两侧的站台上、下车,也可以适应列车中途折返的需要,此类站台形式多出现在换乘站、折返站、分叉站或联运站。图2-12为一岛两侧式站台车站横断面,中间岛式站台为上车站台,两侧为下车站台;图2-13为同台换乘式站台,中间两条线为9号线线路,两侧为4号线线路,主客流方向直接换乘。

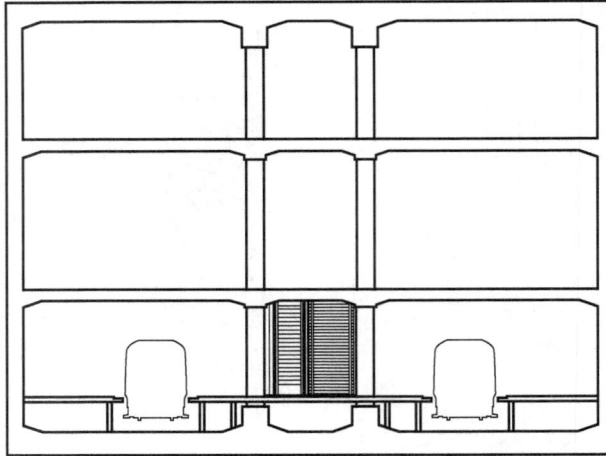

图 2-12 一岛两侧式站台横断面示意图

图 2-13 同台换乘式站台

3）按车站横断面结构形式分类

地铁车站的结构形式、工程环境条件以及施工方法三者密切相关。按照车站横断面结构形式，全暗挖地铁车站可分为单拱式车站、双连拱式车站、三连拱式车站和分离式车站（局部暗挖车站的暗挖段也可按上述分类）。根据车站层数又分为单层车站和双层车站。各种车站结构形式的典型断面如图 2-14 所示。

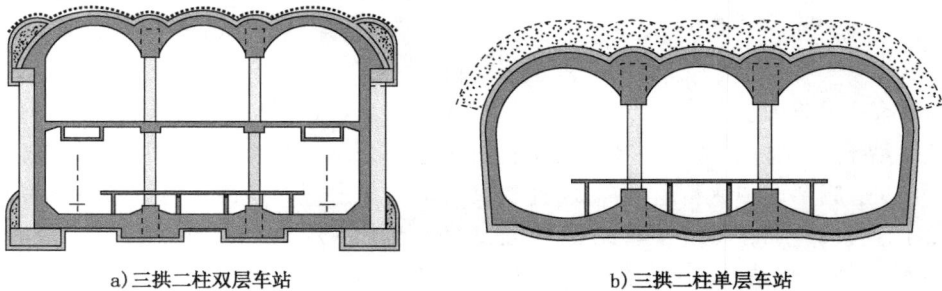

a) 三拱二柱双层车站

b) 三拱二柱单层车站

图 2-14

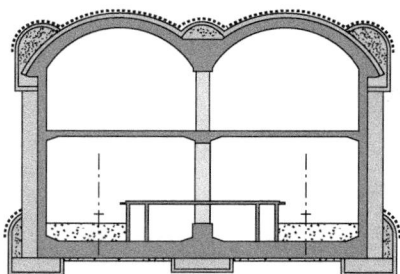

c) 双拱单柱双层车站

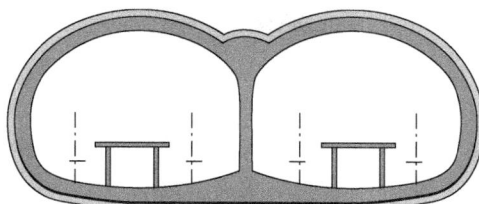

d) 双拱单柱单层车站

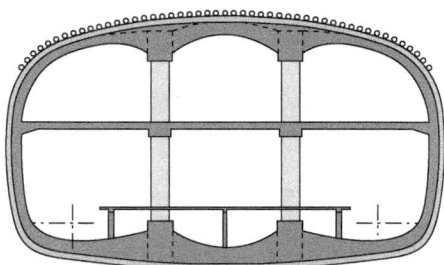

e) 单拱双柱双层车站

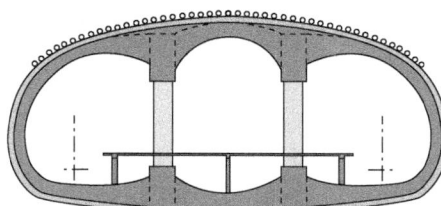

f) 单拱双柱单层车站

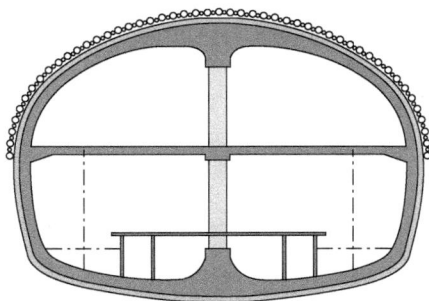

g) 单拱单柱双层车站

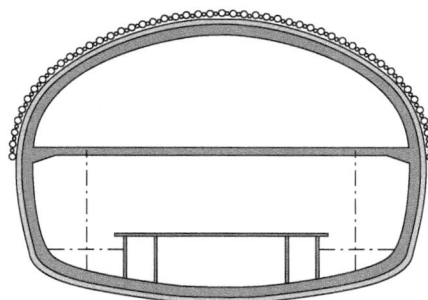

h) 单拱无柱双层车站（适用于岩石地层）

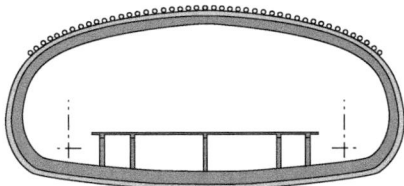

i) 单拱无柱单层车站之一

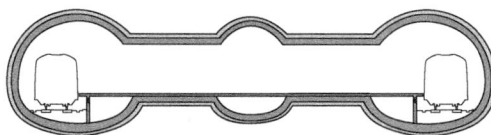

j) 单拱无柱单层车站之二

图 2-14

k) 全暗挖分离式车站之一

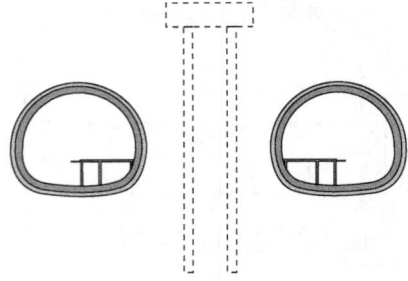

l) 全暗挖分离式车站之二

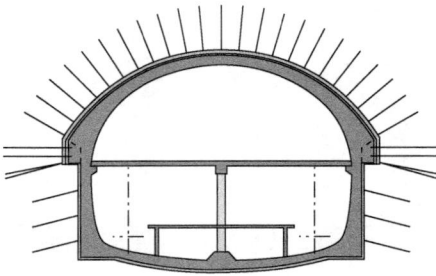

m) 岩石地层拱盖法施工的车站

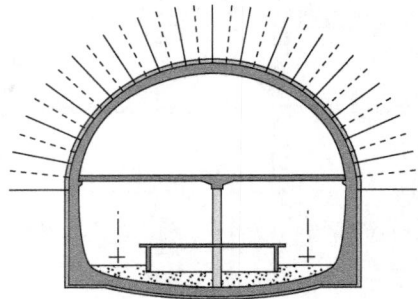

n) 岩石地层CRD法施工的车站

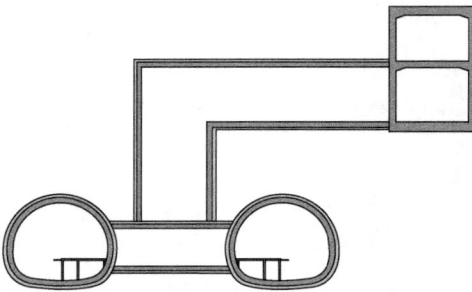

o) 车站站台层暗挖、站厅层明挖式

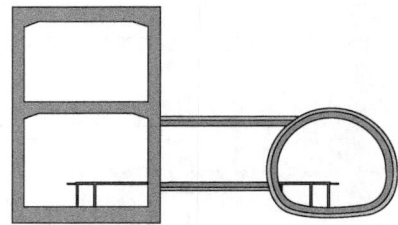

p) 半边暗挖、半边明挖式车站之一

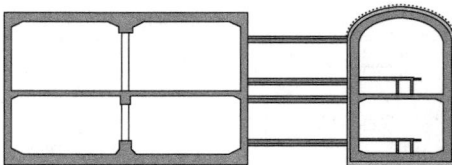

q) 半边暗挖、半边明挖式车站之二

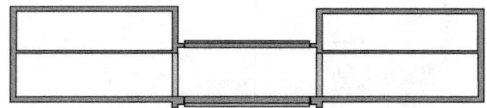

r) 半边暗挖、半边明挖式车站之三

图 2-14

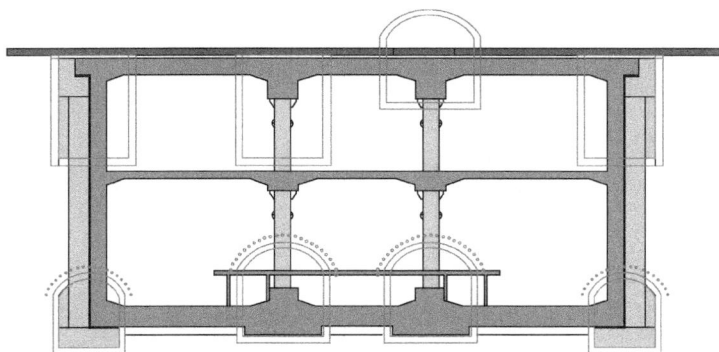

s)横向管幕法施工暗挖车站

图2-14 暗挖地铁车站典型结构形式

2.4 地铁车站结构特点

由于车站所处区域水文、地质条件不同,不同设计单位处理类似问题的方法不同,各暗挖车站结构形式也各不相同。但是通过分析比较,可以发现暗挖车站结构有其共性特点:

(1)车站顶部一般为拱形结构,拱顶处净空较高,如图2-15所示;

(2)车站柱网布置规律,柱距不宜过大,一般6~7m;

(3)车站柱子大多采用钢管柱。

a)   b)

图2-15 暗挖车站

2.5 地铁车站总体布置

地铁车站总平面布局应根据线路特征、运营要求、车站周边环境和规划条件、城市道路、车站规模和形式、施工方法等条件确定。合理选择车站站位和出入口、风亭、冷却塔等附属设施的位置,并应符合规划、消防、人防、环保和城市景观等要求。站台形式可采用岛式、分离岛式、侧式、侧岛混合式等,站厅形式可采用贯通式、端头厅式、地面厅等。

地铁车站竖向布局应根据线路敷设方式、地下管线、地下构筑物和区间穿越条件等因素,采取地下多层、地下一层、路堑式等形式,车站埋置深度宜浅。

一般车站按纵向位置分为跨十字路口、偏路口一侧、两路口之间三种设置方式;按横向位置分为道路红线内、外两种设置方式。

(1)跨十字路口设置方案

该方案车站跨十字路口设置,并在路口各个象限都设置了出入口,乘客从任何方向进入地铁均不需要过马路,减少了路口处人车交叉,图2-16为跨十字路口设置示意图。

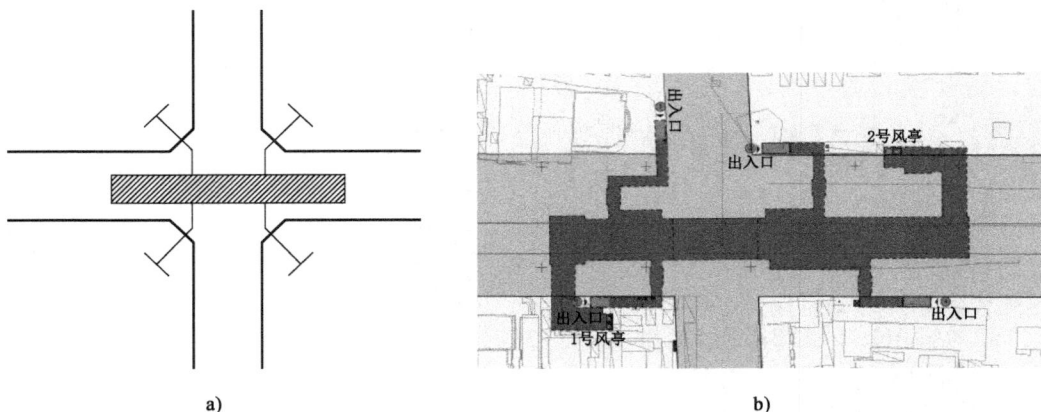

a)   b)

图2-16 跨十字路口设置示意图

(2)偏路口设置方案

车站偏路口设置时不受路口地下管线的影响,减少了车站埋深、施工对路口交通的影响及地下管线的迁改,降低了工程造价,方便乘客换乘,图2-17为偏路口一侧设置示意图。

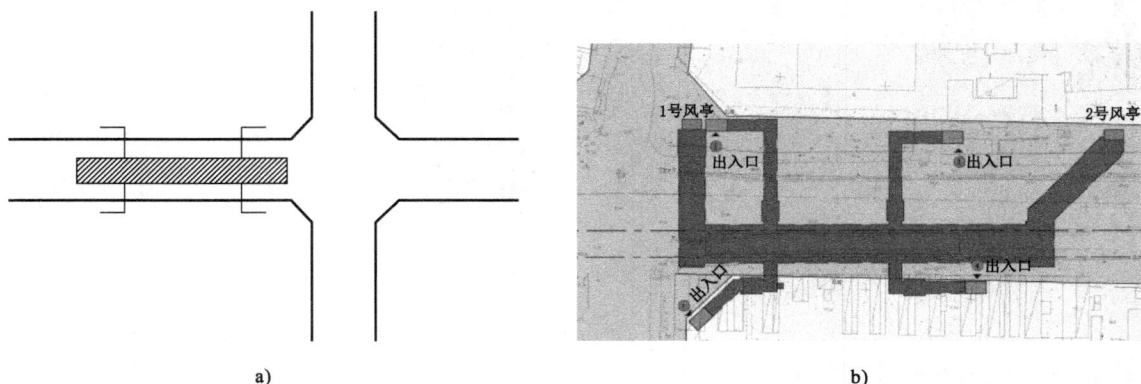

a)   b)

图2-17 偏路口一侧设置示意图

(3)站位设置于两路口之间的方案

当两路口都是主路口且相距较近,横向公交线路客流较多时,将车站设置于两路口之间,以兼顾二者,图2-18为设置于两路口之间示意图。

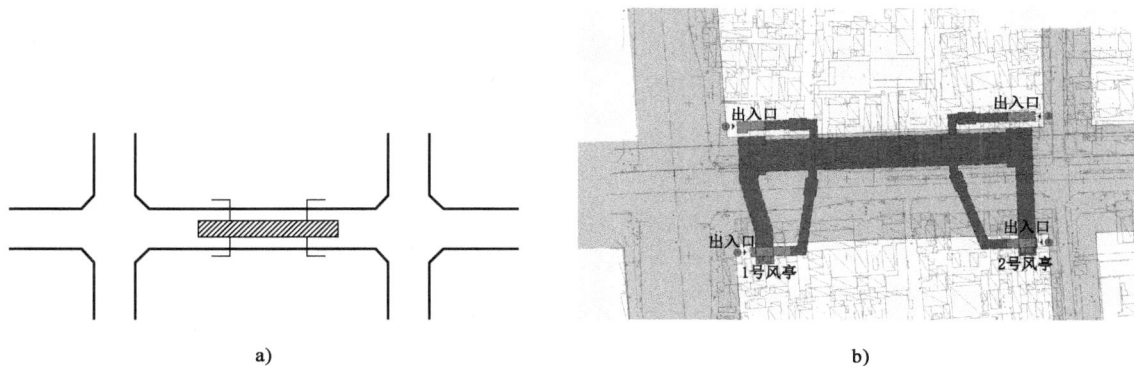

图 2-18　车站设置于两路口之间示意图

（4）贴近道路红线外侧设置方案

将车站设置于道路红线外侧的建筑物内，可避免破坏路面和减少地下管线的迁改，减少对路面交通的干扰，充分利用城市土地，图 2-19 为设置于道路红线外侧示意图。

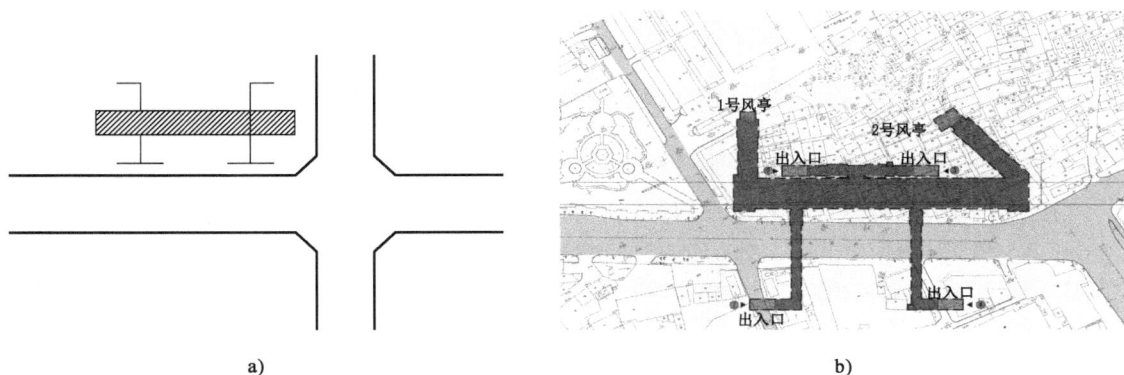

图 2-19　车站设置于道路红线外侧示意图

2.6　地铁车站平面布置

地铁车站的平面设计一般包括站厅层公共区设计、站台层公共区设计以及管理用房设计。

2.6.1　站厅层公共区设计

站厅公共区平面应根据车站形式、客流流线、售检票方式以及楼扶梯、无障碍电梯和其他乘客服务设施的布局综合确定。站厅分为付费区及非付费区。

付费区是供乘客检票后使用的站厅公共空间，应保持与非付费区的完全分隔。付费区内不宜布置与乘客集散功能无关的商铺等设施。付费区隔离栏杆上应考虑乘客紧急疏散和消防救援设备使用的平开栅栏门。

非付费区是乘客进站安检、售检票和出站疏散的区域。其应便于运营管理,具有一定封闭的空间。内部通常还布置电话、自助售票机、商铺等供乘客使用,但这些辅助设施不能布置在影响疏散的区域。

一般站厅层布置如图 2-20 所示。

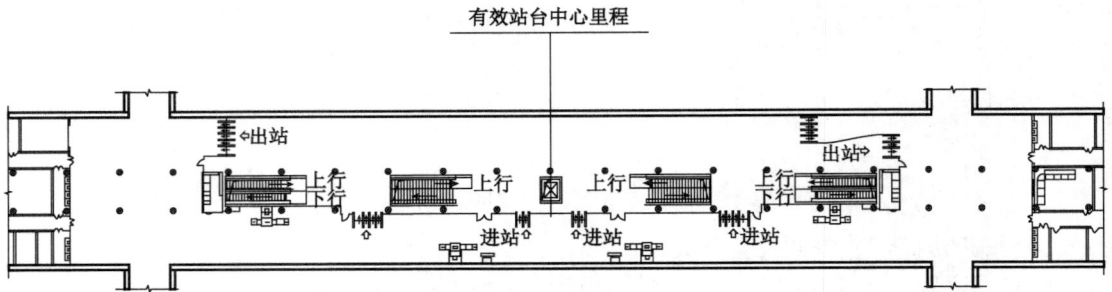

图 2-20　一般站厅层布置示意图

站厅内乘客服务设施:

(1)售票机

自动售票机布置在乘客进站流线上,前部应留有一定的排队空间。自动售票机背面与墙面的距离应满足相关工艺要求。

(2)检票闸机、售票亭和乘客服务中心

在车站售票系统设计与布置中,应充分考虑车站客流的具体组成特征:在外来乘客较多(如长途客运集散地、火车站、重要旅游景点等附近)的车站,应适当提高半自动售票设施的比例,并偏重于外来乘客相对集中的区域布置;在常住居民乘客为主的车站,应提高自动售票设施的比例。

售票亭内设置半自动售票机、查询机等设施,平时兼顾乘客问询处,部分城市独立设置乘客服务中心。

(3)楼扶梯设置

标准站设置四组楼扶梯,其中两侧两组设置上、下行扶梯,中间两组设置上行扶梯和下行楼梯,对于暗挖站,双扶梯设置时,扶梯靠近两侧的梁边布置,中间留出空隙以防止维修一部扶梯时对另外一部产生影响。

2.6.2　站台层公共区设计

站台是车站内乘客等候列车和乘降的平台,其计算长度由列车编组长度确定,站台层两端用房区的布局应和站厅层的设备管理用房统一考虑,使整个车站的布局更加经济合理,以便控制车站长度和规模。图 2-21 为典型站台层布置示意图。

(1)站台计算长度的确定:当站台侧不设置站台门时,站台计算长度取远期列车编组长度加停车误差。对于国内常用编组,一般站台长度为 120~184m。当站台侧设置站台门时,应取站台门内侧总长作为站台计算长度。

(2)站台宽度的计算:车站计算站台总宽度,应以车站最大设计客流量为计算依据。站台总宽度由乘客乘降区宽度、柱宽、楼梯宽及自动扶梯宽度等组成,计算站台宽度时,应考虑建筑装修和楼梯安全间隙的宽度。各级车站的站台宽度应通过计算确定,计算公式详见《城市轨道交通工程设计规范》(DB11/995—2013)中9.5.8-1~9.5.8-3。

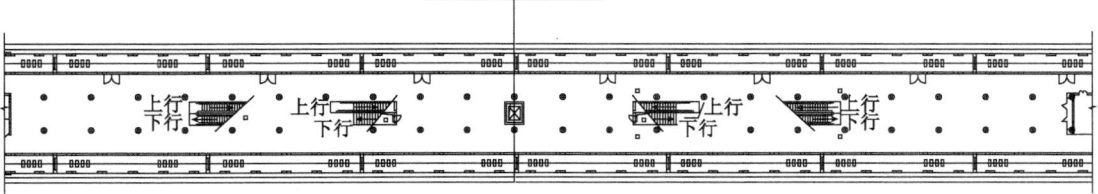

图2-21 典型暗挖站台层布置示意图

2.6.3 管理用房设计

车站设备用房一般按各系统工艺要求,布置在车站两端相应的部位,并根据各条线路总体设计技术要求设置。管理用房和设备用房在布置时,应注意相似功能分区设置相对集中。管理用房设置要求见表2-2。

管理用房设置要求 表2-2

序号	房间名称		面积 (m²)	设置位置	备注
1	综合监控设备室		30~40	一般站设计,邻近车站控制室	监控系统使用
2	AFC设备室		15	邻近AFC票务室	供自动售检票
3	AFC票务室		20	邻近车站控制室	系统使用
4	通信设备室		30	设在站厅层车站控制室一端, 尽量靠近车控室	供通信系统使用
5	通信电源室		17	邻近通信设备室	
6	信号设备室	有岔站	60	设在站厅层与车站控制室同一端, 尽量靠近车控室和通信设备室	供信号系统使用
		无岔站	40	设在站厅层与车站控制室同一端	
7	信号电源室		30	有岔站设,邻近信号设备室	供信号系统使用
8	公安通信设备室		18	同通信设备室	供公安通信系统使用
9	公共通信设备室		45	设在站厅层车站控制室一端	供公共通信系统使用
10	照明配电室		12	设于站厅站台层,每端各设1间	供低压配电系统使用
11	通风空调电控室		50~70	邻近通风空调机房,每端各设1间	供空调系统使用
12	屏蔽门控制室		15~20	设在站台层,与信号设备室同端	供屏蔽门系统使用
13	气瓶室		15~18	邻近被保护房间,可分层设置	供气体灭火系统使用
14	消防泵房		15	当市政供水不满足消防要求时, 邻近消防专用通道设置	供站内消防系统使用
15	污水泵房		12	邻近厕所布置,内设污水池	供排水系统使用

序号	房间名称	面积（m²）	设置位置	备注
16	废水泵房	12	设于车站纵坡最低处	供排水系统使用
17	电缆井		按需要设置，面积按设备工艺要求	
18	通风空调机房	按设备布置	按工艺要求设置，冷冻机房应设置在靠近空调负荷中心的位置	供空调系统使用
19	变电所	320~350	尽量设在站台层，含牵引、降压变电所	
20	降压变电所	180~200	尽量设在站台层	

注：AFC-自动售票检票系统。

2.6.4 暗挖车站主要建筑控制尺寸

站厅层主要控制尺寸见表2-3，站台层主要控制尺寸见表2-4。

站厅层主要控制尺寸（以8节编组A型车为例） 表2-3

序号	项目名称	尺寸要求
1	装修后地坪面至顶梁梁底净高	≥4600mm
2	站厅公共区装修后净高	≥3400mm
3	公共区吊顶内管线和吊顶厚度	1500mm（1300mm管线净空+200mm吊顶厚度）
4	建筑楼面至任何悬挂障碍物底面（闸机上方标识物及摄像头除外）	≥2800mm
5	拱形断面有效宽度内装修后最小净高（两侧起拱处）	≥2200mm
6	站厅公共区装修厚度	150mm

站台层主要控制尺寸（以8节编组A型车为例） 表2-4

序号	项目名称	尺寸要求
1	站台长度	186000mm
2	线路中心线到侧墙净距	2250mm
3	地下车站最小纵向坡度	0.2%
4	站台边缘至线路中心线的距离（直线段）	1600mm
5	站台层层高（站台装修面—站厅层装修面）	5250mm
6	站台层公共区装修后净高	3200mm
7	轨面至结构底板的距离（不含曲线和减振因素）	620mm
8	站台层公共区装修厚度	100mm
9	站台层站台建筑地面至轨道顶面高度	1080mm
10	站台板下净高	1400mm
11	岛式站台的侧站台（安装屏蔽门，装修后净宽）宽度	≥2500mm
12	侧式站台（长向范围内设梯）的侧站台宽度	≥3000mm

图 2-22 给出了三拱双柱双层车站的主要控制尺寸。

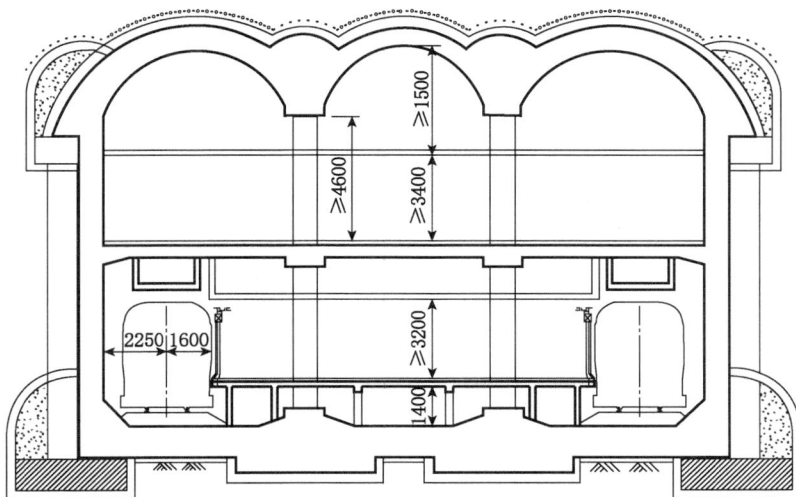

图 2-22　三拱双柱双层车站的主要控制尺寸示意图(尺寸单位:mm)

2.7 地铁车站装修设计

建筑装修的目的是为了减少地下车站的压抑感,改善车站的内部视觉、听觉环境,创造良好的运营和管理环境,以及确定车站的主题思想。地下车站的装修设计应保证位于一条线路上的车站具有统一整体的概念,但又区别于其他线路车站的装修。主要遵循以下原则:

(1)地下车站的环境设计应简洁、明快、大方,易于识别,装修适度,充分利用结构天然美,体现现代交通建筑特点,并兼顾当地的人文环境和地域特色。

(2)地下车站的装修设计,宜体现原有结构特点和空间形式。

(3)装修材料应采用防火、防潮、防腐、无毒、耐久、易清洁且放射性指标满足国家标准规定的环保材料,装饰制品宜标准化、模数化和便于清洁维修。地面和楼梯踏步材料应防滑耐磨。

(4)车站内应设置导向、事故疏散、服务乘客等标识。

2.8 地铁车站出入口

(1)设置原则

出入口是供乘客进出地铁车站的设施,应根据所在位置地面规划和道路具体情况布置,一一般应布置在道路两侧道路红线外或路口拐角处。出入口可结合城市规划统一考虑,设置成独立出入口或与周边建筑物地下空间结合建设,有条件时应结合地下过街通道设置。车站出入口根据客流方向的需求设置,每座车站不少 2 处,分离站厅的车站,每个站厅不少于 2 处,如图 2-23 所示。

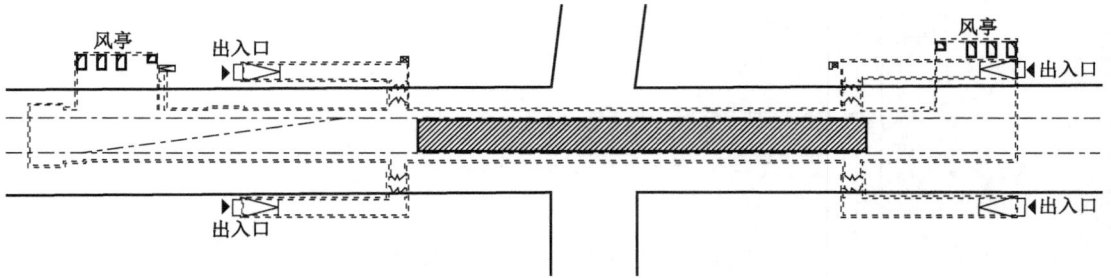

图 2-23 常规车站出入口设置平面示意图

(2)结构组成

出入口分为通道段和扶梯段,扶梯段一般由自动扶梯和楼梯组成,根据不同的高度和需求进行不同的排列组合,如图 2-24 所示。

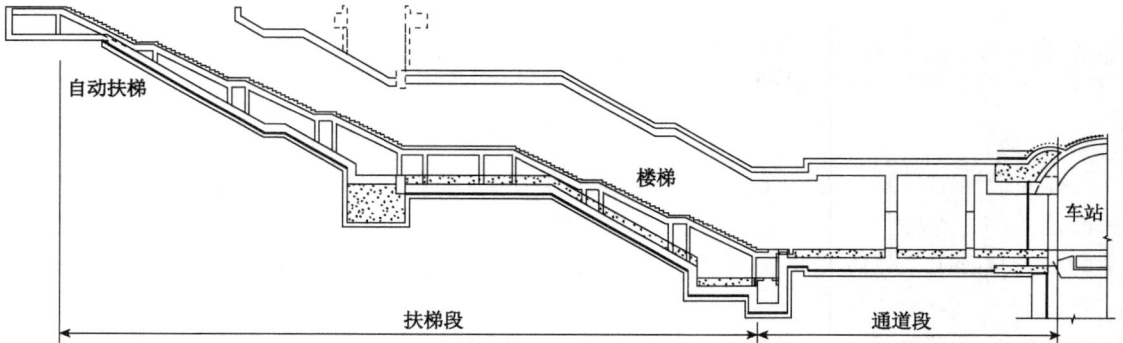

图 2-24 车站出入口构造与组成剖面示意图

2.9 地铁车站通风

地铁车站通风风道包括风亭、风道和风井,一般来说,水平段为风道,竖直段为风井,出地面部分为风亭。

风道内主要布置有通风设备,如风机、表冷器等。风井可分为活塞风井、新风井、排风井。活塞风井是用来进、排列车通过时活塞效应产生的风,其作用是泄压和降低区间隧道温度;新风井是送风机吸入外界空气为站厅、站台提供新风的通道;排风井是排风机向外界排风的通道。

风亭应设在空气洁净的地方,风口周围 30m 范围内不得设置垃圾收集站或 3 类以下(含 3 类)的厕所,周围 100m 范围内不得设置产生有毒、有害气体和恶臭气体的烟尘、粉尘、污水等工厂和排放点。在满足功能的前提下,风亭可采用集中组合式或独立分散式布置。

地下车站通风结构如图 2-25 所示。

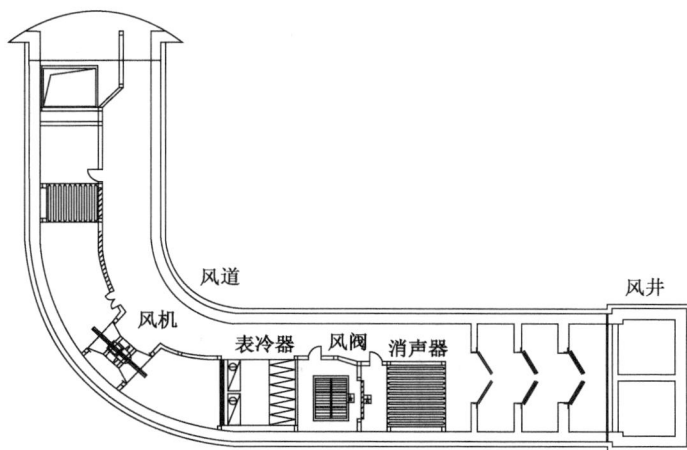

图 2-25　地下车站通风结构示意图

2.10　地铁车站管线综合

车站管线综合是统筹各设备专业管线,结合建筑装修,充分利用结构空间。各管线之间应留有足够的安装和检修空间。

车站站厅、站台公共区吊顶内的设备管线应平行敷设,条件困难必须交叉敷设时,应满足管线维修和吊顶构造的最小高度要求。车站管线专业代码表见表 2-5,典型车站管线综合横断面如图 2-26 所示。

专业代码表　　　　　　　　　　　　　　　　　表 2-5

序号	专业名称	专业代码	序号	专业名称	专业代码
1	通风空调系统	NT	8	环境与设备监控系统	BAS
2	自动售检票	AFC	9	火灾自动报警系统	FAS
3	给排水系统(含水消防)	GX	10	安全门系统	PSD
4	气体灭火系统	QM	11	人防系统	RF
5	通信、信号系统	TH(TX、XH)	12	办公自动化系统	OA
6	供电系统	GD	13	门禁系统	ACS
7	动力照明系统	DZ	14	暖通系统	SAD、RAD、EAD

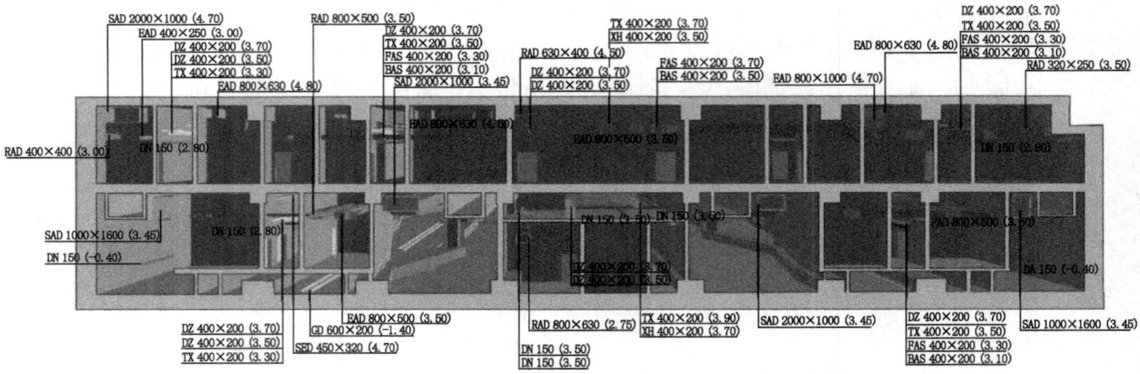

图 2-26　车站管线综合横断面示意图(尺寸单位:mm,标高:m)

2.11　地铁换乘车站设计

地铁车站的换乘形式应根据线网规划、客流特征、换乘线路的建设时序、线路敷设方式和工程实施条件等因素确定。换乘线属初期建设的车站,应一次建成;属近期建设的车站,换乘节点的土建工程宜一次建成;属远期建设的车站,应预留换乘条件和后期施工条件。

同步实施换乘节点的车站,应确保预留节点的有效性和可实施性,避免废弃工程,后建车站实施时不应影响既有线车站的运营。一次建成的车站,应统一利用两站的地下空间实现资源共享。

换乘车站应根据地铁线网规划、线路敷设方式、地上及地下周边环境、换乘量的大小等因素,可选取同车站平行换乘、同站台平面换乘、站台上下平行换乘、站台间的"十"字形、"T"形、"L"形、"H"形等换乘及通道换乘形式。

2.11.1　同台换乘

同台换乘是指不同的线路分别设在一个站台的两侧,甲线的乘客可直接在同一站台的另一侧换乘乙线。典型的案例如北京地铁 4 号线与 9 号线换乘的国家图书馆站,最外侧为 4 号线换乘车辆,中间为 9 号线换乘车辆。

2.11.2　"十"字形换乘

"十"字形换乘是指两个中站中部相交,在平面上构成"十"字形组合。典型案例如北京地铁 1 号线与 4 号线换乘的西直门站、北京地铁 4 号线与 10 号线换乘的黄庄站,如图 2-27 所示。

2.11.3　"T"形换乘

两个车站上下立交,其中一个车站的端部与另一个车站的中部相连接,在平面上构成"T"形组合。可采用站厅换乘或站台换乘,两个车站也可以互相拉开一段距离,以减少下层车站的埋深。图 2-28 为"T"形换乘车站平面示意图。

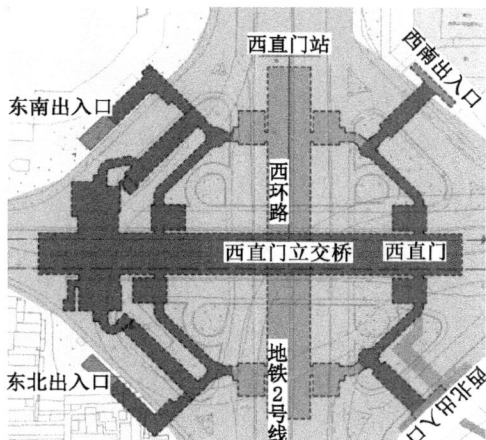

a)西直门站平面示意图

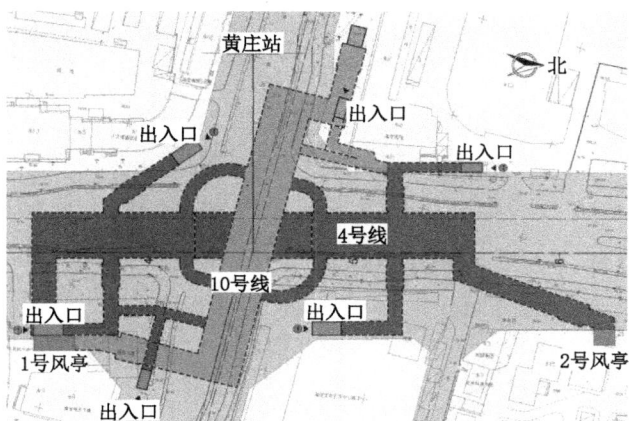

b)黄庄站平面示意图

图 2-27 "十"字形换乘示意图

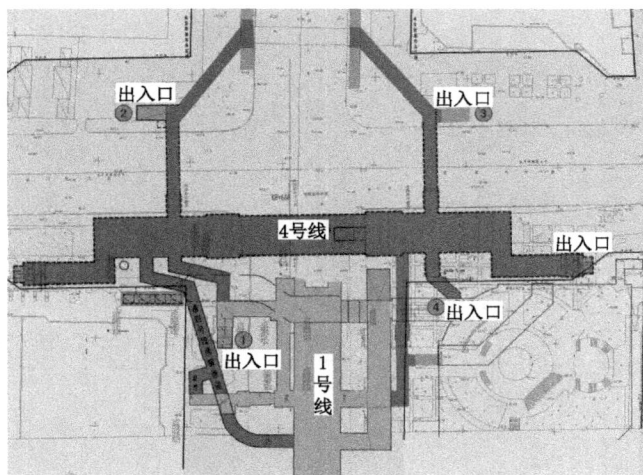

图 2-28 "T"形换乘车站平面示意图

2.11.4 "L"形换乘

两个车站上下立交,车站端部相互连接,在平面上构成"L"形组合。在车站端部连接处一般设站厅或换乘厅,有时也可将两个车站相互拉开一段距离,使其在区间立交,这样可减少两站间的高差,减少下层车站的埋深,如图 2-29 所示。

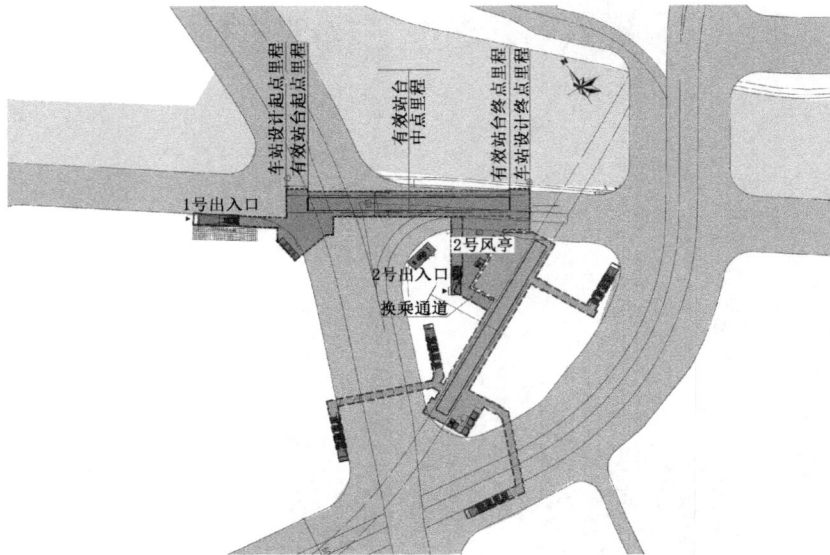

图 2-29 "L"形换乘车站平面示意图

2.11.5 "工"字形换乘

两个车站在同一水平面平行设置时,通过换乘通道换乘,在平面上构成"工"字形组合,"工"字形换乘车站采用站台直接换乘的方式。图 2-30 为"工"字形换乘车站平面示意图,图中 M1 线、M2 线与 R1 线平行,通过 M5 线连接。

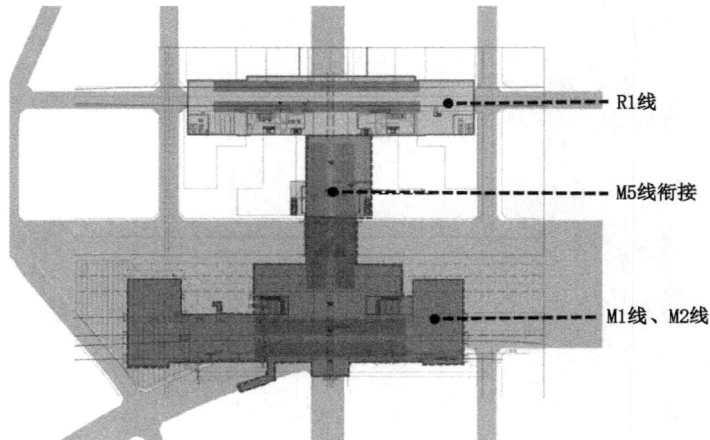

图 2-30 "工"字形换乘车站平面示意图

2.12　暗挖车站建筑设计注意事项

2.12.1　车站布置尽量不要调整柱网

暗挖车站施工难度大,风险高,断面应尽量统一,因此暗挖车站柱网布置比较规律,不能像明挖车站那样,根据功能布置对柱网进行较大调整。同时在功能布置时,要与各专业协调好,尽量不调柱网,个别确实困难的地方可以微调,但要控制数量。

2.12.2　隔墙构造措施

暗挖车站后砌隔墙有两个注意事项:一是站厅层拱顶处净空较高,需核实墙体厚度是否满足要求,并加强构造措施;二是隔墙与钢管柱衔接。暗挖车站钢管柱采用法兰连接,法兰一般突出柱面70mm。虽然在建筑平面图上不标示法兰,但应考虑装修和构造措施,保证法兰不露出装修面。公共区柱子装修厚度至少100mm,装修层可以包住法兰,不需采用特别构造措施。但设备区走廊墙面装修厚度一般只有20mm,如果设计时不考虑法兰厚度,将墙面与柱面平齐,装修完成后,法兰仍然露出墙面。设计中通常将隔墙突出柱面100mm,将法兰包在墙体内。同时在钢管柱两侧设构造柱,并用拉筋连接。图2-31给出了墙体与钢管柱构造节点示意图。

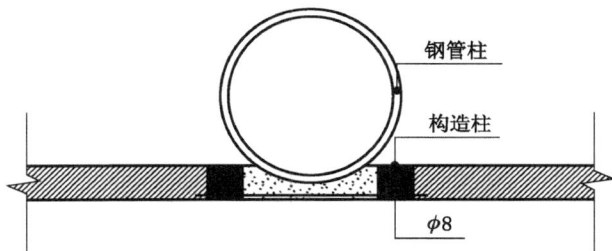

图2-31　墙体与钢管柱构造节点示意图

2.12.3　车站结构断面放置

为保证受力效果好,出入口、风道暗挖断面通常采用马蹄形断面,在断面顶部和底部起拱。但是这种起拱空间不方便设备布置,因此在建筑设计时需要扣除拱部不能利用的空间,向结构专业提出所需净空尺寸,配合结构专业调整断面尺寸。如果不考虑拱部不能利用的空间,而仅仅从纵剖面图判断尺寸是否满足要求,可能导致设备布置不下,影响使用功能。因为纵剖面图剖的是起拱最高点,实际影响使用的是直墙段尺寸。

本章思考题

1. 地铁车站具有哪些特征？

2. 地铁车站的建筑组成包括哪些？各有什么作用？

3. 简述地铁车站总平面图布置的原则。

4. 按站台形式对车站进行分类，常用的有哪几种类型及各自的适用范围。

5. 以 8 节编组 A 型车为例，用图示的方式给出站内部主要控制尺寸。

6. 简述车站站厅层及站台层的功能分区。

7. 简述 3 种常见的换乘车站的形式，并分析各自的优缺点及适用范围。

8. 简述暗挖车站主要类型及适用性。

第 3 章
CHAPTER 3
暗挖工程衬砌结构设计与计算

3.1 暗挖隧道断面形式与衬砌类型

3.1.1 暗挖隧道断面形式

地铁区间隧道的功能主要用于行车,按照轨道交通行车组织的要求,线路按其在运营中的作用分为正线、辅助线(折返线、渡线、联络线等)、出入段(场)线。

(1)正线隧道是最多的也是最标准的断面,采用暗挖法施工的正线隧道一般为马蹄形断面。

(2)折返线是指在线路两端终点站或中间站,为能开行折返列车而设置的专供改变列车运行方向的线路。轨道交通线路中,全线的客流分布一般不太均匀,通常需要根据行车交路的要求,在终点站与中间站或中间站与中间站之间开行折返列车,这些可折返的车站需配置折返线。折返线的断面形式应能满足折返能力的要求。

(3)渡线又称横渡线、过渡线、转辙段,是指用以连接两条平行铁轨的一种道岔,使行驶于某路线的列车可以换轨至另外一条路线。渡线一般用以连接两相反方向的平行轨道,使得列车得以掉头、倒车,甚至驶入对向轨道以避开障碍物。

在轨道交通网络中,要使同种制式的线路可以实现列车过轨运行。这种过渡一般通过线与线之间的联络线来实现。

(4)出入段(场)线是接入车辆段(停车场)的线路,一般线间距控制在5m左右。

图 3-1 为区间隧道线路平面示意图,图 3-2 ~ 图 3-6 为不同类型的区间断面示意图。

施工中根据不同断面和地质条件选择相应的施工方法,图 3-7 为根据经验建议的开挖宽度与施工工法选择的对应关系。

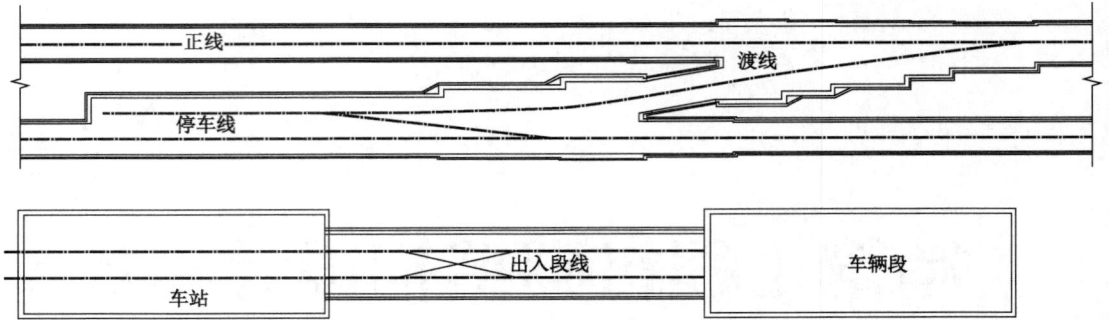

图 3-1　区间线路平面示意图

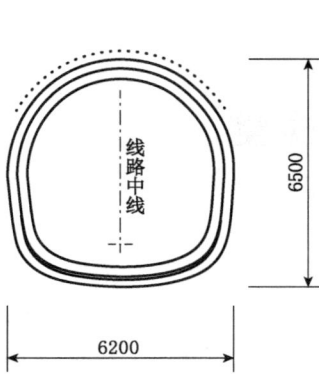

图 3-2　标准正线区间断面示意图(尺寸单位:mm)

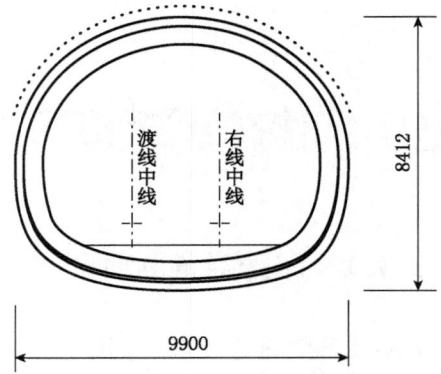

图 3-3　渡线区间断面示意图(尺寸单位:mm)

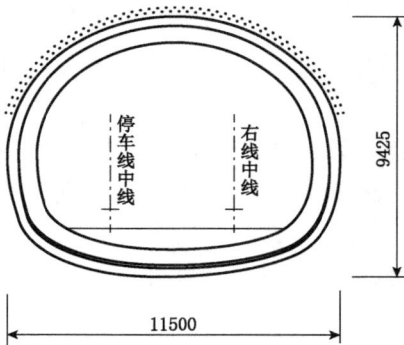

图 3-4　停车线断面示意图(尺寸单位:mm)

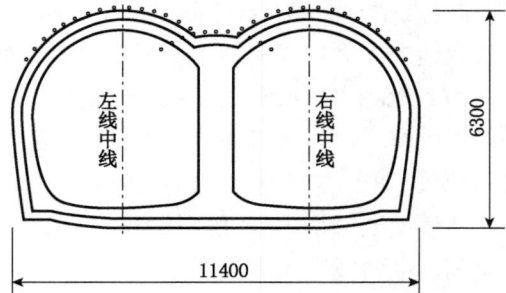

图 3-5　出入段线断面示意图(中洞法施工)(尺寸单位:mm)

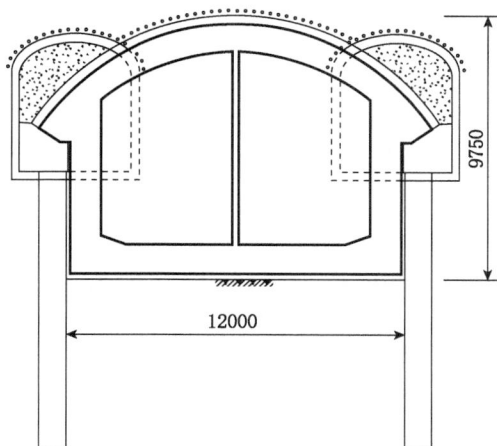

图 3-6　出入段线断面示意图(PBA 法施工)(尺寸单位:mm)

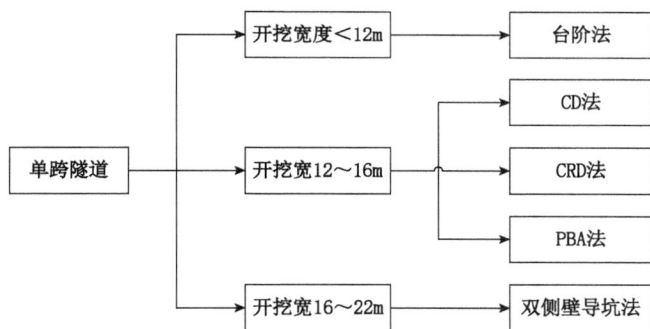

图 3-7　开挖宽度与施工工法选择的对应关系

3.1.2　区间隧道衬砌类型

区间隧道衬砌结构主要包含初期支护与二次衬砌,两者之间设置柔性防水层,如图 3-8 所示。其中,二次衬砌是结构在规定的设计使用年限内承受水土压力及各种荷载的构件,一般为现浇钢筋混凝土结构,厚度根据计算确定。

初期支护是施工期间临时承担土压力及其他荷载的构件,其主要有 6 种不同的组合形式:喷射混凝土支护、喷射混凝土 + 钢筋网支护、喷射混凝土 + 锚杆支护、喷射混凝土 + 锚杆 + 钢筋网支护、喷射混凝土 + 钢筋网 + 纵向连接筋 + 格栅钢架支护、喷射混凝土 + 锚杆 + 钢筋网 + 纵向连接筋 + 格栅钢架支护。常规初期支护组成如图 3-9 所示。支护参数应根据工程所处的工程地质和水文地质条件、工程的重要性等因素合理选择。

北京地铁区间隧道所处地层以第四纪沉积土为主,属Ⅵ级围岩,宜采用喷射混凝土 + 钢筋网 + 纵向连接筋 + 格栅钢架的组合支护形式。下面以北京地区为例,介绍初期支护的具体应用。

(1)喷射混凝土

初期支护宜采用早强喷射混凝土支护,强度等级不应小于 C20,厚度不应小于 200mm,不宜大于350mm。通常情况下,标准区间隧道初期支护厚度宜选用250mm;当受力条件复杂、地层条件较差时,初期支护厚度可选用300mm,大断面可选用350mm。

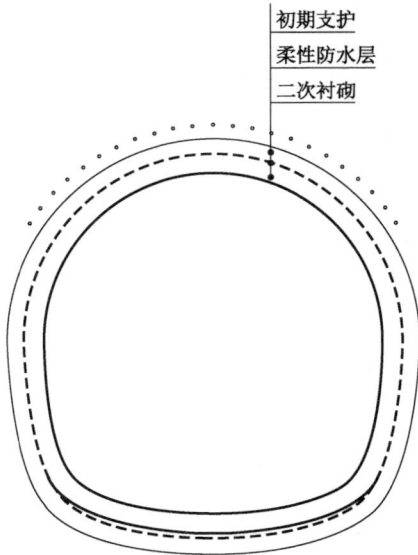

图3-8 标准区间断面构造示意图　　图3-9 常规初期支护组成示意图

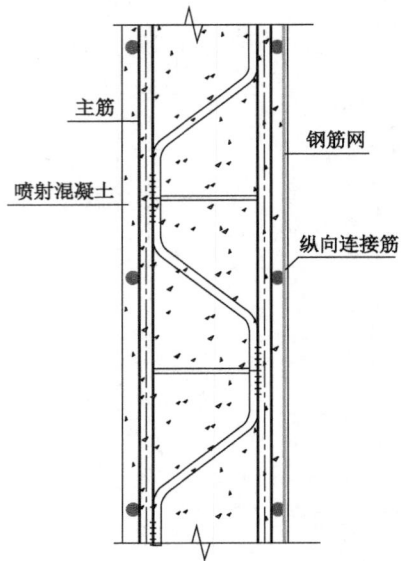

喷射混凝土应在开挖后及时进行,宜采用湿喷工艺。

（2）钢筋网

钢筋网应按构造要求设计,钢筋直径一般为6～10mm。钢筋网一般设置在迎土侧,布设方式宜为拱墙单层布置,当仰拱处围岩条件较差时,可采用全周布置,必要时可设双层钢筋网。钢筋网网格应按矩形布置,钢筋间距为150～300mm,宜选用150mm。

（3）纵向连接筋

为增强格栅钢架的整体受力,在两榀格栅之间应设置纵向连接筋。纵向连接筋的直径宜为20～25mm,区间隧道一般选用与格栅钢架主筋直径相同的ϕ22钢筋。

纵向连接筋与格栅钢架主筋之间应采用焊接方式连接,环向间距通常可取1m,内外双层布置,内外层错开呈梅花形布置。

（4）格栅钢架

隧道开挖支护常用的钢架有钢筋格栅钢架和型钢钢架,通常初期支护宜选用格栅钢架,型钢钢架多应用于临时支护。

格栅钢架设计应考虑预留围岩变形量和施工误差量的影响,将格栅钢架断面尺寸进行外放设计,外放量宜为50～100mm,外放方式宜采用全周外放。

格栅钢架断面形式分为四肢形和三肢形,宜选用四肢形截面形式,如图3-10所示。

格栅钢架主筋之间的联系筋直径宜取12～16mm,建议采用HRB400级ϕ14钢筋。

格栅钢架的联系筋样式主要有斜筋＋U筋和"8"字节形式。"8"字节联系筋的空间效应明显,受力效果好,一般情况下宜采用"8"字节形式联系筋;当临时支护采用格栅钢架时,可采用斜筋＋U筋形式联系筋,如图3-11～图3-14所示。

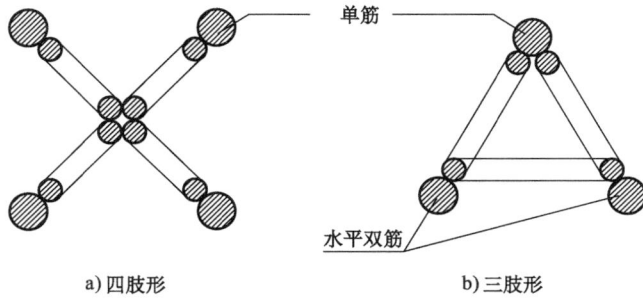

a) 四肢形   b) 三肢形

图 3-10 格栅钢架的形式

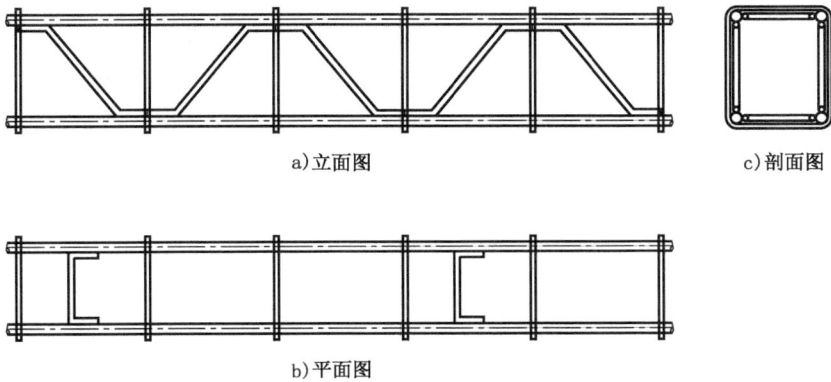

a) 立面图   c) 剖面图

b) 平面图

图 3-11 斜筋 + U 筋形式联系筋

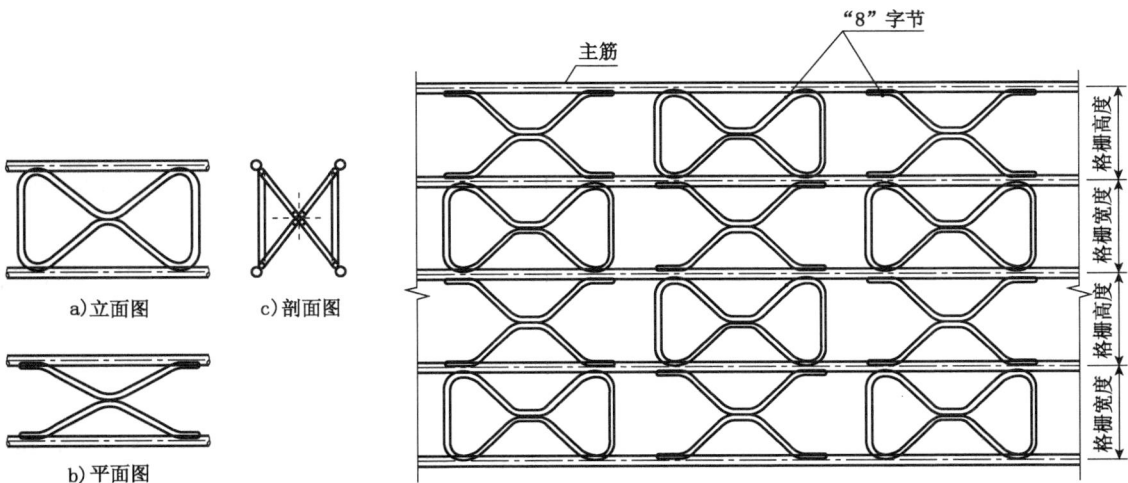

a) 立面图   c) 剖面图

b) 平面图

图 3-12 "8"字节形式联系筋   图 3-13 "8"字节形式联系筋组成的钢架示意图

　　为便于格栅钢架的定位与拼装,格栅钢架的分段长度宜为 3～5m,各段质量不宜超过 100kg;格栅钢架的接头位置应尽量设置在弯矩较小处,如图 3-15 所示。

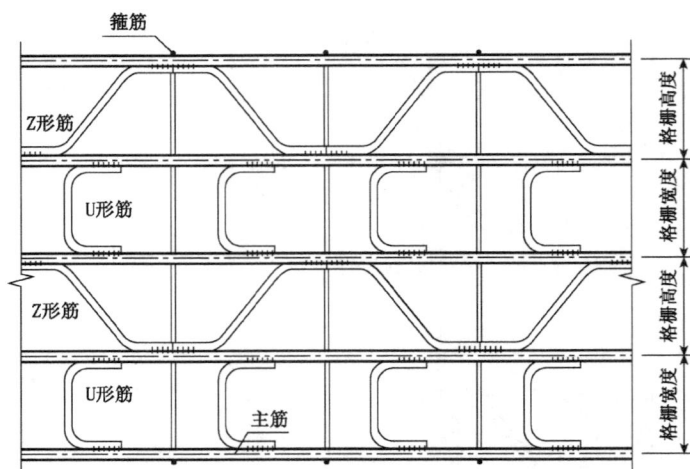

图 3-14　斜筋 + U 筋形式联系筋组成的钢架示意图

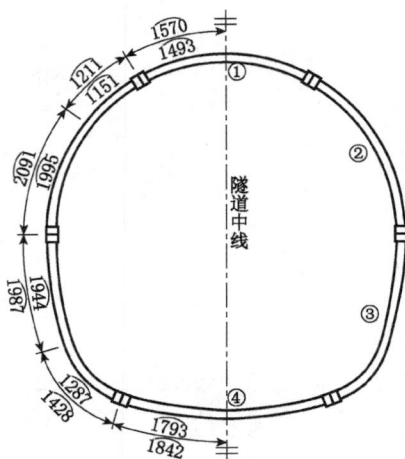

图 3-15　格栅分节示意图

注:①~④表示格栅编号。

3.2　暗挖车站断面形式与衬砌类型

地铁暗挖车站断面形式的确定除了满足限界之外,还要综合考虑围岩条件、使用要求、施工工艺、结构受力等因素,一般采用拱形结构。

地铁车站根据线路等级、建筑使用功能、现场条件以及施工工法,有单层、双层或者三层结构,拱顶的形式有单拱、双拱、三拱等。

3.2.1　单拱结构

单拱无柱双层式车站多设置在岩石地层中,如青岛和重庆等城市岩质地层中经常采用该类结构。单拱双层车站断面如图 3-16 所示。

在土质地层隧道中,近年来也有单拱车站案例,但主要是侧式站或者分离式车站。如北京地铁 17 号线潘家园西站为双层单跨叠落式车站,如图 3-17 所示。

3.2.2　双拱结构

双拱单柱双层式地铁车站在国内外普遍存在,开挖方式主要有中洞法与 PBA 法等。如美国华盛顿地铁托登斯堡站;国内北京地铁 10 号线苏州街站、深圳地铁天虹站也采用了这种结构形式,如图 3-18、图 3-19 所示。

近年来,还出现了盾构隧道扩挖车站的方式,如北京地铁 14 号线将台站,采用盾构先行施工中间隧道,后采用暗挖法扩挖形成地铁车站,如图 3-20 所示。

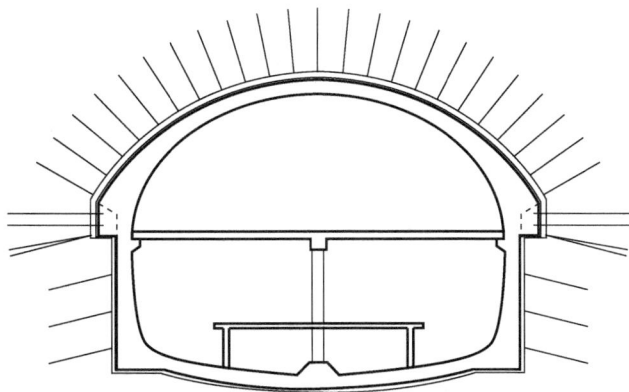

图 3-16 单拱双层车站断面示意图

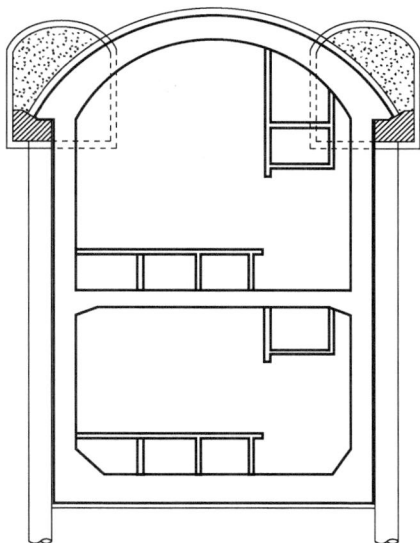

图 3-17 双层单跨叠落式车站断面示意图

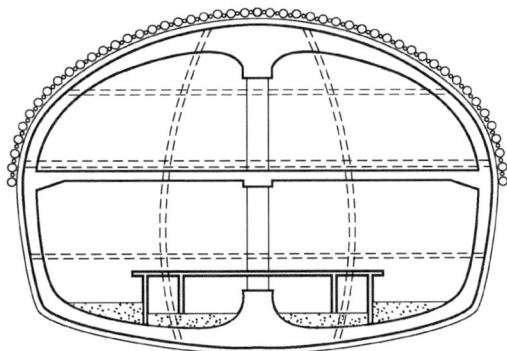

图 3-18 中洞法施工双拱双层车站断面示意图

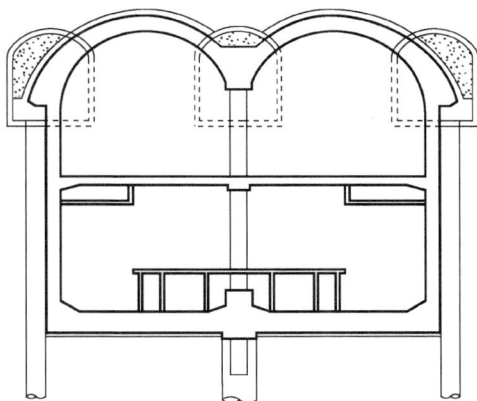

图 3-19 PBA 法施工双拱双层车站断面示意图

3.2.3 三拱结构

三拱两柱双层地铁车站又可分塔柱式和立柱式两种,现多采用立柱式,该类车站在第四纪地层中应用较多。如北京地铁 1 号线的崇文门站、天安门西站、王府井站、东单站、西单站,5 号线的磁器口站、天坛东门站,10 号线的劲松站、海淀黄庄站等地铁车站都采取了这种结构形式。施工工法主要有双侧壁导坑法、中洞法、侧洞法、PBA 法、一次扣拱法等,如图 3-21 ~ 图 3-26 所示。

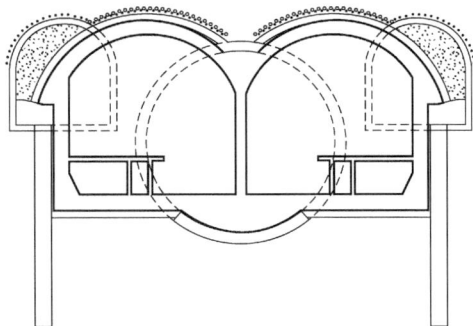

图 3-20 盾构扩挖车站单层双拱车站断面示意图

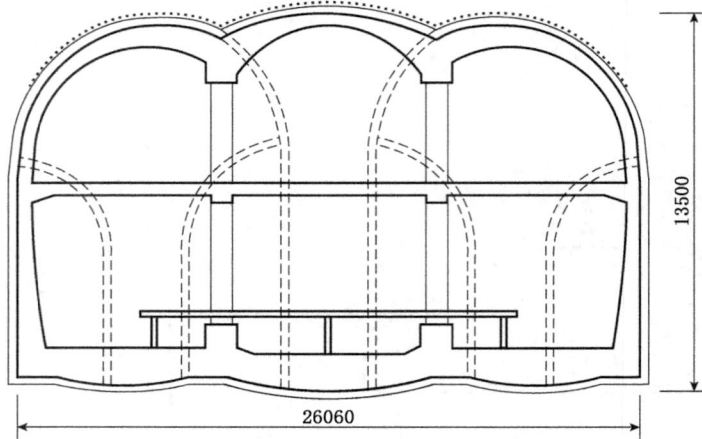

图 3-21　西单站断面示意图(尺寸单位:mm)

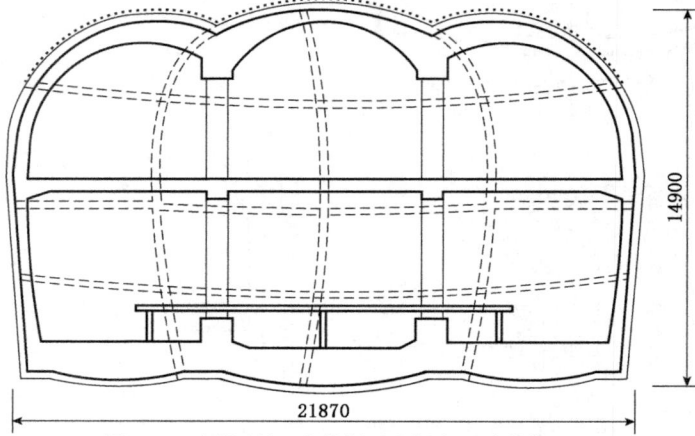

图 3-22　中洞法施工车站断面示意图(尺寸单位:mm)

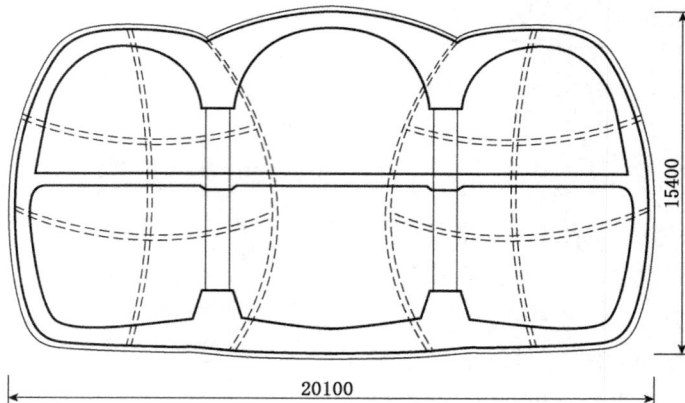

图 3-23　侧洞法施工车站断面示意图(尺寸单位:mm)

　　三拱两柱单层式地铁车站大多埋置于松散土层中,且地下水位较高,一般人工降水后采用中洞法或侧洞法施工,广州地铁 2 号线的林和西路站局部、北京地铁 5 号线的张自忠路站局部采用了三拱双柱单层的结构形式如图 3-27、图 3-28 所示。

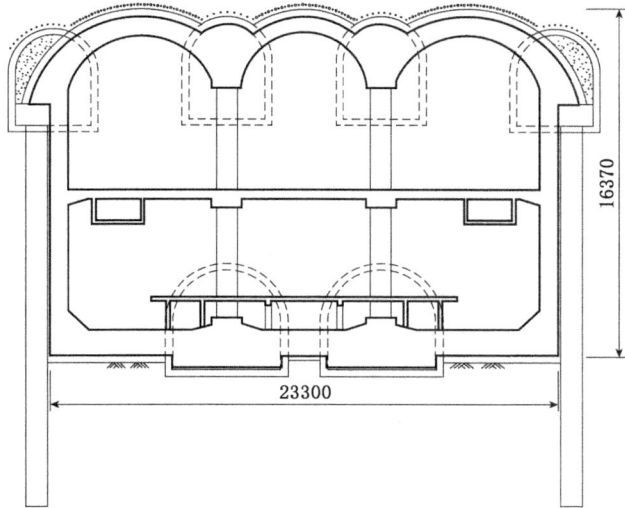

图 3-24　PBA 法施工车站断面示意图(长桩)(尺寸单位:mm)

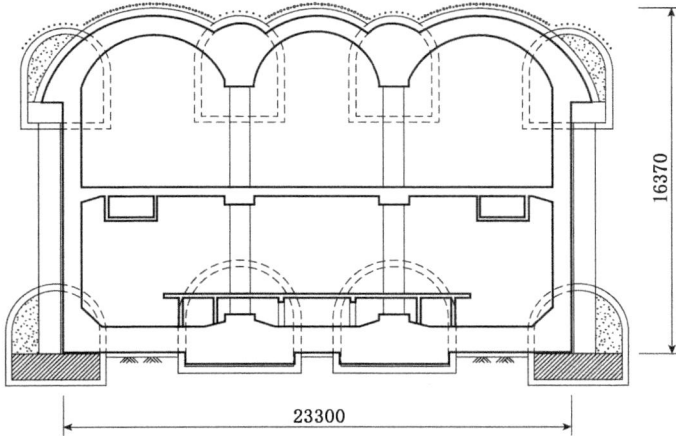

图 3-25　PBA 法施工车站断面示意图(条形基础)(尺寸单位:mm)

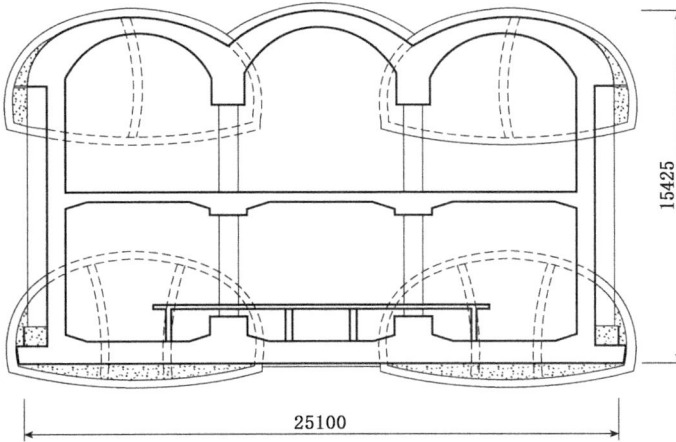

图 3-26　一次扣拱法施工车站断面示意图(尺寸单位:mm)

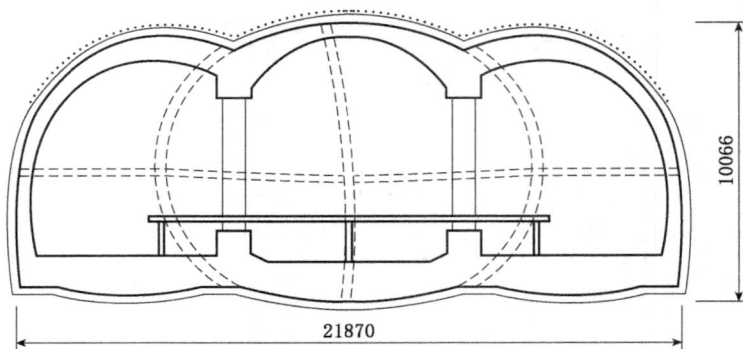

图 3-27　单层断面中洞法施工车站断面示意图(尺寸单位:mm)

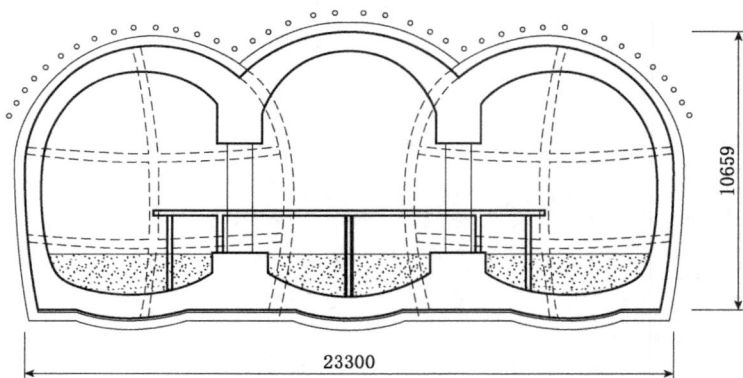

图 3-28　单层断面侧洞法施工车站断面示意图(尺寸单位:mm)

3.2.4　其他结构形式

分离式暗挖车站多采用单拱结构形式,结构断面圆顺,受力明确,不会出现多拱结构中常见的 V 形节点,防水效果好,且施工中结构的中柱极少出现不平衡推力,地表变形易于控制。

横向拱盖法是近几年发展起来的暗挖工法,在车站覆土有限时顶部做成平顶式,在先行导洞内横向设置管幕,在管幕保护下进行扣拱施工,如图 3-29 ~ 图 3-32 所示。

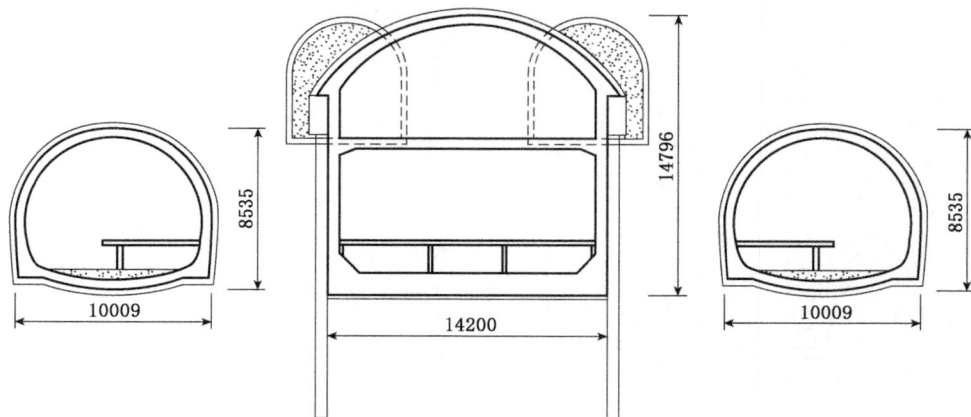

图 3-29　分离式施工车站断面示意图(尺寸单位:mm)

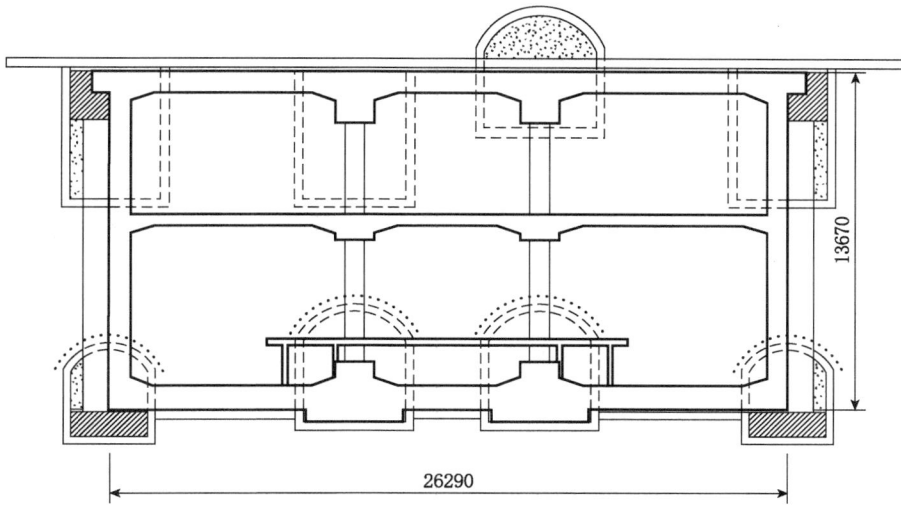

图 3-30　横向管幕施工车站断面示意图(尺寸单位:mm)

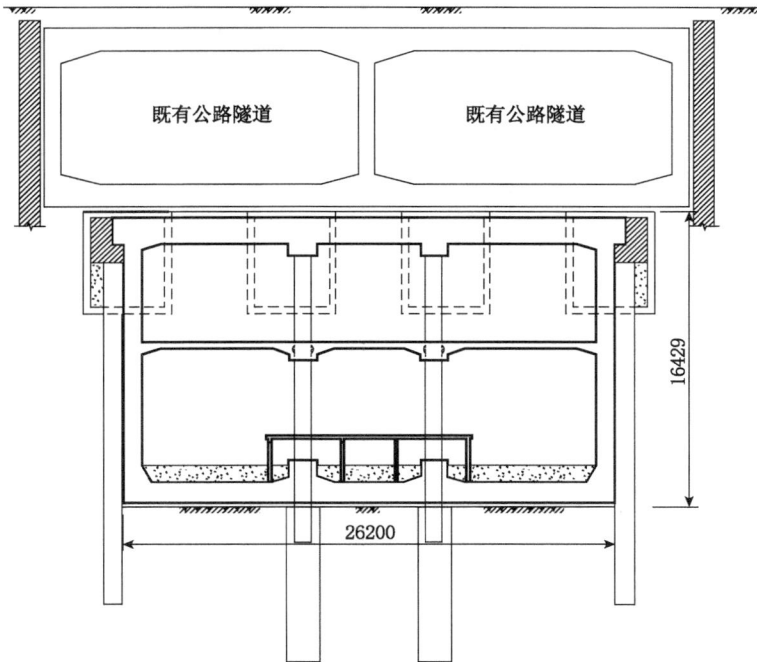

图 3-31　平顶直墙施工车站断面示意图(尺寸单位:mm)

3.2.5　车站衬砌类型

暗挖车站结构主要包含初期支护和二次衬砌及其他临时支护构件,二次衬砌和初期支护之间设有柔性防水层。如图 3-33 所示。

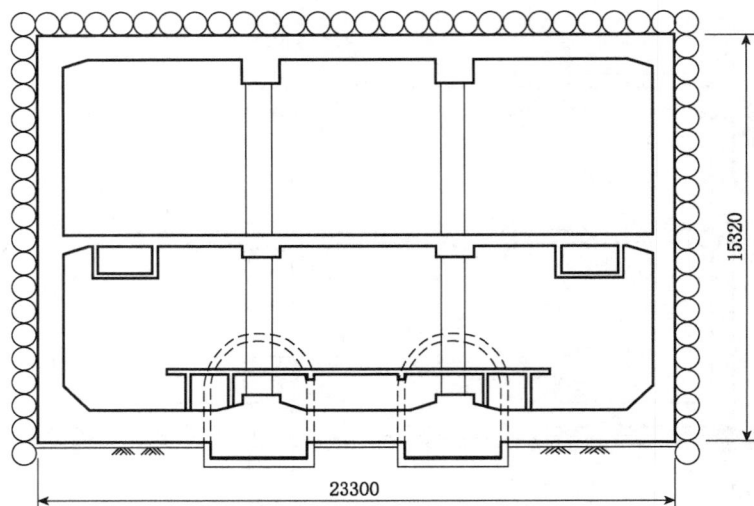

图 3-32　超前模筑初期支护法（STS 法）施工车站断面示意图（尺寸单位：mm）

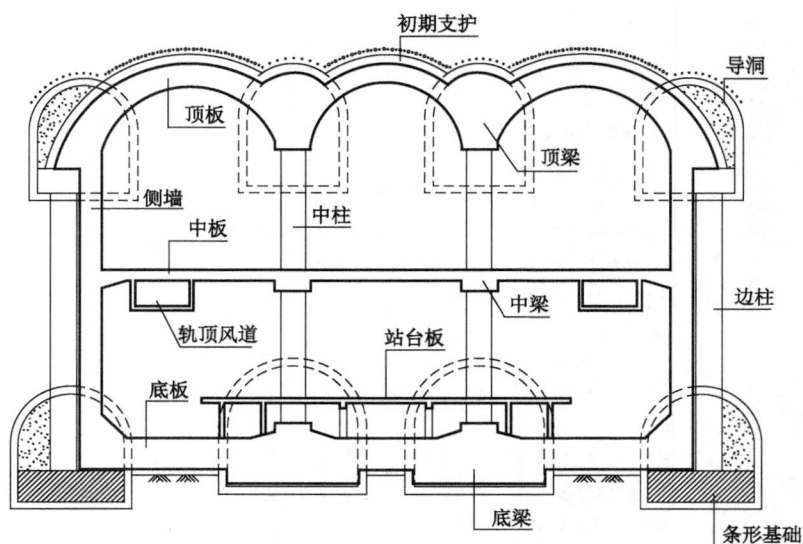

图 3-33　车站结构组成

（1）二次衬砌主要由板（顶板、中板、底板）、梁（顶梁、中梁、底梁）、侧墙、钢管柱组成。二次衬砌承担设计使用年限内水土压力及其他荷载，一般通过计算确定厚度，并需满足变形及裂缝宽度要求。

（2）初期支护主要由喷射混凝土＋钢筋网＋纵向连接筋＋格栅钢架组成。

（3）其他临时支护构件。

①小导洞

包含边导洞及中导洞，在洞内施工边桩、冠梁及顶纵梁。

②条形基础（条基）

用作边桩及钢管柱的基础，承受施工期间边桩及钢管柱传过来的竖向荷载。如边桩及中柱下方采用采用长桩基础,可不设置条基。

③边桩

施工期间抵抗侧向土压力,同时承受扣拱阶段竖向荷载,一般直径800~1000mm,圆形截面,内部配置竖向主筋及螺旋箍筋,可采用人工挖孔或洞内机械成孔。

3.3　暗挖工程结构设计流程及设计内容

暗挖工程主体结构(钢筋混凝土结构)设计是土木专业本科生基本功的重要体现,且学生需要将所学专业知识密切结合现行相关规范[《地铁设计规范》(GB 50157)、《混凝土结构设计规范》(GB 50010)、《建筑结构荷载规范》(GB 50009)、《工程结构可靠性设计统一标准》(GB 50153)]的规定和要求进行设计,培养造就学生具有工程思维方式,熟悉规范并灵活运用,理论结合实际,解决工程问题,也为即将从事的设计工作奠定基础。

地铁暗挖工程结构设计应以"结构为功能服务"为原则,满足城市规划、行车运营、环境保护、抗震、防水、防火、防护、防腐蚀及施工等要求,做到结构安全耐久、技术先进、经济合理。

3.3.1　暗挖工程主体结构设计流程

地铁暗挖工程主体结构设计流程如图3-34所示。

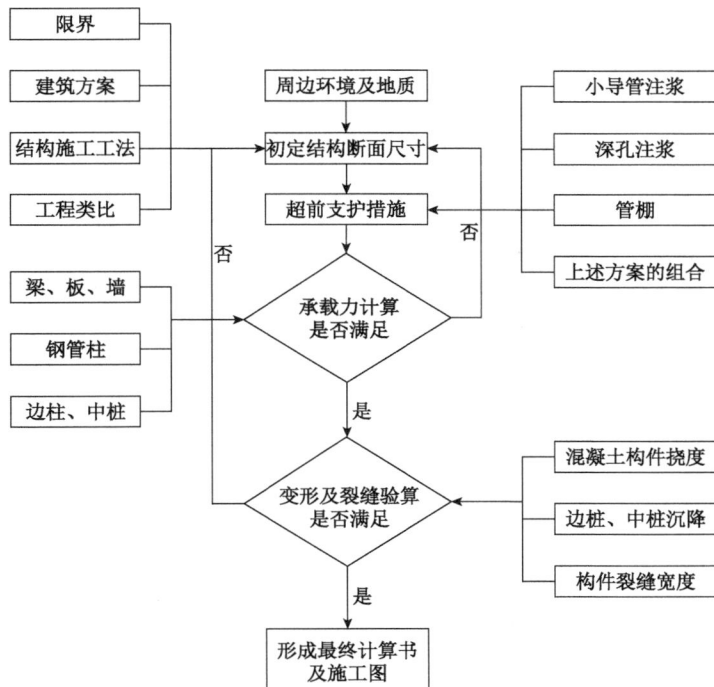

图3-34　地铁设计流程图

3.3.2 暗挖工程结构设计及计算的内容

地铁暗挖工程的结构设计主要是车站和区间隧道结构的设计。相比暗挖隧道而言,暗挖车站结构更加复杂,因此本节主要介绍暗挖车站的结构设计与计算。车站主体结构设计内容须包括:根据设计原则和技术标准拟定结构尺寸及材料、确定荷载种类并进行荷载组合及计算、确定计算模型和计算图示、采用数值计算软件对车站正常使用阶段的结构内力进行计算(标准断面及非标准断面)、进行主要部件的配筋计算及验算、进行车站抗浮验算、绘制车站结构截面配筋图。按照此内容要求,把计算过程及配筋结果整理,并绘制相应的主体结构配筋图纸。其中,为提高设计工作效率且适应目前日益广泛使用的数值计算方法,主体结构内力及变形分析可采用 MIDAS 建模计算,也可选择其他适宜的结构计算软件(SAP84、SAP2000、ANSYS等)进行。具体内容如下:

(1)结构抗浮验算

暗挖工程应满足抗浮稳定标准要求。抗浮结构和构件的承载力、变形及抗浮设施有效性应符合抗浮性能及结构设计要求,抗浮构件及设施的耐久性不应少于建筑工程结构的设计使用年限。

当结构处于抗浮水位以下时,应对结构进行抗浮验算,具体计算公式详见本章计算部分。

(2)荷载计算

按照施工工况及永久使用阶段分别进行计算,主要荷载包括地层压力、水压力、浮力、地面车辆荷载及其引起的侧压力、人群荷载、施工荷载、地震荷载等。并按施工期间和使用年限内预期可能发生的变化进行最不利荷载组合。

(3)主要受力构件内力计算

按"荷载-结构"模型进行计算,将组成结构的各段梁柱分成梁单元,各单元之间以节点相连,单元长度取 1m 计算。中柱按抗弯与抗压刚度等效。用布置于各节点上的弹簧单元来模拟地层与车站主体结构的相互约束。

(4)配筋计算

配筋计算时需要选取结构危险截面处的内力值(弯矩、轴力、剪力)进行配筋设计。一般情况下,地铁车站横断面的危险截面主要取顶、底板及中间楼板的跨中位置及板墙或板与柱子支座处截面位置;墙体选择墙与每层板交接处支座位置及每层侧墙中部位置;纵梁结构选取跨中及梁柱节点或梁与壁柱支座位置。

选取了内力值后,按承载能力极限状态组合内力结果进行钢筋混凝土配筋计算,同时按正常使用极限状态组合结果进行裂缝宽度计算,与地下水、土接触并有自防水要求的混凝土构件(俗称"构件迎水面"),其表面最大裂缝宽度限制取 0.2mm,其余部位取 0.3mm。

(5)地基承载力计算

结构底板未施工之前,扣拱施工时的土层压力及其他荷载通过边桩和中柱传到底部条基上,验算条基下部土体单位面积承载力是否满足经过修正后的地基承载力。

(6)结构变形计算

应按荷载效应的准永久组合并考虑长期作用的影响进行结构变形计算。受弯构件的最大挠度限值不应超过 $L_0/400 \sim L_0/300$,悬臂构件的最大挠度限值不应超过 $2(L_0/400 \sim L_0/300)$,L_0 为构件的计算跨度。

（7）钢管混凝土柱计算

按轴压短柱的承载力设计方法对钢管混凝土柱进行计算，并考虑初始偏心及长细比的影响，同时对节点进行计算。

（8）边桩计算

按施工过程中内力组合值进行抗弯、抗剪及桩端、桩侧承载力计算。

（9）抗震计算

地下车站主体建筑结构的抗震等级，设防烈度为 7 度时应为三级，设防烈度 8 度时应为二级。目前常用的计算方法有反应位移法、反应加速度法及时程分析法。

3.4 暗挖工程结构计算理论与方法

3.4.1 极限状态法原理及要点

随着规范和设计理念的不断更新，目前工程结构设计已经逐步采用极限状态法进行设计，地铁车站主体结构的受力相对明确，因此宜按极限状态法设计。只有对该方法的理念、荷载组合方法、荷载组合系数含义等深刻理解，才能正确进行结构的设计。因此，本节将重点讲解极限状态法的原理及要点。

目前，地下结构使用阶段的受力分析有两种方法，即考虑施工过程影响的分析方法和不考虑施工过程影响的分析方法。前者视结构使用阶段的受力为施工阶段受力的延续，因此，这种分析方法可以考虑结构从施工开始到长期使用的整个受力过程中应力和变形的发展过程；后者则是把结构施工阶段的受力与使用阶段的受力截然分开，分别进行计算，两者间的应力和变形不存在任何联系。计算结果表明：施工过程对框架结构使用阶段受力的影响，对计算结果有较大影响。考虑施工过程影响的分析方法虽然计算较繁杂，但能较好地反映使用阶段的结构受力对施工阶段受力的继承关系，以及结构实际的受力过程，且配筋一般较为经济。故对量大面广的地铁工程，在施工图设计阶段宜采用这种分析方法。不考虑施工过程影响的分析方法可作为初步设计阶段选择结构断面的参考，对车站主体结构的设计内容可进行一定的简化，仅对车站标准断面和非标准断面，纵梁考虑正常使用阶段进行结构内力计算并进行配筋（考虑地震作用验算），车站其他构件的内力计算和配筋、车站主体结构与围护结构结合体系在各施工阶段的变化和内力联系暂不涉及。

极限状态法是指不使结构超越某种规定的极限状态的设计方法，它正在取代以往的容许应力或单一安全系数等经验方法。《工程结构可靠性设计统一标准》（GB 50153—2008）规定：工程结构设计宜采用以概率理论为基础、以分项系数表达的极限状态设计方法，这种方法适用于整个结构、组成结构的构件以及地基基础的设计，适用于结构施工阶段和使用阶段的设计，适用于既有结构的可靠性评定。

1）极限状态法基本概念

极限状态可分为承载能力极限状态和正常使用极限状态，并应符合下列要求：

（1）承载能力极限状态

承载能力极限状态可理解为结构或结构构件发挥允许的最大承载能力的状态。当结构或结构构件出现下列状态之一时,应认为超过了承载能力极限状态：

①结构构件或连接因超过材料强度而破坏,或因过度变形而不适于继续承载。

②整个结构或其一部分作为刚体失去平衡。

③结构转变为机动体系。

④结构或结构构件丧失稳定。

⑤结构因局部破坏而发生连续倒塌。

⑥超过地基承载力极限而发生破坏。

⑦结构或结构构件疲劳破坏。

（2）正常使用极限状态

正常使用极限状态可理解为结构或构件达到使用功能上允许的某个限值的状态。当结构或结构构件出现下列状态之一时,应认为超过了正常使用极限状态：

①影响正常使用或外观的变形。

②影响正常使用或耐久性能的局部破坏。

③影响正常使用的振动。

④影响正常使用的其他特定状态。

结构设计时应对结构的不同极限状态分别进行计算或验算,当某一极限状态的计算或验算起控制作用时,可仅对该极限状态进行计算或验算。

（3）工程结构设计

工程结构设计分为表3-1所示的4种设计状况,对不同的设计状况应采用相应的结构体系、可靠度水平、基本变量和作用组合等,分别进行不同的极限状态设计。

工程结构设计状况分类   表3-1

序 号	设计状况	适用情况	极限状态设计
1	持久设计状况	结构使用时的正常情况	应"承载",尚应"正常"
2	短暂设计状况	结构出现的临时情况（施工、维修）	应"承载",按需要"正常"
3	偶然设计状况	结构出现的异常情况（火灾、爆炸、撞击）	应"承载",可不"正常"
4	地震设计状况	结构遭受地震时的情况	应"承载"

（4）极限状态方程

当采用结构作用效应 S 和结构抗力 R 作为综合变量时,结构按极限状态设计应符合下式要求：

$$R - S \geqslant 0 \qquad\qquad (3-1)$$

结构构件宜根据规定的可靠指标,采用由作用的代表值、材料性能的标准值、几何参数的标准值和各相应分项系数构成的极限状态设计表达式进行设计。

2）结构上作用的荷载及其组合

（1）作用分类

结构上的作用可按表3-2所列性质分类。

工程结构作用分类   表 3-2

序　号	分类方法	作用种类
1	随时间的变化	永久作用、可变作用、偶然作用
2	随空间的变化	固定作用、自由作用
3	结构的反应特点	静态作用、动态作用
4	有无限值	有界作用、无界作用
5	其他	其他作用

（2）作用代表值

工程结构按不同极限状态设计时，在相应的作用组合中对可能同时出现的各种作用，应采用不同的作用代表值。对可变作用，其代表值包括标准值、组合值、频遇值和准永久值，其中组合值、频遇值和准永久值可通过对可变作用的标准值分别乘以不大于 1 的组合值系数 Ψ_c、频遇值系数 Ψ_f 和准永久值系数 Ψ_q 等折减系数来表示；对偶然作用，应采用偶然作用的设计值；对地震作用，应采用地震作用的标准值。

（3）作用组合

工程结构设计，应考虑结构上可能出现的各种作用（包括直接作用、间接作用）。根据不同的极限状态及设计状况，在进行设计时应按表 3-3 的要求选用作用（荷载）组合。

作用（荷载）组合及适用设计状况   表 3-3

序　号	极限状态	组　合	适用设计状况
1	承载能力极限状态	基本组合	持久设计状况或短暂设计状况
2		偶然组合	偶然设计状况
3		地震组合	地震设计状况
4	正常使用极限状态	标准组合	不可逆正常使用极限状态
5		频遇组合	可逆正常使用极限状态
6		准永久组合	长期效应是决定性因素的正常使用极限状态

对每种作用（荷载）组合，工程结构设计均应采用其最不利的效应设计值进行。同时施加在结构上的各单个作用对结构的共同影响，应通过作用（荷载）组合来考虑；对不可能同时出现的各种作用，不应考虑其组合。

3）分项系数设计方法

（1）一般规定

结构构件极限状态设计表达式中所包含的各种分项系数，宜根据有关基本变量的概率分布类型和统计参数及规定的可靠指标，通过计算分析，并结合工程经验，经优化确定。基本变量的设计值可按下列规定确定。

①作用的设计值 F_d 可按下式确定：

$$F_d = \gamma_F F_r \tag{3-2}$$

式中：F_r——作用的代表值；

γ_F——作用的分项系数。

②材料性能的设计值f_d为可按下式确定：

$$f_d = \frac{f_k}{\gamma_M} \tag{3-3}$$

式中：f_k——材料性能的标准值；

γ_M——材料性能的分项系数，其值按有关结构设计标准的规定采用，对正常使用极限状态，除各种材料的结构设计规范有专门规定外，应取1.0。

③几何参数的设计值a_d可采用几何参数的标准值。当几何参数的变异性对结构性能有明显影响时，几何参数的设计值可按下式确定：

$$a_d = a_k + \Delta_a \tag{3-4}$$

式中：a_k——几何参数的标准值；

Δ_a——几何参数的附加量。

（2）承载能力极限状态

①结构或构件按承载能力极限状态设计时，应符合下列要求：

结构或结构构件（包括基础等）的破坏或过度变形的承载能力极限状态设计，应符合下式要求：

$$\gamma_0 S_d \leqslant R_d \tag{3-5}$$

式中：γ_0——结构重要性系数；

S_d——作用基本组合的效应（轴力、弯矩等）设计值；

R_d——结构或结构构件的抗力设计值。

注：结构重要性系数γ_0在实际计算过程中容易被忽略。地铁工程设计使用年限一般为100年，因此结构重要性系数应取值为1.1，当对偶然设计状况和地震设计状况进行计算时，结构重要性系数应取为1.0。因此，在进行了荷载组合之后（荷载标准值乘以荷载分项系数后），还需乘以结构重要性系数，再加载到结构模型上进行内力的计算。混凝土和钢筋的强度值也有标准值和设计值两类，进行结构的承载能力极限状态计算时，应根据规范的要求选用设计值（而不是标准值）。

②对持久设计状况和短暂设计状况，应采用作用的基本组合。

基本组合的效应设计值可按下式确定：

$$S_d = S\left(\sum_{i \geqslant 1} \gamma_{G_i} G_{ik} + \gamma_P P + \gamma_{Q_1} \gamma_{L1} Q_{1k} + \sum_{j > 1} \gamma_{Q_j} \Psi_{cj} \gamma_{Lj} Q_{jk} \right) \tag{3-6}$$

式中：S——作用组合的效应函数；

G_{ik}——第i个永久作用的标准值；

P——预应力作用的有关代表值；

Q_{1k}——第1个可变作用（主导可变作用）的标准值；

Q_{jk}——第j个可变作用的标准值；

γ_{G_i}——第i个永久作用的分项系数；

γ_P——预应力作用的分项系数；

γ_{Q_1}——第1个可变作用(主导可变作用)的分项系数;

γ_{Qj}——第j个可变作用的分项系数;

γ_{L1}、γ_{Lj}——第1个和第j个考虑结构设计使用年限的荷载调整系数,对设计使用年限与设计基准期相同的结构,应取 $\gamma_L = 1.0$;

Ψ_{cj}——第j个可变作用的组合值系数。

注:a. 在作用组合的效应函数 S 中,符号 Σ 和" + "均表示组合,即同时考虑所有作用对结构的共同影响,而不表示代数相加。

b. 当永久作用效应或预应力作用效应对结构构件承载力起有利作用时,式中永久作用分项系数γ_G和预应力作用分项系数γ_P的取值不应大于 1.0。

当作用与作用效应按线性关系考虑时,基本组合的效应设计值可按下式计算:

$$S_d = \sum_{i \geqslant 1} \gamma_{Gi} S_{G_{ik}} + \gamma_P S_P + \gamma_{Q_1} \gamma_{L1} S_{Q_{1k}} + \sum_{j > 1} \gamma_{Qj} \Psi_{cj} \gamma_{Lj} S_{Q_{jk}} \qquad (3-7)$$

式中:$S_{G_{ik}}$——第i个永久作用标准值的效应;

S_P——预应力作用有关代表值的效应;

$S_{Q_{1k}}$——第1个可变作用(主导可变作用)标准值的效应;

$S_{Q_{jk}}$——第j个可变作用标准值的效应。

注:a. 对持久设计状况和短暂设计状况,也可根据需要分别给出作用组合的效应设计值。

b. 可根据需要从作用的分项系数中将反映作用效应模型不定性的系数γ_{sd}分离出来。

③对偶然设计状况,应采用作用的偶然组合。

偶然组合的效应设计值可按下式确定:

$$S_d = S\left[\sum_{i \geqslant 1} G_{ik} + P + A_d + (\Psi_{f1} \text{ 或 } \Psi_{q1}) Q_{1k} + \sum_{j > 1} \Psi_{qj} Q_{jk} \right] \qquad (3-8)$$

式中:A_d——偶然作用的设计值;

Ψ_{f1}——第1个可变作用的频遇值系数;

Ψ_{q1}、Ψ_{qj}——第1个和第j个可变作用的准永久值系数。

当作用与作用效应按线性关系考虑时,偶然组合的效应设计值可按下式计算:

$$S_d = \sum_{i \geqslant 1} S_{G_{ik}} + S_P + S_{A_d} + (\Psi_{f1} \text{ 或 } \Psi_{q1}) S_{Q_{1k}} + \sum_{j > 1} \Psi_{qj} S_{Q_{jk}} \qquad (3-9)$$

式中:S_{A_d}——偶然作用设计值的效应。

④对地震设计状况,应采用作用的地震组合。

地震组合的效应设计值,宜根据重现期为 475 年的地震作用(基本烈度)确定,其效应设计值应符合下列规定。

地震组合的效应设计值宜按下式确定:

$$S_d = S\left(\sum_{i \geqslant 1} S_{G_{ik}} + P + \gamma_1 A_{Ek} + \sum_{j > 1} \Psi_{qj} Q_{jk} \right) \qquad (3-10)$$

式中:$S\left(\sum\limits_{i \geqslant 1} S_{G_{ik}} + P + \gamma_1 A_{Ek} + \sum\limits_{j > 1} \Psi_{qj} Q_{jk} \right)$——作用组合的效应函数;

A_{Ek}——根据重现期为 475 年的地震作用(基本烈度)确定的地震作用的标准值。

当作用与作用效应按线性关系考虑时,地震组合效应设计值可按下式计算:

$$S_d = S(\sum_{i \geq 1} S_{G_{ik}} + S_p + \gamma_1 S_{A_{EK}} + \sum_{j > 1} \Psi_{qj} S_{Q_{jk}}) \tag{3-11}$$

式中:$S_{A_{EK}}$——地震作用标准值的效应。

注:当按线弹性分析计算地震作用效应时,应将计算结果除以结构性能系数以考虑结构延性的影响,结构性能系数应按有关抗震设计规范的规定采用。

(3)正常使用极限状态

①结构或构件按正常使用极限状态设计时,应符合下式要求:

$$S_d \leq C \tag{3-12}$$

式中:S_d——作用组合的效应(如变形、裂缝等)设计值;

C——设计对变形、裂缝等规定的相应限值。

按正常使用极限状态设计时,可根据不同情况采用作用的标准组合、频遇组合或准永久组合。

②标准组合的效应设计值可按下式确定:

$$S_d = S(\sum_{i \geq 1} G_{ik} + P + Q_{1k} + \sum_{j > 1} \Psi_{cj} Q_{jk}) \tag{3-13}$$

当作用与作用效应按线性关系考虑时,标准组合的效应设计值可按下式计算:

$$S_d = \sum_{i \geq 1} S_{G_k} + S_P + S_{Q_{1k}} + \sum_{j > 1} \Psi_{cj} S_{Q_{jk}} \tag{3-14}$$

③频遇组合的效应设计值可按下式确定:

$$S_d = S(\sum_{i \geq 1} G_{ik} + P + \Psi_{f1} Q_{1k} + \sum_{j > 1} \Psi_{qj} Q_{jk}) \tag{3-15}$$

当作用与作用效应按线性关系考虑时,频遇组合的效应设计值可按下式计算:

$$S_d = \sum_{i \geq 1} S_{G_{ik}} + S_P + \Psi_{f1} S_{Q_{1k}} + \sum_{j > 1} \Psi_{qj} S_{Q_{jk}} \tag{3-16}$$

④准永久组合的效应设计值可按下会确定:

$$S_d = S[\sum_{i \geq 1} G_{ik} + P + \sum_{j > 1} \Psi_{qj} Q_{jk}] \tag{3-17}$$

当作用与作用效应按线性关系考虑时,准永久组合的效应设计值可按下式计算:

$$S_d = \sum_{i \geq 1} S_{G_{ik}} + S_P + \sum_{j > 1} \Psi_{qj} S_{Q_{jk}} \tag{3-18}$$

注:标准组合宜用于不可逆正常使用极限状态;频遇组合宜用于可逆正常使用极限状态;准永久组合宜用在当长期效应是决定性因素时的正常使用极限状态。

(4)极限状态作用组合分析

当工程结构按不同极限状态设计时,在相应的作用组合中对可能出现的各种作用,应采用不同的作用设计值,见表3-4。

作 用 组 合 分 析

表 3-4

序号	极限状态	组合	永久作用	主导作用	伴随可变作用	公式
1	承载能力 极限状态	基本组合	$\gamma_{G_i} G_{ik}$	$\gamma_{Q_1} \gamma_{L1} Q_{1k}$	$\gamma_{Q_j} \Psi_{cj} \gamma_{Lj} Q_{jk}$	(3-6)
2		偶然组合	G_{ik}	A_d	$(\Psi_{f1}$ 或 $\Psi_{q1}) Q_{1k}$ 和 $\Psi_{qj} Q_{jk}$	(3-8)
3		地震组合	G_{ik}	$\gamma_1 A_{EK}$	$\Psi_{qj} Q_{jk}$	(3-10)
4	正常使用 极限状态	标准组合	G_{ik}	Q_{1k}	$\Psi_{cj} Q_{jk}$	(3-13)
5		频遇组合	G_{ik}	$\Psi_{f1} Q_{1k}$	$\Psi_{qj} Q_{jk}$	(3-15)
6		准永久组合	G_{ik}	—	$\Psi_{qj} Q_{jk}$	(3-17)

3.4.2 车站结构设计理论与方法

作用在车站结构底板上的地基反力大小及分布规律,随结构与基底地层相对刚度不同而变化。当地层刚度相对较小时,多接近于均匀分布;在坚硬地层中,多集中分布在侧墙及柱附近;介于二者之间时,地基反力则呈马鞍形分布。为了反映底板反力这一分布特点,可采用底板支承在弹性地基上的框架模型来计算。

计算中应注意两点:

(1)底板的计算弹簧反力不应大于地基的承载力,对于软弱地层,需通过多次计算才能取得较为接近实际的反力分布。

(2)在水浮力的作用下,底板弹簧不能受拉。

当围护桩墙作为主体结构使用时,可在底板以下的围护墙上设置分布水平弹簧,并在墙底假定设置集中竖向弹簧,以分别模拟地层对墙体水平变位及竖向变位的约束作用,此时计算所得的墙趾竖向反力不应大于围护墙的垂直承载力。

如前所述,暗挖结构使用阶段的受力分析目前有两种方法:考虑施工过程影响的分析方法和不考虑施工过程影响的分析方法。其中不考虑施工过程影响的分析方法可作为初步设计阶段选择结构断面的参考。因此,采用不考虑施工过程影响的分析方法,即不考虑使用阶段结构的内力和变形对施工阶段的继承,按弹性地基上的框架模型考虑围护结构与主体结构的共同工作,按长期使用工况(水土分算、土压力作用在围护结构上、水压力作用在主体结构侧墙上)作用在结构上的荷载计算。

遇下列情况时应对地下结构纵向强度和变形进行分析:

(1)覆土荷载沿其纵向有较大变化时。

(2)结构直接承受建(构)筑物等较大局部荷载时。

(3)地基或基础有显著差异,沿纵向产生不均匀沉降时。

(4)沉管隧道。

(5)地震作用下的小曲线半径的隧道、刚度突变的结构和液化对稳定有影响的结构。

当温度变形缝的间距较大时,应考虑温度变化和混凝土收缩对结构纵向的影响。空间受力作用明显的区段,宜按空间结构进行分析。

3.4.3 暗挖结构计算图示

《地铁设计规范》(GB 50157—2013)中虽然说明了暗挖车站结构的设计计算方法,但并未明确各种结构形式的具体计算图示,而目前国内许多地铁设计单位由于各自使用的计算软件或计算习惯不同,所以实际采用的计算图示有一定差异(体现在土弹簧的设置方向及设置范围、是否考虑围护结构、围护结构在模型中的设置高度等方面)。

本节给出一个较为常见的暗挖地铁车站计算图示(图3-35),其他形式的暗挖车站结构计算图示应在此基础上进行相应的修正,也可以根据该计算图示,结合所采用的计算软件特点,局部做合理调整和变化用于主体结构的计算。

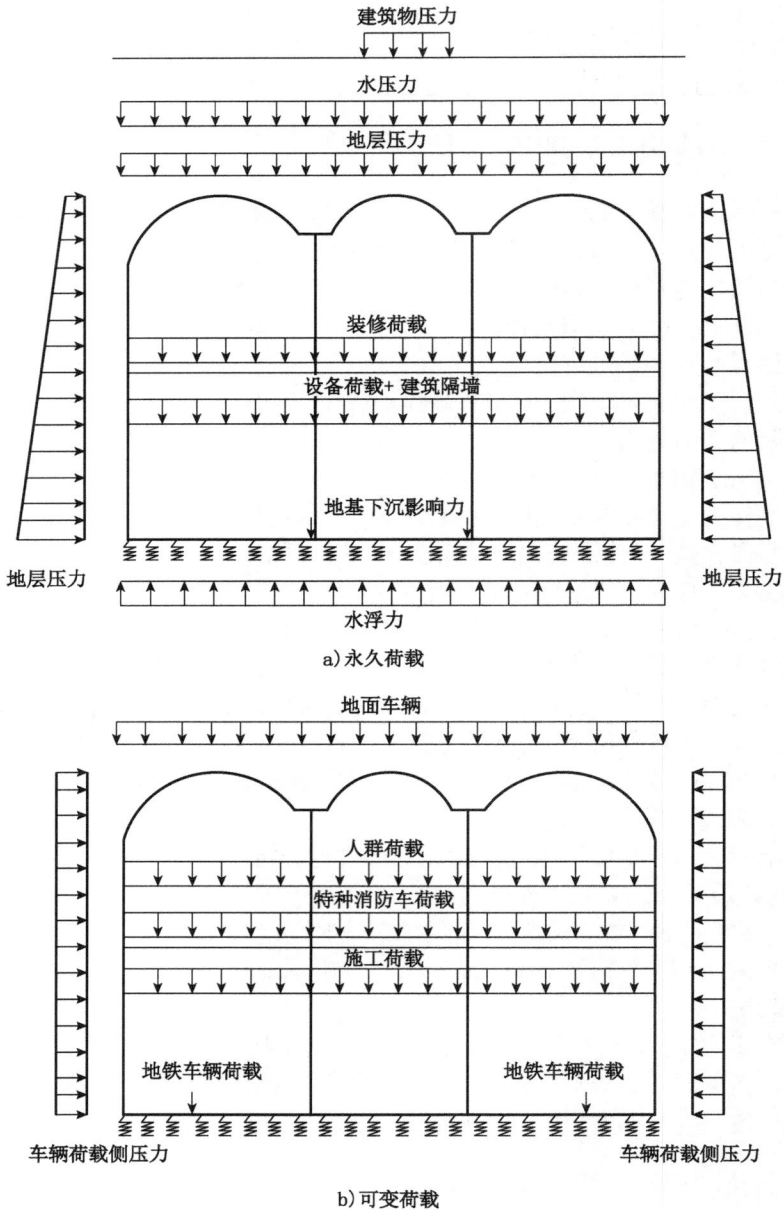

a)永久荷载

b)可变荷载

图 3-35

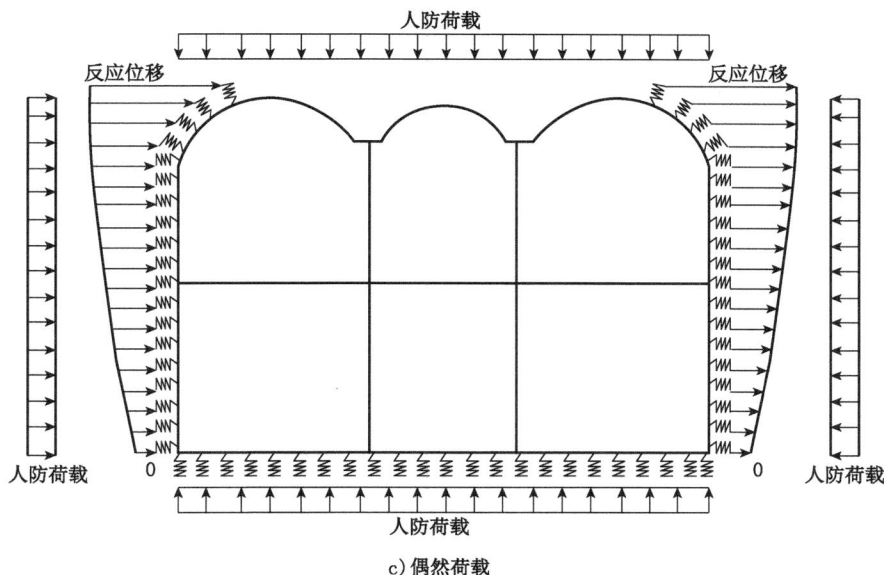

图 3-35 暗挖地铁车站结构计算图示(使用阶段)

对上述计算图示的说明如下:

(1)对弹簧的处理:结构底板、边墙结构部位处的弹簧应设置成仅为受压的弹簧,因为结构与土仅为单面接触,一旦脱开肯定要取消弹簧,否则与实际不符。

(2)在垂直方向上,由于水平侧向土压力在土层分界处可能存在数值上的不连续性,为准确地模拟和加载分层土压力,应在主体结构对应的土层分界点处设置节点,以便进行侧压力的加载。

3.4.4 平面问题简化计算方法

地铁车站是通过顶板将竖向面荷载和集中荷载转化为线荷载传递给纵梁,通过纵梁再把线荷载转化成集中荷载和弯矩传递给柱,再由柱将荷载传递给底板纵梁,进而转化为底板的面荷载传递给地基,完成竖向荷载的传递。地铁车站一般为长通道结构,其横向尺寸远小于纵向尺寸,在现行的地铁车站设计中一般简化为平面问题求解。

由于地铁车站的长度远大于其宽度,刚度等效法将其作为平面应变问题来考虑,故框架结构沿纵向取一延米进行计算。由于中立柱在纵向上的不连续性,将中立柱按照刚度等效的原则换算为"中隔壁"进行计算,然后以等效的墙厚代替柱来进行平面框架有限元计算,所求得的"墙"内力即为柱的等效内力,并以此来进行配筋及强度验算。采用此方法时,对板、墙直接以计算所得的内力值进行配筋,而对柱子则要将柱的计算内力值乘以柱跨 B 之后再进行配筋。

抗弯刚度等效原则即为换算截面惯性矩应和原截面惯性矩相等。抗压刚度等效原则即换算截面应和原截面面积相等,比如假定柱的截面为圆形,则等效墙厚可按如下方法求出。

(1)按抗弯刚度等效:

$$E_s I_s + E_c I_{c1} = E_c I_{c2} \tag{3-19}$$

$$I_s = \frac{\pi(D^4 - d^4)}{64B} \tag{3-20}$$

$$I_{c1} = \frac{\pi d^4}{64B} \tag{3-21}$$

$$I_{c2} = \frac{b_1 h_1^3}{12} \tag{3-22}$$

式中：E_s——钢管混凝土柱中钢材弹性模量；

$\quad E_c$——钢管混凝土柱中混凝土弹性模量；

$\quad I_s$——钢管混凝土柱中钢管截面惯性矩；

$\quad I_{c1}$——钢管混凝土柱中混凝土部分截面惯性矩；

$\quad I_{c2}$——简化为中隔壁进行等效后的截面惯性矩；

$\quad B$——沿车站长度方向柱距；

$\quad D$——钢管混凝土柱中钢管外径；

$\quad d$——钢管混凝土柱中钢管内径；

$\quad b_1$——简化后截面宽度；

$\quad h_1$——简化后截面高度。

（2）按抗压刚度等效：

$$E_s A_s + E_c A_{c1} = E_c A_{c2} \tag{3-23}$$

$$A_s = \frac{\pi(D^2 - d^2)}{4B} \tag{3-24}$$

$$A_{c1} = \frac{\pi d^2}{4B} \tag{3-25}$$

$$A_{c2} = b_1 h_1 \tag{3-26}$$

式中：A_s——钢管混凝土柱中钢材部分的截面面积；

$\quad A_{c1}$——钢管混凝土柱中混凝土部分的截面面积；

$\quad A_{c2}$——简化后的截面面积。

联立式（3-19）与式（3-23）求解后，可以得出 $b_1 h_1$。

基于刚度等效的原理，式（3-19）及式（3-23）也可用于将围护结构的灌注桩等效为墙进行建模计算。

上述简化计算方法已得到了广泛的应用，但问题在于：将纵梁和板、柱分离开来进行计算，使得整个结构的变形协调条件不能得到满足，导致板、纵梁内力与实际不符。

把柱等效为墙，其不足在于等效过程不能同时满足竖向受压变形刚度和平面内受弯刚度相等。人为强制性等效破坏了结构的总体变形协调条件，其结论必然存在一定的差异。另外，平面简化不能反映车站的交叉节点和侧墙开洞处的实际几何特性和受力状态，其计算结果的准确性不能满足结构设计的要求，有条件时尽量选用空间三维模型进行处理。

平面简化计算方法是一种近似的计算方法。由于影响板、柱、墙等内力分布的因素较多，结构形式又复杂多变，目前尚无针对类似结构的规范发布。

3.4.5　暗挖车站结构计算要点

暗挖地铁车站目前计算模型多采用"荷载-结构"模型,相关计算软件种类较多,包括MIDAS、SAP84、SAP2000、ANSYS等软件。以下结合数值计算建模说明暗挖地铁车站平面计算模型的设置要点,具体的建模过程可参见不同计算软件的教程及资料。

（1）平面计算基本假定

①将组成结构的各段梁柱分成梁单元,各单元间以节点相连,单元长度取纵向1m计算。

②用布置于各节点上的弹簧单元来模拟地层与车站主体结构的相互约束,底板弹簧刚度大小取所在土层垂直基床系数与相邻两弹簧之间的距离一半的乘积,侧墙弹簧刚度大小取所在土层水平基床系数与相邻两弹簧之间距离一半的乘积;假定弹簧不承受拉力(需要反复计算调整),弹簧受压时的反力即为围岩对底板的弹性抗力。

③对于采用复合墙形式的支护结构,支护结构与内衬结构之间的传力采用受压链杆(二力杆)模拟。受压链杆仅传递压力,不承受弯矩、剪力与拉力,当受压链杆受拉时应取消此杆重新计算。此外,根据计算经验,压杆的弹性模量数量级取为$10^{15} \sim 10^{17}$时能较好地保证围护结构与主体结构变形的协调和连续性。

④长期使用阶段采用静止土压力。

（2）纵梁计算方法

纵梁的平面计算方法目前有两种:按多跨连续梁计算和多跨连续框架计算。车站纵向长度较长,通常超过200m,暗挖站按6~7m一跨,也有20跨左右,梁的计算通常简化为5跨连续梁计算模型,实际配筋中两端及变形缝端部分别按第一、第二跨配筋,其余均按第三跨配筋。

单根梁的计算范围通常取承载宽度(图3-36中阴影部分),承载宽度的计算方式如下:

$$L = \frac{L_1 + L_2}{2} \tag{3-27}$$

式中:L_1——侧墙到梁轴线的距离;

L_2——两纵梁之间距离。

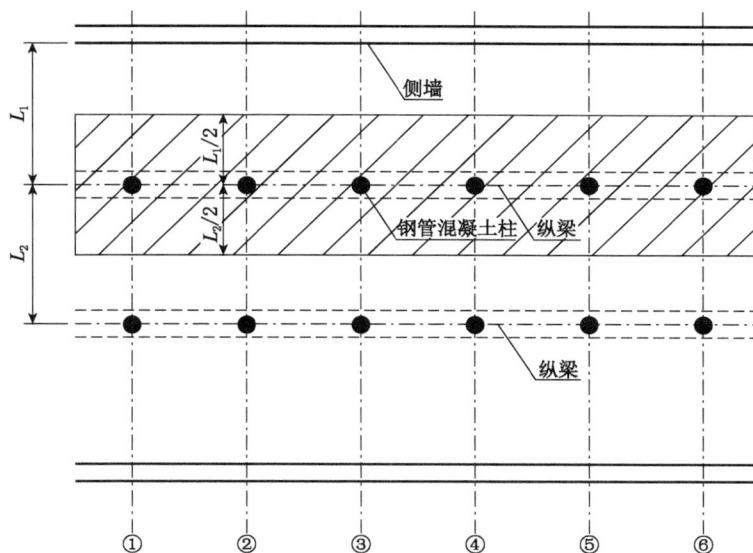

图3-36　单根梁的计算宽度示意图

以两层站为例进行说明：

①顶纵梁荷载：

a. 恒载：a) 梁自重，覆土压力。b) 计算宽度范围内的板重。

$$P_1 = \gamma hL + \gamma_1 h_1 L \tag{3-28}$$

b. 活载：地面超载，通常取 20kPa，$P_2 = 20L$。

②中纵梁荷载：

a. 恒载：a) 自重。b) 装修通常取 23kN/m³，设备荷载通常取 8kPa。

$$P_3 = \gamma_1 h_2 L + 23 h_3 \tag{3-29}$$

b. 活载：人群荷载，通常取 4kPa。

$$P_4 = 4L \tag{3-30}$$

③底纵梁荷载：

恒载：a) 自重。b) 底板自重。

$$P_5 = \gamma_1 h_4 L \tag{3-31}$$

上述式中：γ——上覆土层加权平均重度（kN/m³）；

$\quad\quad\quad h$ ——车站覆土深度（m）；

$\quad\quad\quad L$ ——梁的计算宽度（m）；

$\quad\quad\quad \gamma_1$——混凝土重度（kN/m³），通常取 25kN/m³；

$\quad\quad\quad h_1$——顶板厚度（m）；

$\quad\quad\quad h_2$——中板厚度（m）；

$\quad\quad\quad h_3$——装修层厚度（m）；

$\quad\quad\quad h_4$——底板厚度（m）。

底纵梁分为倒梁法和整体计算法。

倒梁法：将上部结构看成绝对刚性，其作用看成基础梁的铰支座。地基绝对反力看成梁上荷载，基础按倒置的多跨连续梁计算内力，即为倒梁法。其中地基绝对反力为上部结构传给地基的力，如图 3-37 所示。

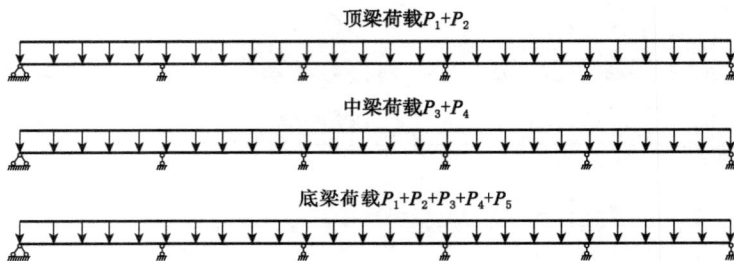

顶梁荷载 $P_1 + P_2$

中梁荷载 $P_3 + P_4$

底梁荷载 $P_1 + P_2 + P_3 + P_4 + P_5$

图 3-37　倒梁法计算简图

整体计算法：将车站顶、中、底梁建一个模型。

倒梁法与整体计算法二者的区别：倒梁法认为梁柱节点完全刚性，不发生变形，计算结果偏于保守；整体计算法考虑地基的作用，与实际较为接近，如图 3-38 所示。

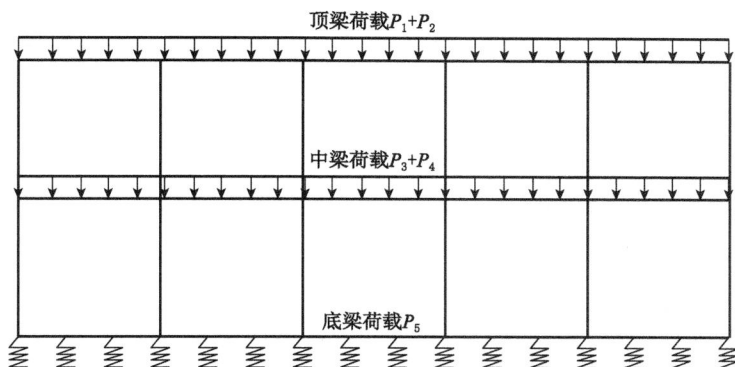

图 3-38　整体计算法简图

3.5 荷载种类及组合

在开始计算车站主体结构内力前,应对作用在车站结构上的荷载种类、取值有清楚的认识,并按照本章 3.4 节所述的极限状态法中的相关要求选择合理的组合。

3.5.1 荷载种类及参数

(1)地铁车站荷载分类及取值

作用在地下结构上的荷载,可按表 3-5 进行分类。

地下结构荷载分类　　　　　　　　　　　　　　　表 3-5

荷　载　类　型		荷　载　名　称
永久荷载		结构自重、设备基础、建筑荷载、建筑隔墙等自重
		地层压力
		结构上部和受影响范围内的设施及建筑物压力
		水压力及水浮力
		混凝土收缩及徐变作用
		预加力
		设备荷载
		地基下沉影响力
可变荷载	基本可变荷载	地面车辆荷载(包括其动力作用)
		地铁车辆荷载(包括其动力作用)
		人群荷载
		特种消防车荷载
	其他可变荷载	温度变化影响力
		地铁车辆的制动力和牵引力
		施工荷载

续上表

荷 载 类 型	荷 载 名 称
偶然荷载	地震荷载
	地铁车辆脱轨荷载
	人防荷载

注:1.设计中要求考虑的其他荷载,可根据其性质分别列入上述三类荷载中。
　　2.表中所列荷载本节未加说明者,可按国家有关规范或根据实际情况确定。

（2）荷载取值说明

结合规范要求及工程设计实际,对一些荷载参数取值说明如下：

①当轨道铺设在结构底板上时,一般来说,地铁车辆荷载对结构应力影响不大（或对车站结构受力有利）,可略去不计地铁车辆荷载及其动力作用的影响。

②在考虑直接承受地铁车辆荷载的楼板等构件时,地铁车辆竖向荷载应按其实际轴重和排列计算,并考虑动力作用的影响,同时尚应用线路通过的重型设备运输车辆的荷载进行验算。

③地面车辆荷载一般可简化为与结构埋深有关的均布荷载,但覆土较浅时应按实际情况计算。在道路下方的浅埋暗挖隧道,地面车辆荷载可按 20kPa 的均布荷载取值,并不计动力作用的影响。

④作用在地下结构上的水压力,原则上应采用孔隙水压力,但孔隙水压力的确定比较困难,从实用和偏于安全考虑,设计水压力一般都按静水压力计算。作用在地下结构上的水压力,在使用阶段无论砂性土或黏性土,都应根据水土分算的原则确定,并应根据设防水位以及可能发生的地下水最高水位和最低水位两种情况,计算水压力和浮力对结构的作用,考虑地下水位在使用期变化可能的不利组合。

⑤竖向地层压力按下列规定计算:暗挖法施工的车站结构宜按计算截面以上全部土柱质量计算,竖向荷载计算应考虑地面及邻近的任何其他荷载对竖向压力的影响。水平地层压力的计算:长期使用阶段或逆作法结构承受的土压力宜按静止土压力计算（水平侧压力）,荷载计算应包括地面荷载和破坏棱体范围的建筑物,以及施工机械等引起的附加水平侧压力。

（3）荷载种类的选取

荷载的选择和取值跟地铁车站的阶段（设计状况）有很大关系,如施工阶段和使用阶段的荷载选择应该是不同的,而且跟车站的形式与部位、施工期间结构体系的变化、不同阶段对应荷载的形式都有关系,往往要选取几种代表性的设计状况进行计算和验算。比如,结构设计中应考虑下列施工荷载之一或可能发生的几种情况的组合:设备运输及吊装荷载、施工机具荷载、地面堆载、材料堆载等;盾构法施工时千斤顶的顶力、盾构过车站的设备荷载、注浆所引起的附加荷载等。

诸多地铁车站计算实例表明,暗挖车站人防设计状况往往不起控制作用。另外,人防设计通常较为复杂（一般由专业的人防设计院进行）。

3.5.2　极限状态及荷载组合

在进行地铁车站荷载组合及确定组合系数时,要注意与现行《地铁设计规范》（GB 50157）的条文要求相符,并遵循其他一些相关现行规范［如《混凝土结构设计规范》（GB 50010）、《建筑结构荷载规范》(GB 50009)、《工程结构可靠性设计统一标准》(GB 50153)]的规定。

(1)极限状态选择

根据《建筑结构荷载规范》(GB 50009—2012)第3.2.1条,应按承载能力极限状态和正常使用极限状态分别进行荷载(效应)组合,并取各自最不利效应组合进行设计;另外,地下结构也应根据相应规范的要求进行抗震验算。

根据《混凝土结构设计规范》(GB 50010—2010)第3.3节及第3.4节,进行地铁车站主体结构计算时,需要采用承载能力极限状态进行配筋计算,之后再按正常使用极限状态对其裂缝宽度进行验算。因此,需要分别计算两种极限状态下的弯矩、轴力、剪力值,分别用于配筋计算和裂缝宽度验算(而不是只用一种极限状态下的结构内力去完成配筋和裂缝宽度验算)。在完成了配筋及裂缝宽度验算后,进行地下车站的抗震验算,因此需要计算地震组合下的结构内力、变形,以对结构的安全性和配筋结果进行验算。

(2)基本组合

根据《建筑结构荷载规范》(GB 50009—2012)第3.2.2条,承载能力极限状态应按效应的基本组合或偶然组合(此处仅考虑基本组合情况)进行荷载组合,其计算公式见式(3-32)~式(3-34)。

地铁设计使用年限为100年,安全等级为一级,此处结构重要性系数对持久设计状况和短暂设计状况取值为1.1,对偶然设计状况和地震设计状况取值为1.0[见《工程结构可靠性设计统一标准》(GB 50153—2008)表A.1.7]。

根据《建筑结构荷载规范》(GB 50009—2012)第3.2.3条,当进行承载能力极限状态计算时,考虑基本组合的情况下,由永久荷载效应(此处考虑运营阶段车站结构自重、所受土压、水压等因素)控制的组合应采取下式计算:

$$S_d = \sum_{j=1}^{m} \gamma_{G_j} S_{G_{jk}} + \sum_{i=1}^{n} \gamma_{Q_i} \gamma_{L_i} \Psi_{ci} S_{Q_{ik}} \tag{3-32}$$

上式中各分项系数的取值可参见《建筑结构荷载规范》(GB 50009—2012)、《工程结构可靠性设计统一标准》(GB 50153—2008)相关条款的规定:

①γ_{G_j}为第j个永久荷载的分项系数,当永久荷载效应对结构不利时,对由可变荷载效应控制的组合应取1.2,对由永久荷载效应控制的组合应取1.3;当永久荷载效应对结构有利时不应大于1.0。

②γ_{Q_i}为第i个可变荷载的分项系数,对标准值大于4 kN/m²的工业房屋楼面结构的活荷载,该系数取1.3;其他情况,该系数取1.5。

③γ_{L_i}为第i个可变荷载考虑设计使用年限的调整系数,对于荷载标准值可控制的活荷载,设计使用年限100年时,取1.0。

④Ψ_{ci}为第i个可变荷载的组合值系数,由于本设计中考虑的可变荷载主要为作用在楼板上的均布活载(人群荷载),取组合值系数为0.7。

(3)准永久组合

根据《混凝土结构设计规范》(GB 50010—2010)第3.4.1条及3.4.4条,对允许出现裂缝的钢筋混凝土结构,应按准永久组合的正常使用极限状态进行受力裂缝宽度计算。

根据《建筑结构荷载规范》（GB 50009—2012）第 3.2.10 条，荷载准永久组合的效应设计值 S_d 应按下式进行计算：

$$S_d = \sum_{j=1}^{m} S_{G_{jk}} + \sum_{i=1}^{n} \Psi_{qi} S_{Q_{ik}} \tag{3-33}$$

式中：Ψ_{qi}——第 i 个可变荷载的准永久值系数，由于地铁车站设计中考虑的可变荷载为作用在楼板上的均布活载（人群荷载），因此可按《建筑结构荷载规范》（GB 50009—2012）表 5.1.1 第 4 项（车站类别），取准永久值系数为 0.5。

（4）地震组合

根据《工程结构可靠性设计统一标准》（GB 50153—2008）第 8.2.6 条，参照式（3-32）、式（3-33）可得：

$$S_d = \sum_{j=1}^{m} S_{G_{jk}} + \gamma_1 S_{A_{EK}} + \sum_{i=1}^{n} \Psi_{qi} S_{Q_{ik}} \tag{3-34}$$

根据《建筑抗震设计规范》（GB 50009—2012）第 5.4.1 条，γ_1 可分为 γ_{Eh}、γ_{Ev}，因此 $\gamma_{Eh} = 1.3$、$\gamma_{Ev} = 0$，即 $\gamma_1 = \gamma_{Eh} = 1.3$。

（5）荷载组合系数

通过对以上规范条文的要求和取值的规定分析，可得出应进行的组合与分项系数取值见表 3-6。根据表 3-6 所示的分项系数取值，可得出正常使用阶段下地铁车站结构计算荷载组合。考虑工况不同、规范之间的协调性问题等因素，也可能会导致在实际设计中荷载组合的系数取值存在一定差异。

地铁车站结构计算各组合下的分项系数参数 表 3-6

极限状态	组合种类	结构重要性系数 γ_0	永久荷载	可变荷载				地震荷载
			分项系数 γ_{G_j}	分项系数 γ_{Q_i}	分项系数 γ_{L_i}	组合值系数 Ψ_{ci}	准永久值系数 Ψ_{qi}	作用系数 γ_{Eh}
承载能力极限状态	基本组合	1.1	1.3	1.5	1.0	0.7	—	—
	地震组合	1.0	1.2	—	—	—	0.5	1.3
正常使用极限状态	准永久组合	1.0	1.0	—	—	—	0.8	—

3.6 暗挖结构构件配筋及裂缝控制验算

3.6.1 一般规定

（1）材料参数要求

《地铁设计规范》（GB 50157—2013）规定，混凝土的原材料和配合比、最低强度等级、最大水胶比和单位体积混凝土的水泥用量等应符合耐久性要求，同时满足抗裂、抗渗、抗冻和抗侵蚀的需要。一般环境条件下的混凝土设计强度等级不得低于表 3-7 的规定。

一般环境条件下地下结构混凝土的最低设计强度等级　　　　表 3-7

施工方法	结 构 类 型	混凝土设计强度等级
矿山法	喷射混凝土衬砌	C25
	现浇混凝土或钢筋混凝土衬砌	C35
	作为永久结构的地下连续墙和灌注桩	C35

注:一般环境条件指《混凝土结构设计规范》(GB 50010—2010)环境类别中的一类和二 a 类。

普通钢筋混凝土和喷锚支护结构中的钢筋及预应力混凝土结构中的非预应力钢筋应按下列规定选用:

①纵向受力钢筋宜采用 HRB400、HRB500、HRBF400、HRBF500 钢筋,也可采用 HPB300、HRB335、RRB400 钢筋。

②梁、柱纵向受力钢筋应采用 HRB400、HRB500、HRBF400、HRBF500 钢筋。

③箍筋宜采用 HRB400、HRBF400、HPB300、HRB500、HRBF500 钢筋,也可采用 HRB335、HRBF335 钢筋。

(2)最大计算裂缝宽度允许值

处于一般环境中的普通钢筋混凝土地下结构,按荷载准永久组合并考虑长期作用影响计算时,构件的最大计算裂缝宽度允许值可按表 3-8 中的数值进行控制;处于冻融环境或侵蚀环境等不利条件下的结构,其最大计算裂缝宽度允许值应根据具体情况另行确定。

最大计算裂缝宽度允许值(mm)　　　　表 3-8

结 构 类 型		允许值	附　　注
盾构隧道管片		0.2	
其他结构	水中环境、土中缺氧环境	0.3	
	洞内干燥环境或洞内潮湿环境	0.3	环境相对湿度为45% ~80%
	干湿交替环境	0.2	

注:1. 当设计采用最大裂缝宽度计算式中保护层的实际厚度超过30mm 时,可将保护层厚度的计算值取为30mm。
　 2. 厚度不小于 300mm 的钢筋混凝土结构可不考虑干湿交替作用。

表 3-8 是根据耐久性要求提出的,考虑到地铁地下结构基本设置了有利于保护混凝土结构的防水层,且结构的厚度也比较大,因此《地铁设计规范》(GB 50157—2013)对于干湿交替条件下的裂缝宽度进行了有条件放宽,即:厚度不小于 300mm 的结构可不考虑干湿交替作用,最小裂缝宽度可按照洞内干燥环境或洞内潮湿环境条件下裂缝宽度(0.3mm)控制。

通常情况下,地铁车站的钢筋混凝土裂缝宽度限值为迎水侧 0.2mm,背水侧 0.3mm。可以根据此标准进行裂缝宽度的控制。

(3)保护层厚度

地铁车站主体结构的钢筋(包括分布钢筋)混凝土保护层厚度应根据结构类别、环境条件和耐久性要求等确定,净保护层最小厚度应符合表 3-9 的规定。

一般环境作用下混凝土结构构件最小钢筋净保护层厚度（mm） 表 3-9

结构类别	地下连续墙		灌注桩	明 挖 结 构						钢筋混凝土管片		矿山法施工的结构		
				顶板		楼板	底板					初期支护或喷锚衬砌		二次衬砌
	外侧	内侧		外侧	内侧		外侧	内侧	外侧	内侧	外侧	内侧	外侧	内侧
保护层厚度	70	70	70	45	35	30	45	35	35	25	35	35	35

注：1. 顶进法和沉管法施工的隧道钢筋保护层厚度可采用明挖结构的数值。

    2. 矿山法施工的结构，当二次衬砌厚度大于 500mm 时，钢筋保护层厚度应采用 40mm。

    3. 当地下连续墙与内衬组成叠合墙时，其内侧钢筋的保护层厚度可采用 50mm。

（4）配筋率要求

暗挖法施工的地下结构周边构件和中楼板每侧暴露面上的分布钢筋的配筋率，不宜低于 0.2%，同时分布钢筋的间距也不宜大于 150mm。当混凝土强度等级大于 C60 时，分布钢筋的最小配筋率宜增加 0.1%。

《混凝土结构设计规范》（GB 50010—2010）中规定：钢筋混凝土结构构件中纵向受力钢筋的配筋率不应小于表 3-10 规定的数值。

纵向受力钢筋的最小配筋百分率 ρ_{min}（%） 表 3-10

受 力 类 型			最小配筋百分率
受压构件	全部纵向钢筋	强度等级 500MPa	0.50
		强度等级 400MPa	0.55
		强度等级 300MPa、335MPa	0.60
	一侧纵向钢筋		0.20
受弯构件、偏心受拉、轴心受拉构件一侧的受拉钢筋			0.20 和 $45f_t/f_y$ 中的较大值

根据工程设计经验，一般情况下地铁车站结构板、墙的配筋率为 0.3%~0.8%（单筋）；梁的配筋率为 0.6%~1.5%（单筋），但是考虑到实际配筋会做成双筋梁，所以梁的配筋率基本控制在 1.0%~1.5%；柱的配筋率不宜大于 5%。一般地铁车站构件，最大配筋率约 2.4%，最小配筋率为 0.25%。另外，在地铁车站设计中，为避免钢筋种类较多造成施工中混用或误用，通常应尽量采用统一规格的钢筋，但也应满足规范中关于钢筋间距的要求，有时势必造成少量浪费，但设计必须要合理考虑施工的便利性。受力钢筋规格一般 18mm 以下的不用，而且同一个断面中，受力钢筋不宜超过 3 种，直径相差宜大于 4mm。

（5）配筋截面选取

配筋计算时需要选取结构的危险截面处的内力值（M、N、V）进行配筋设计，一般情况下，地铁车站横断面的危险截面选取位置如图 3-39 所示，柱则直接采用最大轴力进行配筋设计。

危险截面的内力值提取后，用列表的方式汇总，注意需分别提取承载能力极限状态和正常使用极限状态下的内力计算结果。

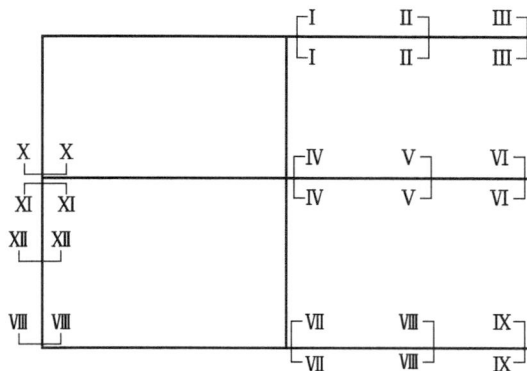

图 3-39　危险截面图示

3.6.2　配筋及构造规定

根据《混凝土结构设计规范》(GB 50010—2010)中相关条文的要求,普通混凝土构件(板、梁、柱、墙)的配筋构造仍然需要满足相应的要求。当以下条文中未对涉及的变量进行说明时,请参见《混凝土结构设计规范》(GB 50010—2010)。

1)板结构

(1)基本规定

当长边与短边长度之比不小于 3.0 时,宜按沿短边方向受力的单向板计算,并应沿长边方向布置构造配筋。

板中受力钢筋的间距,当板厚不大于 150mm 时不宜大于 200mm;当板厚大于 150mm 时不宜大于板厚的 1.5 倍,且不宜大于 250mm。

(2)构造配筋

当按单向板设计时,应在垂直于受力的方向布置分布钢筋,单位宽度上的配筋不宜小于单位宽度上受力钢筋的 15%,且配筋率不宜小于 0.15%;分布钢筋直径不宜小于 6mm,间距不宜大于 250mm;当集中荷载较大时,分布钢筋的配筋面积尚应增加,且间距不宜大于 200mm,如图 3-40 所示。

2)梁结构

(1)纵向配筋

①梁的纵向受力钢筋应符合下列规定:

a. 伸入梁支座范围内的钢筋不应少于 2 根。

b. 梁高不小于 300mm 时,钢筋直径不应小于 10mm;梁高小于 300mm 时,钢筋直径不应小于 8mm。

c. 梁上部钢筋水平方向的净间距不应小于 30mm 和 $1.5d$;梁下部钢筋水平方向的净间距不应小于 25mm 和 $1.0d$。当下部钢筋多于 2 层时,2 层以上钢筋水平方向的中距应比下面 2 层的中距增大一倍;各层钢筋之间的净间距不应小于 25mm 和 $1.0d$(d 为钢筋的最大直径)。

d. 在梁的配筋密集区域宜采用并筋的配筋形式。

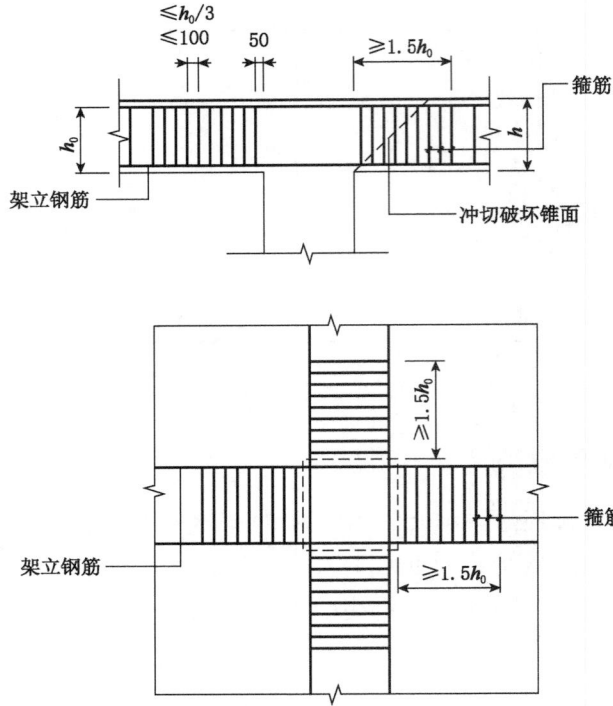

图 3-40　板中抗冲切箍筋布置示意图(尺寸单位:mm)

②钢筋混凝土简支梁和连续梁简支端的下部纵向受力钢筋,从支座边缘算起伸入支座内的锚固长度应符合下列规定:

a. 当 V 不大于 $0.7f_t bh_0$ 时,不小于 $5d$;当 V 大于 $0.7f_t bh_0$ 时,对带肋钢筋不小于 $12d$,对光圆钢筋不小于 $15d$。(V-剪力设计值;f_t-混凝土轴心抗拉强度设计值;b-矩形截面宽度,T 形、工形截面的腹板宽度)。

b. 如纵向受力钢筋伸入梁支座范围内的锚固长度不满足以上要求时,可采取弯钩或机械锚固措施。

c. 钢筋混凝土梁支座截面负弯矩纵向受拉钢筋不宜在受拉区截断。

③梁的上部纵向构造钢筋应符合下列要求:

a. 梁端按简支计算但实际受到部分约束时,应在支座区上部设置纵向构造钢筋。其截面面积不应小于梁跨中下部纵向受力钢筋计算所需截面面积的 1/4,且不应少于 2 根。该纵向构造钢筋自支座边缘向跨内伸出的长度不应小于 $l_0/5$,l_0 为梁的计算跨度。

b. 对架立钢筋,当梁的跨度小于 4m 时,直径不宜小于 8mm;当梁的跨度为 4～6m 时,直径不应小于 10mm;当梁的跨度大于 6m 时,直径不宜小于 12mm。

(2)横向配筋

①混凝土梁宜采用箍筋作为承受剪力的钢筋。

②梁中箍筋的配置应符合下列规定:

a. 按承载力计算不需要箍筋的梁,当截面高度大于 300mm 时,应沿梁全长设置构造箍筋;当截面高度 $h = 150～300$mm 时,可仅在构件端部如 $l_0/4$ 范围内设置构造箍筋(l_0 为跨度)。但当在构件中部$l_0/2$范围内有集中荷载作用时,则应沿梁全长设置箍筋。当截面高度小于150mm时,可以不设置箍筋。

b. 截面高度大于800mm的梁,箍筋直径不宜小于8mm;对截面高度不大于800mm的梁,箍筋直径不宜小于6mm。梁中配有计算需要的纵向受压钢筋时,箍筋直径尚不应小于$d/4$,d为受压钢筋最大直径。

c. 梁中箍筋的最大间距宜符合表3-11的规定;当V大于$0.7f_tbh_0 + 0.05N_{p0}$,箍筋的配筋率$\rho_{SV}[\rho_{SV} = A_{SV}/(bs)]$尚不应小于$0.24f_t/f_{yv}$。

梁中箍筋的最大间距(mm) 表 3-11

梁高 h	$V > 0.7f_tbh_0 + 0.05N_{p0}$	$V \leqslant 0.7f_tbh_0 + 0.05N_{p0}$
$150 < h \leqslant 300$	150	200
$300 < h \leqslant 500$	200	300
$500 < h \leqslant 800$	250	350
$h > 800$	300	400

d. 当梁中配有按计算需要的纵向受压钢筋时,箍筋应符合以下规定:箍筋应做成封闭式,且弯钩直线段长度不应小于$5d_1$,d_1为箍筋直径。箍筋的间距不应大于$15d_2$,并不应大于400mm;当一层内的纵向受压钢筋多于5根且直径大于18mm时,箍筋间距不应大于$10d_2$,d_2为纵向受压钢筋的最小直径。当梁的宽度大于400mm且一层内的纵向受压钢筋多于3根时,或当梁的宽度不大于400mm但一层内的纵向受压钢筋多于4根时,应设置复合箍筋。

3)柱结构

(1)纵向钢筋

柱中纵向钢筋的配置应符合下列规定:

①纵向受力钢筋直径不宜小于12mm,全部纵向钢筋的配筋率不宜大于5%。

②柱中纵向钢筋的净间距不应小于50mm,且不宜大于300mm。

③偏心受压柱的截面高度不小于600mm时,在柱的侧面上应设置直径不小于10mm的纵向构造钢筋,并相应设置复合箍筋或拉筋。

④圆柱中纵向钢筋不宜少于8根,不应少于6根,且宜沿周边均匀布置。

⑤在偏心受压柱中,垂直于弯矩作用平面的侧面上纵向受力钢筋以及轴心受压柱中各边的纵向受力钢筋,其中距不宜大于300mm。

(2)箍筋

柱中的箍筋应符合下列规定:

①箍筋直径不应小于$d/4$,且不应小于6mm,d为纵向钢筋的最大直径。

②箍筋间距不应大于400mm及构件截面的短边尺寸,且不应大于$15d$,d为纵向钢筋的最小直径。

③柱及其他受压构件中的周边箍筋应做成封闭式,对圆柱中的箍筋,搭接长度不应小于规定的锚固长度,且末端应做成135°弯钩,弯钩末端平直段长度不应小于$5d$,d为箍筋直径。

④当柱截面短边尺寸大于400mm且各边纵向钢筋多于3根时,或当柱截面短边尺寸不大

于 400mm 但各边纵向钢筋多于 4 根时,应设置复合箍筋。

⑤柱中全部纵向受力钢筋的配筋率大于 3% 时,箍筋直径不应小于 8mm,间距不应大于 $10d$,且不应大于 200mm;箍筋末端应做成 135°弯钩,且弯钩末端平直段长度不应小于钢筋直径的 10 倍。

⑥在配有螺旋式或焊接环式箍筋的柱中,如在正截面受压承载力计算中考虑间接钢筋的作用时,箍筋间距不应大于 80mm 及 $d_{cor}/5$,且不宜小于 40mm,d_{cor} 为按箍筋内表面确定的核心截面直径。

4)柱节点

梁柱节点部位处需要考虑梁、柱钢筋的锚固。根据梁、柱及钢筋类型的不同,锚固形式和长度要求也各有区别,此处不展开介绍,仅对顶纵梁节点进行举例,钢管柱与纵梁节点配筋如图 3-41 所示,其余规定请查阅《混凝土结构设计规范》(GB 50010—2010)。

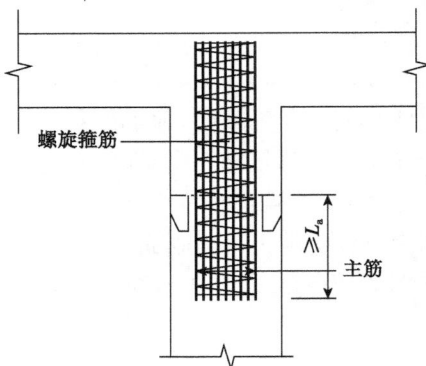

图 3-41　钢管柱与纵梁节点配筋示意图

5)墙

①竖向构件截面长边、短边(厚度)比值大于 4 时,宜按墙的要求进行设计。

②厚度大于 160mm 的墙应配置双排分布钢筋网,双排分布钢筋网应沿墙的两个侧面布置,且应采用拉筋连系;拉筋直径不宜小于 6mm,间距不宜大于 600mm。

③墙水平及竖向分布钢筋直径不宜小于 8mm,间距不宜大于 300mm。墙水平分布钢筋的配筋率和竖向分布钢筋的配筋率不宜小于 0.20%;重要部位的墙,水平和竖向分布钢筋的配筋率宜适当提高。

④对于高度不大于 10m 且不超过 3 层的墙,其截面厚度不应小于 120mm,其水平与竖向分布钢筋的配筋率均不宜小于 0.15%。

⑤墙中配筋构造应符合下列要求:

a.墙竖向分布钢筋可在同一高度搭接,搭接长度不应小于 $1.2L_a$,L_a 为锚固长度。

b.墙水平分布钢筋的搭接长度不应小于 $1.2L_a$;同排水平分布钢筋的搭接接头之间以及上、下相邻水平分布钢筋的搭接接头之间;沿水平方向的净间距不宜小于 500mm。

c.墙中水平分布钢筋应伸至墙端,并向内水平弯折 $10d$,d 为钢筋直径。

d.端部有翼墙或转角的墙,内墙两侧和外墙内侧的水平分布钢筋应伸至翼墙或转角外边,并分别向两侧水平弯折 $15d$。在转角墙处,外墙外侧的水平分布钢筋应在墙端外角处弯入翼墙,并与翼墙外侧的水平分布钢筋搭接。

e.带边框的墙,水平和竖向分布钢筋宜分别贯穿柱、梁或锚固在柱、梁内。

6)钢筋锚固长度要求

钢筋锚固长度指受力钢筋依靠其表面与混凝土的黏结作用或端部构造的挤压作用而达到设计承受应力所需的长度,其目的是防止钢筋被拔出。钢筋弯钩和机械锚固形式如图3-42所示。

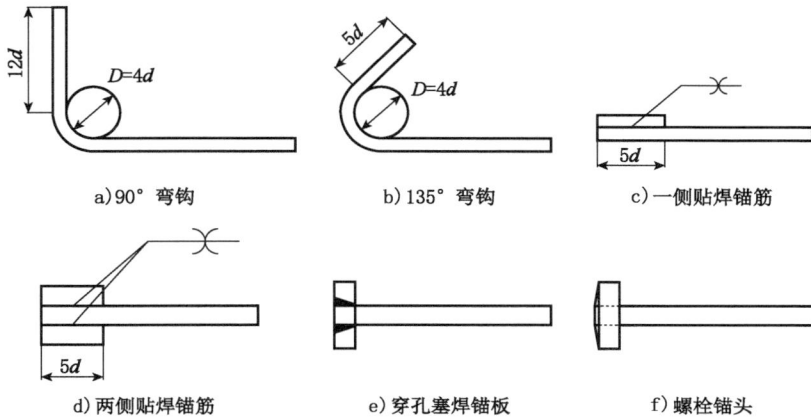

图3-42　弯钩和机械锚固形式

受拉钢筋的锚固长度L_a可以根据锚固条件由基本锚固长度L_{ab}乘以修正系数ξ_a计算得到。HRB335纵向受拉钢筋的锚固长度L_a可按表3-12选用;纵向受压钢筋锚固长度不应小于相应受拉锚固长度的70%,且纵向受压钢筋不应采用末端弯钩和一侧贴焊锚筋的锚固措施。

受拉钢筋最小锚固长度L_a经验值　　　　　　　　　　　　　　　　表3-12

钢筋种类	混凝土强度等级									
	C20		C25		C30		C35		C40	
	$d \leqslant 25$	$d > 25$	$d \leqslant 25$	$d > 25$	$d \leqslant 25$	$d > 25$	$d \leqslant 25$	$d > 25$	$d \leqslant 25$	$d > 25$
HRB335	$39d$	$42d$	$34d$	$37d$	$30d$	$33d$	$27d$	$30d$	$25d$	$27d$

注:1.当考虑抗震作用时,纵向受拉钢筋的锚固长度还应乘以抗震锚固长度修正系数,对一、二级抗震等级取1.15,对三级抗震等级取1.05,对四级抗震等级取1.0。

2.纵向受拉钢筋末端采用弯钩或机械锚固措施时,包括弯钩或锚固端头在内的锚固长度(投影长度)可取为基本锚固长度L_{ab}的60%。

3.6.3　配筋及裂缝控制验算公式

根据车站不同构件的受力特点,按照表3-13所示内容进行计算。

暗挖地铁车站构件截面承载力计算及裂缝验算内容　　　　　　　　　　表3-13

构件	受力特性	截面承载力计算(承载能力极限状态计算)	裂缝验算(正常使用极限状态验算)
板	偏心受压	正截面受压、斜截面受剪	最大裂缝宽度
侧墙	偏心受压	正截面受压、斜截面受剪	最大裂篷宽度

构件	受力特性	截面承载力计算(承载能力极限状态计算)	裂缝验算(正常使用极限状态验算)
柱	轴心受压或偏心受压	正截面受压、斜截面受剪(当偏心受压时)	轴压比(考虑抗震要求)、最大裂缝宽度(当偏心受压时)
纵梁	受弯	正截面受弯、斜截面受剪	最大裂缝宽度

注:对$e_0/h < 0.55$的偏心受压构件,可不验算裂缝宽度。

计算过程应体现三大步骤:正截面受压(弯)、斜截面受剪、裂缝控制验算,根据相关规范要求,以下列出配筋计算和裂缝控制验算中用到的主要公式。

(1)正截面受弯承载力计算

矩形截面正截面受弯承载力应符合下列规定:

$$M \leq \alpha_1 f_c bx\left(h_0 - \frac{x}{2}\right) + f'_y A'_s(h_0 - a'_s) - (\sigma'_{P0} - f'_{Py})A'_P(h_0 - a'_P) \tag{3-35}$$

混凝土受压区高度应按下列公式确定:

$$\alpha_1 f_c bx = f_y A_s - f'_y A'_s + f_{Py} A_P + (\sigma'_{P0} - f'_{Py})A'_P \tag{3-36}$$

混凝土受压区高度尚应符合下列条件:

$$x \leq \xi_b h_0 \tag{3-37}$$

$$x \geq 2a' \tag{3-38}$$

上述式中:M——弯矩设计值;

α_1——系数,按《混凝土结构设计规范》(GB 50010—2010)第6.2.6条规定计算;

f_c——混凝土轴心抗压强度设计值;

A_s、A'_s——受拉区、受压区纵向普通钢筋的截面面积;

A_P、A'_P——受拉区、受压区纵向预应力筋的截面面积;

σ'_{P0}——受压区纵向预应力筋合力点处混凝土法向应力等于零时的预应力筋应力;

b——矩形截面的宽度;

h_0——截面有效高度;

a'_s、a'_P——受压区纵向普通钢筋合力点、预应力筋合力点至截面受压边缘的距离;

a'——受压区全部纵向钢筋合力点至截面受压边缘的距离,当受压区未配置预应力筋时,a'用a'_s代替。

(2)正截面受压承载力计算(轴心受压构件)

钢筋混凝土轴心受压构件,当配置的箍筋符合《混凝土结构设计规范》(GB 50010—2010)第9.3节的规定时,其正截面受压承载力应符合下列规定:

$$N \leq 0.9\varphi(f_c A + f'_y A'_s) \tag{3-39}$$

式中:N——轴向压力设计值;

φ——钢筋混凝土构件的稳定系数;

f_c——混凝土轴心抗压强度设计值;

f'_y——钢筋抗压强度设计值；

A　——构件截面面积；

A'_s——全部纵向普通钢筋的截面面积。

当纵向普通钢筋的配筋率大于3%时，式(3-39)中的A应改用$(A - A'_s)$代替。

（3）正截面受压承载力计算（偏心受压构件）

矩形截面偏心受压构件正截面受压承载力应符合下列规定：

$$N \leqslant \alpha_1 f_c bx + f'_y A'_s - \sigma_s A_s - (\sigma'_{P0} - f'_{Py})A'_P - \sigma_P A_P \tag{3-40}$$

$$Ne \leqslant \alpha_1 f_c bx\left(h_0 - \frac{x}{2}\right) + f'_y A'_s(h_0 - a'_s) - (\sigma'_{P0} - f'_{Py})A'_P(h_0 - a'_P) \tag{3-41}$$

$$e = e_i + \frac{h}{2} - a \tag{3-42}$$

$$e_i = e_0 + e_a \tag{3-43}$$

上述式中：e——轴向压力作用点至纵向受拉普通钢筋和受拉预应力筋合力点的距离；

σ_s、σ_P——受拉边或受压较小边的纵向普通钢筋、预应力筋的应力；

e_i——初始偏心距；

a——纵向受拉普通钢筋和受拉预应力筋的合力点至截面近边缘的距离；

e_0——轴向压力对截面重心的偏心距，取为 M/N；

e_a——附加偏心距，取 20 mm 和偏心方向截面尺寸的1/30 两者中的较大者；

x——混凝土受压区高度。

（4）斜截面受剪承载力计算（受弯构件）

矩形截面受弯构件的受剪截面应符合下列规定：

当$h_w/b \leqslant 4$时：

$$V \leqslant 0.25 \beta_c f_c b h_0 \tag{3-44}$$

按照地铁车站的三级裂缝控制等级，在矩形截面的钢筋混凝土受拉、受弯和偏心受压构件中，按荷载标准组合或准永久组合并考虑长期作用影响的最大裂缝宽度应符合下列规定：

$$w_{max} \leqslant w_{lim} \tag{3-45}$$

$$w_{max} = \alpha_{cr} \Psi \frac{\sigma_s}{E_s}\left(1.9c_s + 0.08\frac{d_{eq}}{\rho_{te}}\right) \tag{3-46}$$

$$\Psi = 1.1 - 0.65\frac{f_{tk}}{\rho_{te}\sigma_s} \tag{3-47}$$

$$d_{eq} = \frac{\sum n_i d_i^2}{\sum n_i v_i d_i} \tag{3-48}$$

$$\rho_{te} = \frac{A_s + A_p}{A_{te}} \tag{3-49}$$

上述式中：$w_{\max}$——按荷载的标准组合或准永久组合并考虑长期作用影响计算的最大裂缝宽度；

$w_{\lim}$——最大裂缝宽度限值；

α_{cr}——构件受力特征系数；

Ψ——裂缝间纵向受拉钢筋应变不均匀系数，当 $\Psi < 0.2$ 时，取 $\Psi = 0.2$；$\Psi > 1.0$ 时，取 $\Psi = 1.0$；对直接承受重复荷载的构件，取 $\Psi = 1.0$；

σ_s——按荷载准永久组合计算的钢筋混凝土构件纵向受拉普通钢筋应力；

E_s——钢筋的弹性模量；

c_s——最外层纵向受拉钢筋外缘至受拉区底边的距离，当 $c_s < 20$，取 $c_s = 20$；$c_s > 65$ 时，取 $c_s = 65$；

ρ_{te}——按有效受拉混凝土截面面积计算的纵向受拉钢筋配筋率，当 $\rho_{te} < 0.01$ 时，取 $\rho_{te} = 0.01$；

A_{te}——有效受拉混凝土截面面积，对轴心受拉构件，取构件截面面积；对受弯、偏心受压和偏心受拉构件，取 $A_{te} = 0.5bh + (b_f - b)h_f$，此处 b_f、h_f 为受拉翼缘的宽度、高度；

d_{eq}——受拉区纵向钢筋的等效直径；

d_i——受拉区第 i 种纵向钢筋的公称直径；

v_i——受拉区第 i 种纵向钢筋的相对黏结特性系数。

3.7 地基承载力及变形验算

3.7.1 承载力验算

对于八导洞 PBA 法施工车站，当扣拱完成，底板还未施工，这一工况竖向力由底部条基承担，此时条基承载力最大，需要验算基底承载力如下：

外墙基础埋置深度 d_{ext} 按下式取值：

$$d_{ext} = \frac{d_1 + d_2}{2} \tag{3-50}$$

室内墙、柱基础埋置深度 d_{int} 按下式取值：

一般第四纪沉积土：

$$d_{int} = \frac{3d_1 + d_2}{4} \tag{3-51}$$

新近沉积土及人工填土：

$$d_{int} = d_1 \tag{3-52}$$

上述式中：d_1——基础室内埋置深度（m）；

d_2——基础室外埋置深度（m）。

d_1 及 d_2 示意如图 3-43 所示。

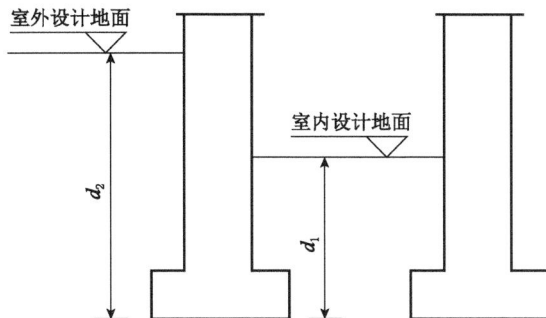

图 3-43 d_1 及 d_2 示意图

当基础宽度大于 3m 或埋置深度大于 0.5m 时,从荷载试验或其他原位测试、经验值等方法确定的地基承载力特征值,尚应按下式修正:

$$f_a = f_{ak} + \eta_b \gamma (b - 3) + \eta_d \gamma_m (d - 0.5) \tag{3-53}$$

式中:f_a——修正后的地基承载力特征值(kPa);

f_{ak}——地基承载力特征值(kPa),按勘察报告确定;

η_b、η_d——基础宽度和埋深的地基承载力修正系数,根据《建筑地基基础设计规范》(GB 50007—2011)表 5.2.4 取值;

γ——基础底面以下土的重度(kN/m³),地下水位以下取浮重度;

b——基础底面宽度(m),当基础底面宽度小于 3m 时按 3m 取值,大于 6m 时按 6m 取值;

γ_m——基础底面以上土的加权平均重度(kN/m³),位于地下水位以下的土层取有效重度。

3.7.2 地基变形验算

地基最终变形量按下式验算:

$$s = \varphi_s s' = \varphi_s \sum_{i=1}^{n} \frac{p_0}{E_{si}} (z_i \overline{\alpha}_i - z_{i-1} \overline{\alpha}_{i-1}) \tag{3-54}$$

式中:s——地基最终变形量(mm);

s'——按分层总和法计算出的地基变形量(mm);

φ_s——沉降计算经验系数,根据地区沉降观测资料及经验确定,无地区经验时可根据变形计算深度范围内压缩模量的当量值(Es)、基底附加压力按《建筑地基基础设计规范》(GB 50007—2011)取值;

n——地基变形计算深度范围内所划分的土层数;

p_0——相应于作用的准永久组合时基础底面处的附加压力(kPa);

E_{si}——基础底面下第 i 层土的压缩模量(MPa),应取土的自重压力至土的自重压力与附加压力之和的压力段计算;

z_i、z_{i-1}——基础底面至第 i 层土、第 $i-1$ 层土底面的距离(m);

α_i、α_{i-1}——基础底面计算点至第 i 层土、第 $i-1$ 层土底面范围内平均附加应力系数,可按《建筑地基基础设计规范》(GB 50007—2011)附录 K 采用。

3.8 暗挖车站钢管柱验算

钢管柱计算公式如下:

$$N \leqslant N_u \tag{3-55}$$

式中:N——轴心压力设计值;

N_u——钢管混凝土柱轴心受压承载力设计值。

$$N_u = \varphi_e \varphi_1 N_0 \tag{3-56}$$

(1)当 $\theta \leqslant \dfrac{1}{(\alpha - 1)^2}$ 时:

$$N_0 = 0.9 A_c f_c (1 + \alpha\theta) \tag{3-57}$$

(2)当 $\theta > \dfrac{1}{(\alpha - 1)^2}$ 时:

$$N_0 = 0.9 A_c f_c (1 + \sqrt{\theta} + \theta) \tag{3-58}$$

$$\theta = \frac{A_s f}{A_c f_c} \tag{3-59}$$

且在任何情况下均应满足下式条件:

$$\varphi_e \varphi_1 \leqslant \varphi_0 \tag{3-60}$$

上述式中:N_0——钢管混凝土柱轴心受压短柱的强度承载力设计值(N);

θ——钢管混凝土构件的套箍系数;

α——与混凝土强度等级有关的系数,应按表3-14取值;

A_c——钢管内核心混凝土横截面面积(mm^2);

f_c——钢管内核心混凝土的抗压强度设计值(MPa);

A_s——钢管的横截面面积(mm^2);

f——钢管的抗拉、抗压强度设计值(MPa);

φ_e——考虑偏心率影响的承载力折减系数,应按式(3-61)、式(3-62)计算;

φ_1——考虑长细比影响的承载力折减系数,应按式(3-63)～式(3-65)计算;

φ_0——应按轴心受压柱考虑的 φ_1 值。

系 数 α 表3-14

混凝土等级	≤C50	C55～C80
α	2.0	1.8

(3)钢管混凝土柱考虑偏心率影响的承载力折减系数 φ_e,应按下列公式计算:

①当 $\dfrac{e_0}{r_c} \leqslant 1.55$ 时:

$$\varphi_{\mathrm{e}} = \frac{1}{1 + 1.85 \dfrac{e_0}{r_{\mathrm{c}}}}, e_0 = \frac{M_2}{N} \tag{3-61}$$

②当 $\dfrac{e_0}{r_{\mathrm{c}}} > 1.55$ 时：

$$\varphi_{\mathrm{e}} = \frac{1}{3.92 - 5.16 \varphi_1 + \varphi_1 \dfrac{e_0}{0.3 r_{\mathrm{c}}}} \tag{3-62}$$

式中：e_0——柱端轴心压力偏心距之较大者（mm）；

r_{c}——钢管内的核心混凝土横截面半径（mm）；

M_2——柱端弯矩设计值的较大者（N·mm）；

N——轴心压力设计值（N）。

（4）钢管混凝土柱考虑长细比影响的承载力折减系数 φ_1，应按下列公式计算：

①当 $\dfrac{L_{\mathrm{e}}}{D} > 30$ 时：

$$\varphi_1 = 1 - 0.115 \sqrt{\frac{L_{\mathrm{e}}}{D} - 4} \tag{3-63}$$

②当 $4 < \dfrac{L_{\mathrm{e}}}{D} \leqslant 30$ 时：

$$\varphi_1 = 1 - 0.0226 \sqrt{\frac{L_{\mathrm{e}}}{D} - 4} \tag{3-64}$$

③当 $\dfrac{L_{\mathrm{e}}}{D} \leqslant 4$ 时：

$$\varphi_1 = 1 \tag{3-65}$$

3.9 暗挖车站边桩验算

根据计算得出的边桩弯矩及轴力，按下列公式进行配筋计算：

$$N \leqslant \alpha \, \alpha_1 f_{\mathrm{c}} A \left(1 - \frac{\sin 2\pi\alpha}{2\pi\alpha} \right) + (\alpha - \alpha_{\mathrm{t}}) f_{\mathrm{y}} A_{\mathrm{s}} \tag{3-66}$$

$$N e_i \leqslant \frac{2}{3} \alpha_1 f_{\mathrm{c}} A r \frac{\sin^3 \pi\alpha}{\pi} + f_{\mathrm{y}} A_{\mathrm{s}} r_{\mathrm{s}} \frac{\sin \pi\alpha + \sin \pi \alpha_{\mathrm{t}}}{\pi} \tag{3-67}$$

$$\alpha_{\mathrm{t}} = 1.25 - 2\alpha \tag{3-68}$$

$$e_i = e_0 + e_{\mathrm{a}} \tag{3-69}$$

式中: A ——圆形截面面积(mm^2);

A_s ——全部纵向普通钢筋的截面面积(mm^2);

r ——圆形截面的半径(mm);

r_s ——纵向普通钢筋重心所在圆周的半径(mm);

e_0 ——轴向压力对截面重心的偏心距(mm);

e_a ——附加偏心距(mm),其值应取 20mm 和偏心方向截面最大尺寸的 1/30 两者中的较大值;

α ——对应于受压区混凝土截面面积的圆心角(rad)与 2π 的比值;

α_t ——纵向受拉普通钢筋截面面积与全部纵向普通钢筋截面面积的比值,当 $\alpha > 0.625$ 时,取 α_t 为 0。

3.10 暗挖工程结构抗震计算方法及验算要求

自从住房和城乡建设部 2011 年颁布《市政公用设施抗震设防专项论证技术要点(地下工程篇)》(建质〔2011〕13 号)以来,国内开始重视和强调地铁结构的抗震性能,相应地规范也在不断颁布和更新,目前相关的规范有:《地铁设计规范》(GB 50157—2013)、《建筑抗震设计规范》(GB 50011—2010)、《建筑工程抗震设防分类标准》(GB 50223—2008)、《城市轨道交通结构抗震设计规范》(GB 50909—2014),相应的计算方法也在日渐完善。

3.10.1 地下车站结构抗震设防基本规定

1)设防分类及要求

(1)建筑抗震设防类别

依据《建筑工程抗震设防分类标准》(GB 50223—2008)规定,建筑工程应分为以下 4 个抗震设防类别。

①特殊设防类:使用上有特殊设施,涉及国家公共安全的重大建筑工程和地震时可能发生严重次生灾害等特别重大灾害后果,需要进行特殊设防的建筑,简称甲类。

②重点设防类:地震时使用功能不能中断或需尽快恢复的生命线相关建筑,以及地震时可能导致大量人员伤亡等重大灾害后果,需要提高设防标准的建筑,简称乙类(地铁地下结构的抗震设防类别即为此类)。

③标准设防类:大量的除①、②款以外按标准要求进行设防的建筑,简称丙类。

④适度设防类:使用上人员稀少且震损不致产生次生灾害,允许在一定条件下适度降低要求的建筑,简称丁类。

(2)地铁地下结构设防目标

①当遭受低于本工程抗震设防烈度的多遇地震影响时,地下结构不损坏,对周围环境及地铁的正常运营无影响。

②当遭受相当于本工程抗震设防烈度的地震影响时,地下结构不损坏或仅需对非重要结

构部位进行一般修理,对周围环境影响轻微,不影响地铁正常运营。

③当遭受高于本工程抗震设防烈度的罕遇地震(高于设防烈度1度)影响时,地下结构主要支撑体系不发生严重破坏且便于修复,无重大人员伤亡,对周围环境不产生严重影响,修复后的地铁可正常运营。

(3)地震影响

城市轨道交通结构遭受的地震影响,应采用现行《中国地震动参数区划图》(GB 18306)确定的本地区地震动峰值加速度分区和反应谱特征周期表征。抗震设防地震动峰值加速度与抗震设防地震动分档和抗震设防烈度之间对应关系应符合表3-15的规定。

抗震设防地震动峰值加速度与抗震设防地震动分档和抗震设防烈度之间对应关系　表3-15

抗震设防地震动峰值加速度(g)	<0.09	[0.09, 0.14)	[0.14, 0.19)	[0.19, 0.28)	[0.28, 0.38)	≥0.38
抗震设防地震动分档(g)	0.05	0.10	0.15	0.20	0.30	0.40
抗震设防烈度(度)	6	7		8		9

注:g为重力加速度。

(4)设防标准

重点设防类(乙类)结构的抗震设防标准,应符合下列要求:地震作用应按现行《中国地震动参数区划图》(GB 18306)规定的本地区抗震设防要求确定,或采用经地震主管部门批准的工程场地地震安全性评价的结果确定,但不应低于本地区抗震设防要求确定的地震作用。

(5)地下车站抗震性能要求

地铁地下结构在不同地震动水准下的抗震性能要求应符合表3-16的规定。表中所示的性能要求类别含义如下:

①性能要求Ⅰ:地震后不破坏或轻微破坏,应能够保持其正常使用功能;结构处于弹性工作阶段;不应因结构的变形导致轨道的过大变形而影响行车安全。

②性能要求Ⅱ:地震后可能破坏,经修补,短期内应能恢复其正常使用功能;结构局部进入弹塑性工作阶段。

③性能要求Ⅲ:地震后可能产生较大破坏,但不应出现局部或整体倒毁,结构处于弹塑性工作阶段。

地铁地下结构抗震设防目标　　　　表3-16

地震动水准		抗震设防类别	结构抗震性能要求(地下结构)
等级	重现期(年)		
E1地震作用(多遇地震)	50	乙类	Ⅰ
E2地震作用(设防地震)	475	乙类	Ⅰ
E3地震作用(罕遇地震)	2450	乙类	Ⅱ

2)设计地震动参数

(1)场地分类

工程场地类别应根据岩石的剪切波速或土层等效剪切波速和场地覆盖层厚度划分为4类,并应符合表3-17的规定,其中Ⅰ类分为I_0、I_1两个亚类。

工程场地类别与场地土层剪切波速和场地覆盖土层厚度对应表 表 3-17

土层等效剪切波速 V_S	场地类别				
（m/s）	I_0	I_1	Ⅱ	Ⅲ	Ⅳ
$V_S \geqslant 800$	$d=0$	—	—	—	—
$800 \geqslant V_S > 500$	—	$d=0$	—	—	—
$500 \geqslant V_S > 250$	—	$d<5$	$d \geqslant 5$	—	—
$250 \geqslant V_S > 150$	—	$d<3$	$3 \leqslant d < 50$	$d > 50$	—
$V_S \leqslant 150$	—	$d<3$	$3 \leqslant d < 15$	$15 \leqslant d < 80$	$d > 80$

注：V_S 为场地土层剪切波速（m/s）；d 为场地覆盖层厚度（m）。

（2）水平向设计地震动参数

根据相关文献，Ⅱ类场地设计地震动峰值加速度 $a_{\max Ⅱ}$ 应按现行《中国地震动参数区划图》（GB 18306）中地震动峰值加速度分区值和表 3-18 采用，其他类别工程场地地表水平向设计地震动峰值加速度 $a_{\max Ⅱ}$ 应取Ⅱ类场地设计地震动峰值加速度 $a_{\max Ⅱ}$ 乘以场地地震动峰值加速度调整系数 Γ_a 的值；场地地震动峰值加速度调整系数 Γ_a 应根据场地类别和Ⅱ类场地设计地震动峰值加速度值 $a_{\max Ⅱ}$ 按表 3-19 采用；场地设计地震动加速度反应谱特征周期应根据场地类别和现行《中国地震动参数区划图》（GB 18306）中地震动加速度反应谱特征周期按表 3-20 采用。

Ⅱ类场地设计地震动峰值加速度 $a_{\max Ⅱ}$（g） 表 3-18

地震动峰值加速度分区	0.05	0.10	0.15	0.20	0.30	0.40
E1 地震作用	0.03	0.05	0.08	0.10	0.15	0.20
E2 地震作用	0.05	0.10	0.15	0.20	0.30	0.40
E3 地震作用	0.12	0.22	0.31	0.40	0.51	0.62

场地地震动峰值加速度调整系数 Γ_a 表 3-19

场地类别	Ⅱ类场地设计地震动峰值加速度 $a_{\max Ⅱ}$					
	$\leqslant 0.05g$	$0.10g$	$0.15g$	$0.20g$	$0.30g$	$\geqslant 0.40g$
I_0	0.72	0.74	0.75	0.76	0.85	0.90
I_1	0.80	0.82	0.83	0.85	0.95	1.00
Ⅱ	1.00	1.00	1.00	1.00	1.00	1.00
Ⅲ	1.30	1.25	1.15	1.00	1.00	1.00
Ⅳ	1.25	1.20	1.10	1.00	0.95	0.90

设计地震动加速度反应谱特征周期 T_g（s） 表 3-20

反应谱特征周期分区	场地类别				
	I_0	I_1	Ⅱ	Ⅲ	Ⅳ
0.35s 区	0.20	0.25	0.35	0.45	0.65
0.40s 区	0.25	0.30	0.40	0.55	0.70
0.45s 区	0.30	0.35	0.45	0.65	0.90

Ⅱ类场地设计地震动峰值位移$U_{\max Ⅱ}$应按现行《中国地震动参数区划图》(GB 18306)中地震动峰值加速度分区值和表3-21采用,其他类别工程场地地表水平向设计地震动峰值位移$U_{\max}$应取Ⅱ类场地设计地震动峰值位移$U_{\max Ⅱ}$乘以场地地震动峰值位移调整系数$\varGamma_u$的值;场地地震动峰值位移调整系数$\varGamma_u$应根据场地类别和Ⅱ类场地设计地震动峰值位移$U_{\max Ⅱ}$按表3-22采用。

Ⅱ类场地设计地震动峰值位移$U_{\max Ⅱ}$(m) 表3-21

地震动峰值加速度分区	0.05g	0.10g	0.15g	0.20g	0.30g	0.40g
E1 地震作用位移	0.02	0.04	0.05	0.07	0.10	0.14
E2 地震作用位移	0.03	0.07	0.10	0.13	0.20	0.27
E3 地震作用位移	0.08	0.15	0.21	0.27	0.35	0.41

场地地震动峰值位移调整系数$\varGamma_u$ 表3-22

场地类别	Ⅱ类场地设计地震动峰值位移$U_{\max Ⅱ}$					
	≤0.03m	0.07m	0.10m	0.13m	0.20m	≥0.27m
Ⅰ$_0$	0.75	0.75	0.80	0.85	0.90	1.00
Ⅰ$_1$	0.75	0.75	0.80	0.85	0.90	1.00
Ⅱ	1.00	1.00	1.00	1.00	1.00	1.00
Ⅲ	1.20	1.20	1.25	1.40	1.40	1.40
Ⅳ	1.45	1.50	1.55	1.70	1.70	1.70

(3)竖向设计地震动参数

场地地表竖向设计地震动峰值加速度取值应不小于水平向峰值加速度的0.65倍。竖向地震动峰值加速度与水平向峰值加速度的比值可按表3-23确定。但在活动断裂带附近,竖向峰值加速度宜采用水平向峰值加速度。

竖向地震动峰值加速度与水平向峰值加速度比值k_v 表3-23

水平向峰值加速度(g)	0.05	0.10	0.15	0.20	0.30	0.40
k_v	0.65	0.70	0.70	0.75	0.85	1.00

(4)设计地震动加速度时程

采用时程分析法进行结构动力分析时,输入的设计地震动加速度时程可用人工合成的地震动时程曲线,包括水平向和竖向地震动时程曲线,其加速度反应谱曲线与设计地震动加速度反应谱曲线的误差应小于一定的值,其峰值加速度、峰值位移应与设计地震动峰值加速度、峰值位移一致。宜充分利用地震和场地环境相近的实际强震动记录,特别是本地的强震动记录作为初始时程,人工合成适合工程场地的地震动时程。

3)地震反应计算一般性要求

(1)地下结构地震作用

①地震时随地层变形而发生的结构整体变形。

②地震时的土压力,包括地震时水平方向和垂直方向的土体压力。

③地下结构本身和地层的惯性力。

④地层液化的影响。

（2）地震作用方向考虑

对长条形地下结构,作用方向与其纵轴方向斜交的水平地震作用,可以分解为横断面上和沿纵轴方向作用的水平地震作用,二者强度均降低,一般不可能单独起控制作用,因而对其按平面应变问题分析时,一般可仅考虑沿结构横向的水平地震作用;对地下空间综合体等体型复杂的地下建筑结构,宜同时计算结构横向和纵向的水平地震作用。其次是对竖向地震作用的要求,体型复杂的地下空间结构或地基地质条件复杂的长条形地下结构,都易产生不均匀沉降并导致结构裂损,因而必要时也需考虑竖向地震作用效应的综合作用。

一般地铁车站、区间隧道、区间隧道间的联络通道和出入口通道,抗震设计时可仅计算沿结构横向的水平地震作用(近似按平面应变问题处理);建筑布置不规则的地铁车站以及形状变化较大的区间隧道渐变段,应同时计算沿结构横向和纵向的水平地震作用;枢纽站、采用多层框架结构的地下换乘站、地下变电站及中央控制室等枢纽建筑,以及地基地质条件明显变化的区间隧道区段尚应计算竖向地震作用。

（3）地下结构抗震分析方法

对地下车站和区间隧道结构,反应位移法、反应加速度法和时程分析法都是常用的计算方法。

①反应位移法是用地震时周围土层的变形作为地震荷载,这符合地下结构地震时的震动特点,并且该方法操作简单,因此在弹性范围内的计算,可优先考虑该方法。

②反应加速度法直接将土体划分为二维平面应变单元,因此可以考虑土体的非线性,并且不用计算地基弹簧,因此消除了反应位移法中计算地基弹簧刚度时带来的误差。

③时程分析法精度较高,且可以考虑非线性等,但由于需要多方面专业知识和技能,对使用者要求较高且操作繁杂,其计算结果不易评价,因此一般只有特殊要求时才使用该方法。

目前地下结构抗震设计中反应位移法和时程分析法应用较为广泛。

3.10.2 反应位移法及时程分析法简介

1）反应位移法

反应位移法采用荷载-结构模型,进行地下结构横向地震反应计算时,可将周围土体作为支撑结构的地基弹簧,结构可采用梁单元进行建模,如图3-44所示。

反应位移法计算中应考虑土层相对位移、结构惯性力及结构与周围土层剪力,其计算方法、公式及参数根据相关规范如《城市轨道交通结构抗震设计规范》（GB 50909—2014）确定。

（1）地基弹簧刚度 k 确定方法

按下式计算:

$$k = KLd \tag{3-70}$$

式中:k——压缩或剪切地基弹簧刚度;

K——基床系数;

L——垂直于结构横向的设计长度;

d——土层沿隧道与地下车站纵向的计算长度。

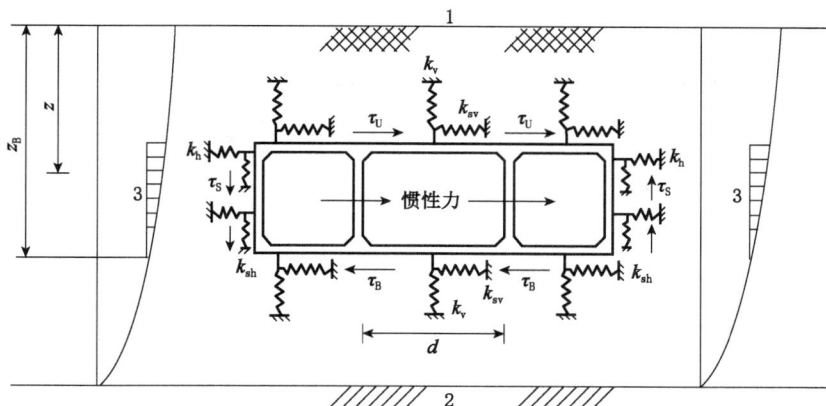

图 3-44　横向地震反应计算的反应位移法

1-地面;2-设计地震作用基准面;3-土层位移;k_v-结构顶底板压缩地基弹簧刚度;k_{sv}-结构顶底板剪切地基弹簧刚度;k_h-结构侧壁压缩地基弹簧刚度;k_{sh}-结构侧壁剪切地基弹簧刚度;τ_U-结构顶板单位面积上作用的剪力;τ_B-结构底板单位面积上作用的剪力;τ_S-结构侧壁单位面积上作用的剪力;d-地基弹簧影响长度;z-计算点深度;z_B-结构底部深度

k 的取值是否正确直接影响到该方法的精度,应根据勘察资料确定,也可以采用静力有限元方法进行计算得到,但相对较为麻烦。

(2)土层位移的确定方法

土层相对位移、结构惯性力和结构与周围土层剪力可由一维土层地震反应分析得到;对于进行了工程场地地震安全性评价工作的,可采用其得到的位移随深度的变化关系。土层相对位移应按下式计算:

$$u'(z) = u(z) - u(z_B) \tag{3-71}$$

式中:$u'(z)$——深度 z 处相对于结构底部的自由土层相对位移;

　$u(z)$——深度 z 处自由土层地震反应位移;

　$u(z_B)$——结构底部深度 z_B 处的自由土层地震反应位移。

$u(z)$ 也可通过简单的方法计算得到。隧道与地下车站结构抗震设计中,地震时土层沿深度方向的水平位移分布如图 3-45 所示,具体数值可由式(3-72)求出,深度超过地震作用基准面深度 H 处的水平位移取深度 H 处的值。

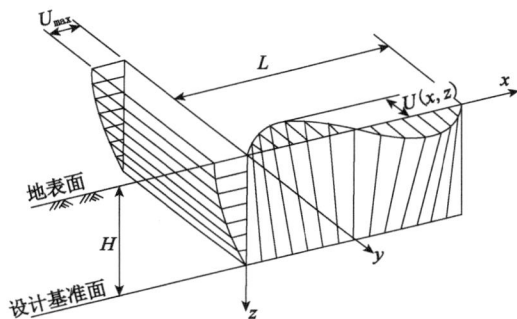

图 3-45　土层位移沿深度变化规律

$$u(z) = \frac{1}{2}U_{max} \cdot \cos\frac{\pi z}{2H}$$ (3-72)

式中：$u(z)$——地震时场地深度 z 处土层的水平位移；

    U_{max}——场地地表最大位移，取值按表 3-21，其调整系数按表 3-22；

    H——设计地震作用基准面的深度。

（3）结构惯性力计算

计算公式如下：

$$f_i = m_i \ddot{u}_i$$ (3-73)

式中：f_i——结构 i 单元上作用的惯性力；

    m_i——结构 i 单元的质量；

    $\ddot{u}_i$——自由土层对应于结构 i 单元位置处的峰值加速度。

（4）结构剪力计算

结构上下表面的土层剪力可由自由场土层地震反应分析来获得，等于地震作用下结构上下表面处自由土层的剪力；矩形结构侧壁剪力可按下式计算：

$$\tau_S = \frac{\tau_U + \tau_B}{2}$$ (3-74)

式中：τ_U——结构顶板剪切力；

    τ_B——结构底板剪切力。

2）时程分析法

时程分析法即结构直接动力法，其基本原理为：将地震运动视为一个随时间变化的过程，并将地下结构物和周围岩土体介质视为共同受力变形的整体，通过直接输入地震加速度记录，在满足变形协调条件的前提下，分别计算结构物和岩土体介质在各时刻的位移、速度、加速度，以及应变和内力，进而验算场地的稳定性并设计结构截面。

时程分析法具有普遍适用性，在地质条件、结构形式复杂、隧道结构宜考虑地基和结构相互作用以及地基和结构非线性动力特性时，应采用这一方法。

时程分析法采用地层-结构模型，时程动力分析时，由于直接输入地震波作用，受地震波长的影响，为保证计算结精度要求，应限制土层单元尺寸，通常竖向单元尺寸不大于 1m 即可满足要求。

当采用波动法进行地震动输入时，模型边界一般采用黏性人工边界或黏弹性人工边界等合理的人工边界条件，且侧向人工边界应避免采用固定或自由等不合理的边界条件，如图 3-46 所示。

土层的选取范围，一般顶面取地表面，底面取设计地震作用基准面，水平向自结构侧壁至边界的距离宜至少取结构水平有效宽度的 3 倍，如图 3-47 所示。同时考虑以下两处情况：当地下结构埋深较深，结构与基岩的距离小于 3 倍地下结构竖向高度时，计算模型底面边界取至基岩面，如图 3-48 所示；当地下结构埋深嵌入基岩，此时计算模型底面边界取至基岩面以下，如图 3-49 所示。

当隧道或地下车站结构沿纵向结构形式连续、规则，横向断面构造不变，周围土层沿纵向分布一致时，可只沿横向计算水平地震作用并进行抗震验算，抗震分析可近似按平面应变问题处理。当结构形式变化较大，土层条件不均匀时需要按空间问题进行三维建模求解。

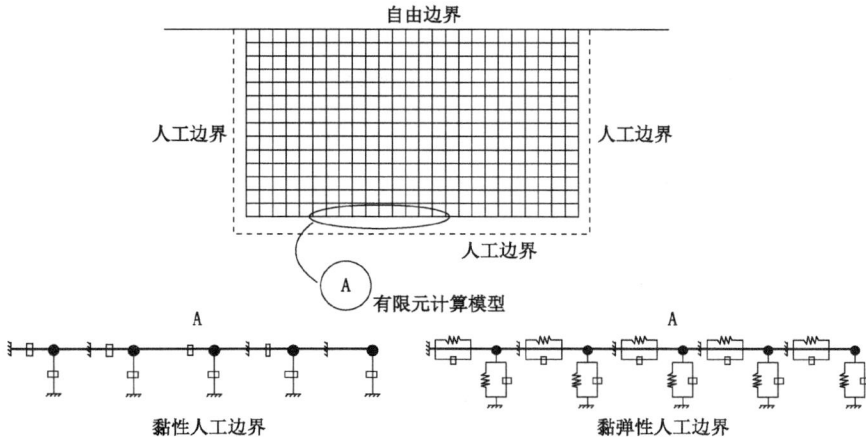

图 3-46 合理的人工边界条件

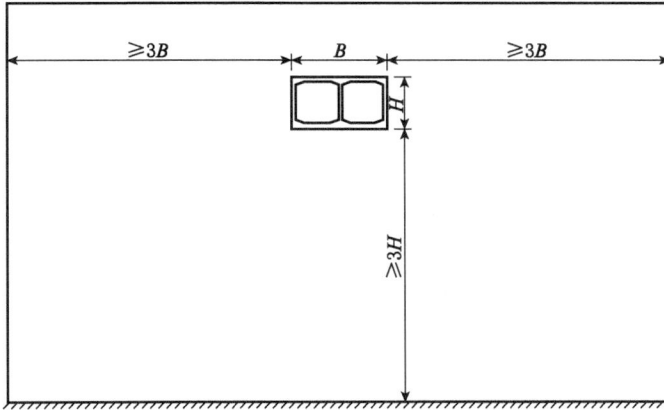

图 3-47 一般情况下计算模型选取范围

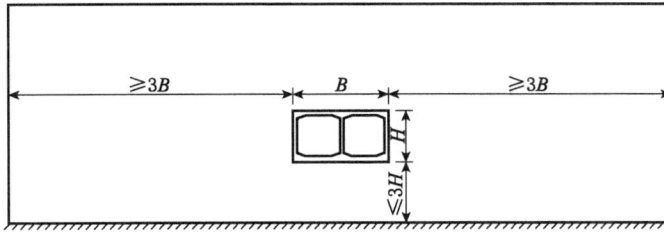

图 3-48 埋深较深时计算模型(下部取值至基岩界面)

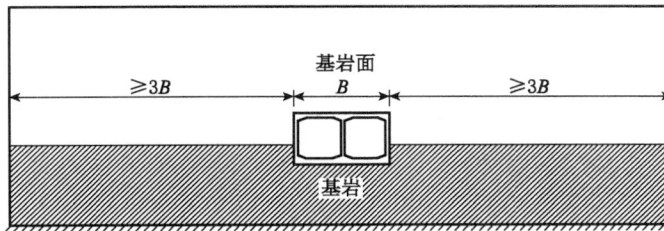

图 3-49 地下结构嵌入基岩时计算模型

3.10.3　抗震性能验算方法

根据《城市轨道交通结构抗震设计规范》(GB 50909—2014)所提出的各种抗震设防水准下的设防性能目标,隧道与地下车站结构采用两阶段设计方法实现,即:在 E2 地震作用下,隧道与地下车站主体结构达到性能要求Ⅰ;在 E3 地震作用下,地下结构满足性能要求Ⅱ(因此需要计算两个地震工况)。

(1)验算内容

对地下车站结构和区间隧道来说(乙类结构),当抗震设防烈度为 7 度[地震动峰值加速度分档为 $0.10g$ $(0.15g)$]及以上时,应进行结构抗震性能的验算,验算内容见表 3-24。当验算结构整体变形性能时,矩形断面结构应采用层间位移角作为指标,对于钢筋混凝土结构层间位移角限值宜取 $1/250$(等价于可修水平)。

地铁地下结构抗震验算内容　　　　　　　　　　　　　　表 3-24

地震动水准		抗震设防类别	结构抗震性能要求 (地下结构)	抗震验算内容
等级	重现期(年)			
E1 地震作用	50		Ⅰ	—
E2 地震作用	475	乙类	Ⅰ	截面验算
E3 地震作用	2450		Ⅱ	变形验算

(2)截面抗震验算公式

当在设防地震(E2)下进行车站构件的截面抗震验算时,应采用下列设计:

$$S \leqslant \frac{R}{\gamma_{RE}} \qquad (3\text{-}75)$$

式中:γ_{RE}——承载力抗震调整系数,按表 3-25 采用(此处只摘录了混凝土材料构件);

R——结构构件承载力设计值;

S——结构构件内力组合的设计值,此处为 E2 地震工况下的计算内力值。

混凝土构件承载力抗震调整系数 γ_{RE}　　　　　　　　表 3-25

结 构 构 件	受 力 状 态	γ_{RE}
梁	受弯	0.75
轴压比小于 0.15 的柱	偏压	0.75
轴压比不小于 0.15 的柱	偏压	0.80
抗震墙	偏压	0.85
各类构件	受剪、偏拉	0.85

为便于比较验算结果,可以将 E2 地震工况下的内力值乘以 γ_{RE} 后进行配筋,与各构件进行过裂缝控制后的配筋率(已按照抗震配筋构造要求进行调整)进行对比。

其中柱结构应满足轴压比(柱组合的轴压力设计值与柱的全截面面积和混凝土轴心抗压强度设计值乘积之比值)的要求,根据《城市轨道交通结构抗震设计规范》(GB 50909—2014)的规定,乙类结构的抗震等级宜取二级,其柱式构件设计轴压比限值不宜超过表 3-26 的规定

（对深度超过 20m 的地下结构，其轴压比限制可适当放宽）。

柱式构件设计轴压比限制值

表 3-26

地下结构深度 （m）	抗震等级	
	二级	三级
≤20	0.75	0.85
>20	0.80	0.90

注：表中限值适用于剪跨比大于 2、混凝土强度等级不高于 C60 的柱；剪跨比不大于 2 的柱，轴压比限值应降低 0.05；剪跨比小于 1.5 的柱，轴压比限值应专门研究并采取特殊构造措施。

（3）抗震变形验算公式

当地铁车站结构进行罕遇地震作用（E3）下薄弱层的弹塑性变形验算时，可取底层（视为楼层屈服强度系数沿高度分布均匀），弹塑性层间位移可按下式计算：

$$\Delta \mu_P = \eta_P \Delta \mu_e \tag{3-76}$$

或

$$\Delta \mu_P = \mu \Delta \mu_y = \frac{\eta_P}{\xi_y} \Delta \mu_y \tag{3-77}$$

式中：$\Delta \mu_P$——弹塑性层间位移；

$\Delta \mu_y$——层间屈服位移；

μ——楼层延性系数；

$\Delta \mu_e$——罕遇地震作用下按弹性分析的层间位移；

η_P——弹塑性层间位移增大系数，常规 2~4 层地铁地下车站可取 1.60（偏危险）；

ξ_y——楼层屈服强度系数。

此处应选式（3-77）进行计算（弹性计算结果 $\Delta \mu_e$ 可得）。

结构薄弱层弹塑性层间位移应符合下式要求：

$$\Delta \mu_y \leqslant [\theta_P] h \tag{3-78}$$

即

$$\frac{\Delta \mu_y}{h} \leqslant [\theta_P] \tag{3-79}$$

式中：$[\theta_P]$——弹塑性层间位移角限值，此处取 1/250；

h——薄弱层楼层高度。

3.10.4　抗震构造措施

隧道与地下车站结构的抗震构造措施按现行《铁路抗震设计规范》（GB 50111）、《地铁设计规范》（GB 50157）、《混凝土结构设计规范》（GB 50010）、《建筑抗震设计规范》（GB 50011）、《城市轨道交通抗震设计规范》（GB 50047）中有关条文及本节规定执行。

（1）结构布置

①车站主体、附属结构布置时，宜使各个结构平面、竖向布置规则、对称，结构质量及刚度宜均匀分布、避免突变。

②车站主体、附属结构平面及竖向不规则或结构纵向较长时，结合使用功能要求合理设置

结构变形缝,将结构分为若干个规则的结构单元。在车站主体结构与附属结构连接部位设置变形缝,在结构平面变跨处及竖向错层处设置变形缝。

③在结构梁与板、墙与板交界处宜设置腋角。设置腋角后,可有效增大节点区结构构件的截面高度,提高了节点的受剪承载力,进而提高结构的抗震性能。

④结构楼板较大洞口(边长大于1m)周围应设置满足构造要求的边梁或暗梁,边墙开洞处洞口四周设置加强环梁,确保结构传力路径清晰,提高结构整体抗震性能。

⑤框架抗震遵守"强柱、弱梁、更强节点核心区",严格控制中柱轴压比(二级),保证中柱的延性。中柱纵向受力钢筋的配筋率按不大于5%控制,钢筋在同一截面内的钢筋接头不宜超过全截面钢筋总数的50%,在搭接接头范围内,箍筋间距≤5d(d为钢筋直径),且应小于100mm。同时按抗震二级要求设置箍筋加密区。框架梁是框架结构在地震作用下的主要耗能构件,为了对节点核心区提供约束以提高其受剪承载力,梁宽不应小于柱宽的1/2,通过适当加宽梁截面来降低梁截面的剪压比。框架梁的纵向受拉钢筋最小配筋率不应小于0.25%和$55f_t/f_y$中的较大值,梁端纵向钢筋配筋率不宜大于2.5%。

⑥框架节点区处理。

框架中间层中间节点处,框架梁的上部纵向钢筋应贯穿中间节点;框架柱的纵向钢筋应贯穿中间层中间节点和中间层端节点,柱纵筋接头应设在节点区以外。

对于框架中间层中间节点、中间层端节点、顶层中间节点以及顶层端节点,梁、柱纵向钢筋在节点部位的锚固和搭接,应符合图3-50~图3-55所示的构造规定。

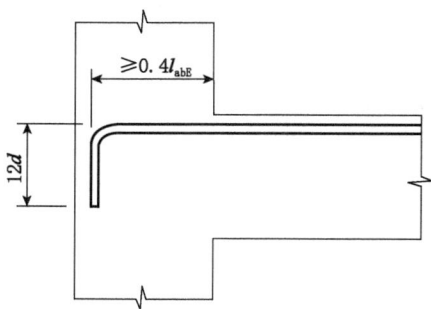

图3-50　中间层端间节点梁筋90°弯折锚固

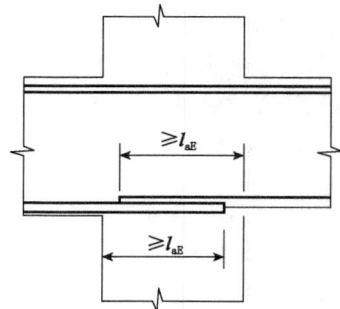

图3-51　中间层中间节点梁筋在节点内直锚固

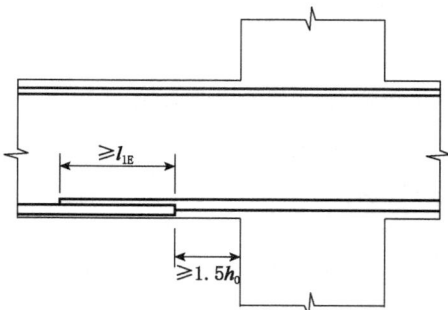

图3-52　中间层中间节点梁筋在节点外搭接

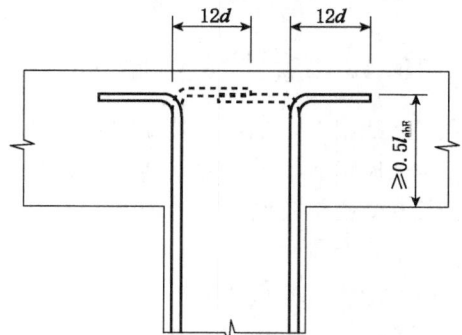

图3-53　顶层中间节点柱筋90°弯折锚固

096

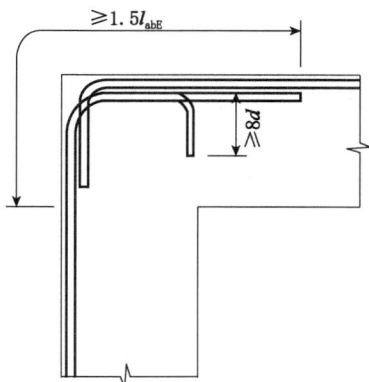

图 3-54 钢筋在顶层端节点外和梁端顶部弯折搭接

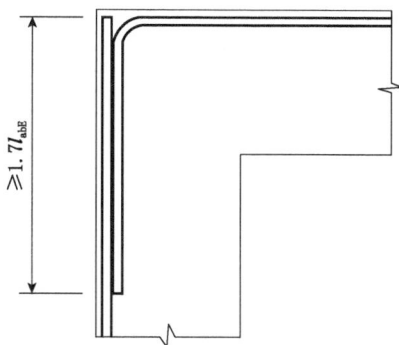

图 3-55 钢筋在顶层端节点外直线搭接

（2）节点区腋角的设置

腋角内下部纵向受拉钢筋的直径和根数,一般不宜小于结构伸进腋角内下部钢筋的直径和根数。

（3）施工缝、变形缝、后浇带的设置

①施工缝:墙体水平施工缝不应留在剪力最大处或底板与侧墙的交接处,应设于底板斜托与侧墙结合面以上 300 ~ 500mm 处、顶板斜托与侧墙结合面以下 300mm 处、各层楼板与侧墙结合面上下 300mm 处。墙体有预留孔洞时,施工缝距孔洞边缘不应小于 300mm。结构环向施工缝设置间距不宜大于 16m,并宜采用跳槽分段的方法施工。环向施工缝要求布置在纵向柱距 1/4 ~ 1/3 跨附近。

②变形缝:车站、通道、风道的结构突变处,非盾构区间与车站结合部位,通道、风道与车站主体的结合部位等部位应设置变形缝。

③后浇带:后浇带应设在受力和变形较小的部位,纵向间距为 40 ~ 60m,带宽为 800 ~ 1000mm,沿底板、侧墙及顶板环行设置。后浇带混凝土的强度等级、抗渗等级均应高于两侧混凝土,宜采用补偿收缩混凝土,其水中养护 14d 后的限制膨胀率为 0.03% ~ 0.05%。后浇带应在其两侧混凝土龄期达到 28 ~ 45d 后再施工,后浇带两侧的接缝处理措施与施工缝相关要求相同。

④主体薄弱部位构造措施。

对于出入口、风道接主体结构处等有可能存在薄弱部位的重点部位,应优化施工步序和现场组织,加强开洞处洞门环梁设计,完善结构受力转换体系,对垫层提出较高的施工要求,保证结构承载力和安全性,同时采取必要的辅助施工措施。

3.11 暗挖工程结构抗浮验算

3.11.1 抗浮设计的必要性

当地铁车站埋置于含水的地层中,且顶板上覆土较薄时,浮力的作用不容忽视,其对车站结构的作用主要表现在以下两个方面:

（1）当浮力超过结构自重与上覆土重力之和时，结构整体失稳上浮。

（2）导致结构底板等构件应力增大。

暗挖车站的结构设计，应就施工和使用的不同阶段进行抗浮稳定性验算，并按水反力的最不利荷载组合计算结构构件的应力。通常可仅考虑车站运营阶段（长期使用状况）下的抗浮稳定性验算（考虑结构自重、覆土重力之和与最大水浮力的比值）。

建筑工程应满足抗浮稳定标准要求。抗浮结构和构件的承载力、变形及抗浮设施有效性应符合抗浮性能及结构设计要求，抗浮构件及设施的耐久性不应少于建筑工程结构的设计使用年限。

3.11.2　抗浮设计计算方法

当结构处于抗浮水位以下时，应对结构进行抗浮验算，建筑工程抗浮稳定性应符合下式规定：

$$\frac{G}{N_{w,k}} \geqslant K_w \qquad (3-80)$$

式中：G——建筑结构自重、附加物自重、抗浮结构及构件抗力设计值总和（kN）；

$N_{w,k}$——浮力设计值（kN）；

K_w——抗浮稳定安全系数，按表3-27采用。

建筑工程抗浮稳定安全系数 K_w　　　　　　　　　　表3-27

抗浮工程设计等级	施工期抗浮稳定安全系数K_w	使用期抗浮稳定安全系数K_w
甲级	1.05	1.10
乙级	1.00	1.05
丙级	0.95	1.00

3.11.3　结构抗浮措施

当地铁车站的抗浮验算不满足要求时，应采取结构抗浮措施，以保证车站结构的抗浮稳定性。具体抗浮措施如下：

（1）增加车站结构自重或在结构内部局部用混凝土充填，增加压重。此方法简单易行，但由于结构体积增大的同时，浮力也随之增加，所以一味地通过增加自重达到抗浮的目的往往是不经济的。一般多用于增加少许的自重即可满足抗浮稳定要求的情况。

（2）在底板下设置土锚或拉桩。抗浮桩的极限侧阻力标准值可查《建筑桩基技术规范》（JGJ 94—2018），由此可以计算桩的抗浮力（与土层的摩阻力）。在软黏土地层中采用土锚或拉桩时，对桩土间的摩擦力的设计取值应做限制，不宜超过极限摩阻力的一半，否则在浮力的长期作用下，由于土层的流变效应会导致变形过大，另外抗浮安全系数不宜小于2～2.5。

（3）利用围护结构作为主体结构的一部分共同抗浮。围护结构兼有挡土、止水和抗拔等多项功能，因而在实际工程中得到了广泛应用，但须注意，此种形式的结构，在满足整体抗浮稳定性要求的同时,在向上的水反力的作用下,地下结构将产生以两侧围护墙为支点的整体挠曲变形。地下结构的宽度越大,整体上挠的倾向越明显,由此在地下结构顶底板中产生的附加弯曲应力也越大,所以当地下结构的宽度较大时,这不是一种经济的抗浮措施。此种抗浮措施适用于内衬墙与围护墙为复合式结构时,需在隧道的顶部设置与围护墙整体连接的压梁,通过压梁把作用在地下结构上的浮力传递到围护墙上。

(4)在底板下设置倒滤层和引排水设施以泄水引流。这一措施可以完全消除水浮力对结构的作用,不仅解决了地下结构的抗浮稳定性问题,还可减少结构底板和其他构件中的弯曲应力,但该方法要求底板以下必须有一定厚度的基本不透水的黏性土层,以避免由于土层中的泥沙流失,引起结构和周围地层下沉。

本章思考题

1. 简述常用设计方法及各自优缺点。
2. 暗挖车站结构计算主要包括哪些内容?
3. 简述倒梁法与倒楼盖法各自优缺点及适用条件。
4. 如何进行暗挖结构抗浮验算?
5. 列举常用数值计算软件及各自适用条件。
6. 某车站钢管柱采用 Q345 钢管,直径 800mm,壁厚 20mm,内部混凝土采用 C50 混凝土,车站纵向柱距 7m,试按照抗弯刚度和抗压刚度等效的方式折算钢管柱宽度和高度。
7. 北京地铁某矿山法区间马蹄形标准断面二次衬砌结构厚 300mm,结构跨度为 5.8m,高度为 5.85m,结构采用 C40 混凝土。地面标高按 44.62m 考虑,抗浮水位标高为 42m,结构顶板标高约为 33.84m,底板标高约为 27.99m,结构上覆土厚度约为 10.72m,结构计算断面如题 7 图 1。各土层物理力学性质参数见题 7 表 1。

试计算:(1)根据土层厚度对地层参数进行加权平均计算。

(2)分别计算无水工况及抗浮工况水土压力,并绘制简图。

钻孔地层物理力学性质参数　　　　　　　　　题 7 表 1

土层位置	土层名称	土层厚度(m)	重度 γ(KN/m³)	静止土压力系数 K_0	基床系数(MPa/m)	
					K_h	K_v
结构上覆土层	粉土填土①	1.40	16.5	—		
	粉土②	4.10	20.0	0.45	25	20
	粉质黏土②₁	3.20	19.4	0.41	37	45
	粉土②	1.10	20.0	0.45	25	20
	粉土③	0.98	20.5	0.45	40.5	35
结构所在土层	粉土③	5.22	20.5	0.45	40.5	35
	粉质黏土④	0.63	19.6	0.34	29	30

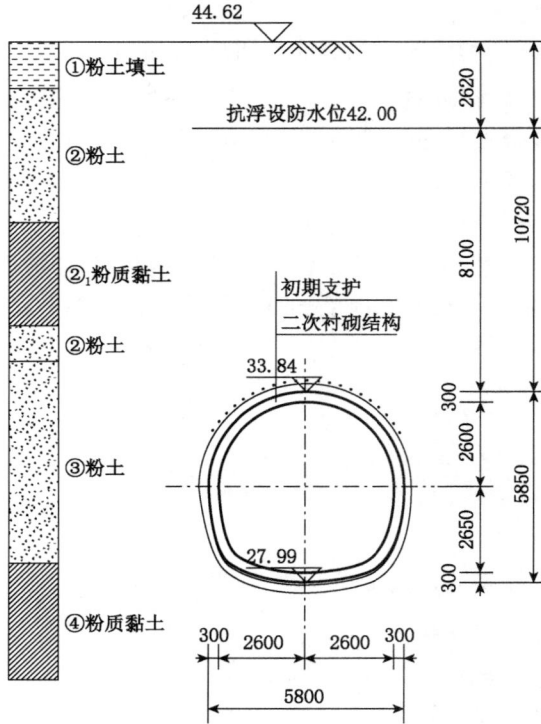

题7 图1   断面结构剖面示意图(尺寸单位:mm,标高:m)

第 4 章
CHAPTER 4

暗挖工程防水设计

城市轨道交通工程的地下工程是在岩土环境中修建的结构物,在其施工和使用过程中,时刻都有地下水的侵害风险,由于地下水的渗透和侵蚀作用,使工程产生病害,轻者影响使用功能,严重者使整个工程报废,造成巨大的经济损失和严重的社会影响,因此地下工程对防水有严格的要求。根据《地下工程防水技术规范》(GB 50108—2008),城市轨道交通地下工程防水等级应符合下列规定:

(1)地下车站和机电设备集中区段的防水等级应为一级,不允许渗水,结构表面无湿渍。

(2)区间隧道及联络通道等附属隧道结构防水等级应为二级,顶部不允许滴漏,结构表面可有少量湿渍,总湿渍面积不应大于总防水面积的 2% ;任意 $100m^2$ 防水面积上的湿渍不超过 3 处,单个湿渍的最大面积不大于 $0.2m^2$。其中,隧道工程还要求平均渗漏水量不大于 $0.05L/(m^2 \cdot d)$,任意 $100m^2$ 防水面积的渗漏水量不大于 $0.15L/(m^2 \cdot d)$。

4.1 防水基本原则

(1)地下结构的防水设计应遵循"以防为主、刚柔结合、多道防线、因地制宜、综合治理"的原则。

(2)确立钢筋混凝土结构自防水体系,即以结构自防水为根本,采取措施控制结构混凝土裂缝,增加混凝土的抗渗性能;以变形缝、施工缝等接缝防水为重点,辅以柔性外包防水层加强防水。

4.2 暗挖车站防水

暗挖法车站结构复杂,防水节点众多,防水系统的实施比较困难,但又是防水要求较高的重点工程,其防水基本原则如下:

（1）结构防水措施应符合表4-1中一级防水要求的规定。

（2）迎水面主体结构应采用防水混凝土,防水混凝土的抗渗等级根据混凝土结构强度、结构形式、地下水压、结构的最大埋置深度等因素确定,并不得小于P10。

（3）结构应采用复合式衬砌外包防水,并应设置防水注浆系统。同时根据工程需要在变形缝等特殊部位设置防水分区系统。

（4）顶部的内衬混凝土应设置回填注浆管。

（5）暗挖法车站的顶纵梁部位应根据工程情况采取防、截、堵相结合的防水措施。

（6）施工缝、变形缝等部位的防水措施,应按表4-1要求采取多道设防。

暗挖法地下结构防水措施　　　　　　　　　　　表 4-1

工程部位		主 体				内衬砌施工缝						内衬变形缝			
防水措施		防水混凝土	塑料防水板	防水卷材	膨润土防水材料	遇水膨胀止水条	外贴式止水带	中埋式止水带	水泥基渗透结晶型防水材料	防水涂料	预埋注浆管	中埋式止水带	外贴式止水带	可卸式止水带	防水密封材料
防水等级	一级	必选	应选一至二种				应选二种						必选	应选二种		
	二级	必选	应选一种				应选一至二种						必选	应选一至二种		

图4-1为典型的三拱二柱车站全包防水断面。

图4-1　典型三拱二柱车站防水断面示意图

4.3 暗挖隧道防水

暗挖法区间结构相对简单,断面变化不大,但也需要全包防水,其防水基本原则如下：

（1）结构防水措施应符合表4-1中二级防水要求的规定。

（2）结构应采用防水混凝土,其抗渗等级根据混凝土结构强度、结构形式、地下水压、结构的最大埋置深度确定,并不得小于P8。

（3）结构应采用复合式衬砌全外包防水,并应设置防水注浆系统。同时根据工程需要,在变形缝等特殊部位设置防水分区系统。

（4）顶部的内衬混凝土应设置回填注浆管。

（5）施工缝、变形缝等部位的防水措施,应按表4-1要求采取多道设防。

4.4 防水混凝土

防水混凝土指抗渗等级大于或等于 P6 级别的混凝土,主要用于工业、民用建筑地下工程、取水构筑物以及干湿交替作用或冻融作用的工程。

防水混凝土也称结构自防水,可通过调整混凝土的配合比、掺加外加剂等,减少混凝土内部的空隙率或改变孔隙形态、分布特征,从而达到防水(防渗)的目的。

混凝土是地下工程防水的主体结构,对其基本要求如下:

(1)防水混凝土应通过调整配合比、掺加外加剂、掺合料等措施配制而成,抗渗等级应符合表 4-2 的规定。

防水混凝土抗渗等级 表 4-2

结构埋置深度 h (m)	设计抗渗等级		
	一级防水等级	二级防水等级	
		≥C30 整体式或装配式钢筋混凝土结构	≥C40 装配式钢筋混凝土结构
$h < 10$	P10	P8	P10
$10 \leqslant h < 20$	P10	P8	P10
$20 \leqslant h < 30$	P12	P10	P12
$30 \leqslant h < 40$	P12	P10	P12

(2)防水混凝土的施工配合比应通过试验确定,试配混凝土的抗渗等级应比设计要求提高一级。

(3)防水混凝土在满足抗渗等级要求的同时,还应满足抗压、抗裂、抗冻和抗侵蚀性等耐久性要求。

(4)防水混凝土的环境温度,不得高于 80℃。

(5)防水混凝土结构底板的混凝土垫层,强度等级不小于 C15,厚度不小于 100mm,在软弱土层中的厚度不小于 150mm。

(6)防水混凝土结构,应符合下列规定:

①结构厚度不小于 250mm。

②防水混凝土最大裂缝宽度应符合表 4-3 的规定,并不得贯通。

防水混凝土最大裂缝宽度允许值(mm) 表 4-3

结构类型		允许值	附 注
钢筋混凝土管片		0.2	—
其他结构	水中环境、土中缺氧环境	0.3	—
	洞内干燥环境或洞内潮湿环境	0.3	环境相对湿度为 45%～80%
	迎土面地表附近干湿交替环境	0.2	—

4.5 水泥砂浆防水层

防水砂浆包括聚合物水泥防水砂浆、掺外加剂或掺合料的防水砂浆。

水泥砂浆防水层可用于地下工程主体结构的迎水面或背水面,不应用于受持续振动或温度高于80℃的地下工程防水。

防水砂浆施工效果对比如图4-2所示。

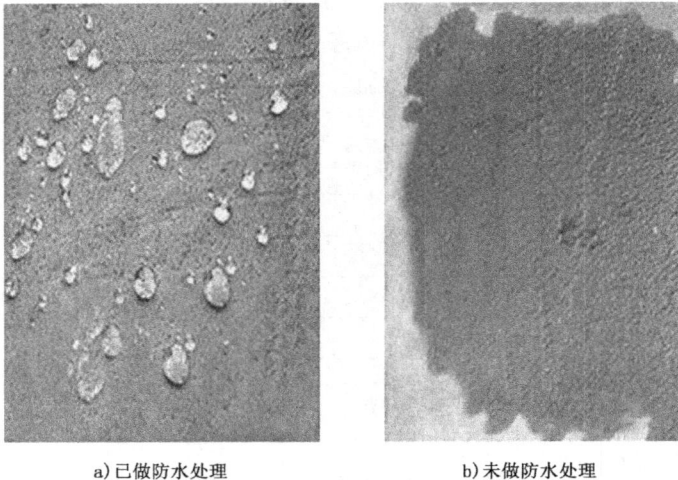

a)已做防水处理   b)未做防水处理

图4-2 防水砂浆施工效果对比

水泥砂浆及其混合物是地下工程防水结构的重要组成部分,其要求如下:

(1)水泥砂浆防水层宜采用多层抹压法施工。

(2)水泥砂浆防水层应在基础垫层、初期支护、围护结构验收合格后方可施工。

(3)水泥砂浆品种和配合比设计应根据防水工程要求确定。

(4)聚合物水泥砂浆防水层厚度:单层施工宜为6~8mm,双层施工宜为10~12mm;水泥基渗透结晶型砂浆防水层的厚度应大于20mm,掺量为砂浆内胶凝材料的1.0%~2.5%;其他外加剂、掺合料等的水泥砂浆防水层厚度宜为18~20mm。

(5)水泥砂浆防水层的基层,其混凝土强度等级不小于C15;砌体结构砌筑用的砂浆强度等级不低于M7.5。

4.6 特殊节点防水设计

地下工程特殊节点防水包括变形缝和施工缝防水两部分。

1)变形缝

根据外界破坏因素的不同,变形缝分三种:伸缩缝、沉降缝和防震缝。

变形缝设置在地下工程不同区域,其两侧建筑容易产生不均匀沉降。一般的伸缩变形、温度变形、物理化学变形,可采用诱导缝、膨胀带、后浇带等措施加以解决,用于沉降的变形缝,其最大允许沉降差值不大于30mm。当计算沉降差值大于30mm时,应在设计上采取措施,不可增加缝的宽度来解决沉降差较大的问题。变形缝处混凝土结构的厚度不小于300mm,小于300mm时,应局部加厚。变形缝的防水结构如图4-3所示。

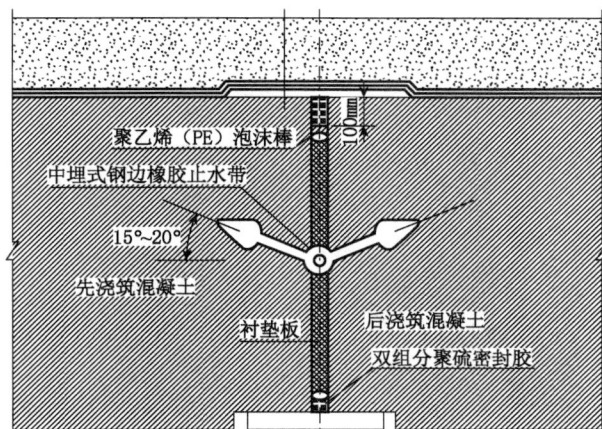

图4-3 变形缝的防水结构示意图

2)施工缝

施工缝是指在混凝土浇筑过程中,因设计要求或施工需要分段浇筑,在先、后浇筑的混凝土之间所形成的接缝。施工缝并不是一种真实存在的"缝",它只是因先浇筑混凝土超过初凝时间,与后浇筑混凝土之间存在一个结合面,该结合面称之为施工缝。施工缝的防水结构如图4-4所示。

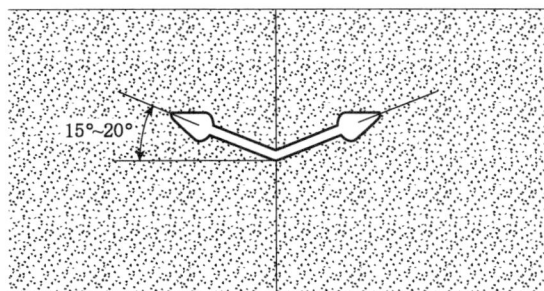

图4-4 施工缝的防水结构示意图

4.7 常用防水材料

建筑物的围护结构要防止雨水、雪水和地下水的渗透,要防止空气中的湿气、蒸汽和其他有害气体与液体的侵蚀,分隔结构要防止给排水的渗漏等,这些防渗透、渗漏和侵蚀的材料统称为防水材料。防水材料大致分为防水卷材、防水涂料及塑料防水板三种。

（1）防水卷材

防水卷材适用于受侵蚀性介质作用或受振动作用的地下工程。防水卷材应铺设在混凝土结构主体的迎水面上；用于建筑物地下室的防水卷材应铺设在结构主体底板垫层至墙体顶端的基面上，在外围形成封闭的防水层。

防水卷材一般为一层或两层。高聚物改性沥青防水卷材厚度不小于3mm，单层使用时，厚度不小于4mm，双层使用时，总厚度不小于6mm；合成高分子防水卷材单层使用时，厚度不小于1.5mm，双层使用时，总厚度不小于2.4mm。常用防水卷材如图4-5所示。

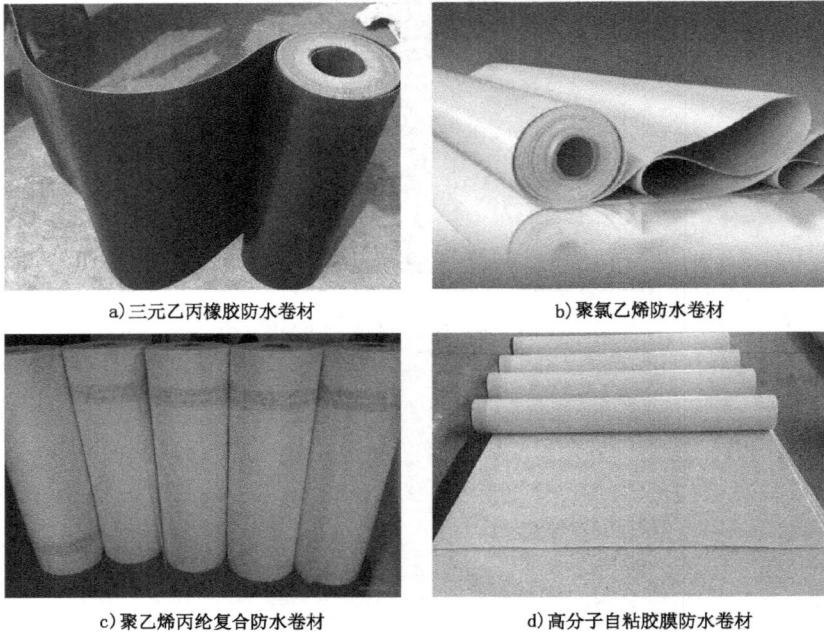

a)三元乙丙橡胶防水卷材　　　　　　　b)聚氯乙烯防水卷材

c)聚乙烯丙纶复合防水卷材　　　　　　d)高分子自粘胶膜防水卷材

图4-5　常用防水卷材

（2）防水涂料

防水涂料包括无机防水涂料和有机防水涂料。无机防水涂料可选用水泥基防水涂料、水泥基渗透结晶型涂料（图4-6）；有机涂料可选用反应型、水乳型、聚合物水泥防水涂料（图4-7）。

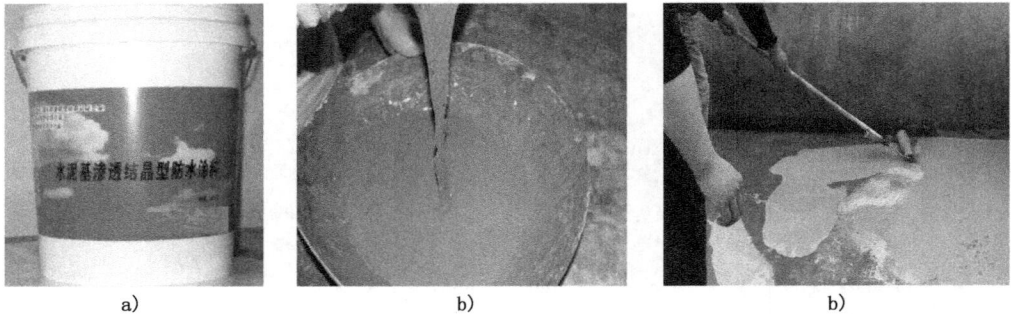

a)　　　　　　　　　　b)　　　　　　　　　　b)

图4-6　水泥基渗透结晶型防水涂料

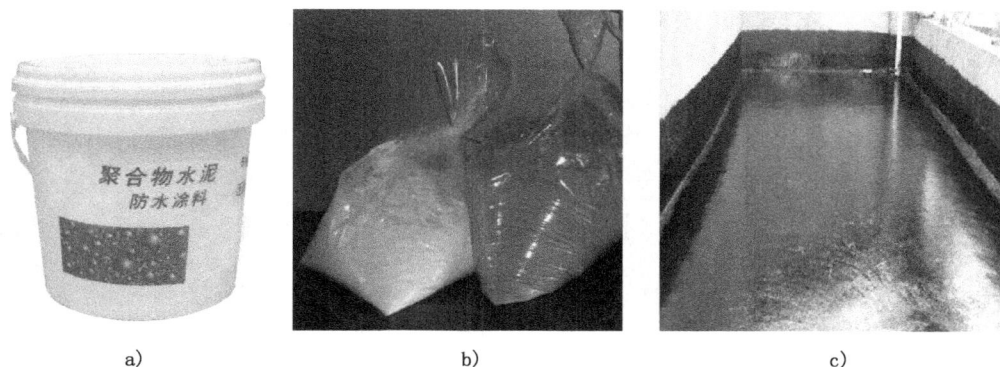

a)   b)   c)

图4-7　聚合物水泥防水涂料

无机防水涂料宜用于结构主体的背水面,有机防水涂料宜用于结构主体的迎水面。用于背水面的有机防水涂料应具有较高的抗渗性,且与基层有较强的黏结性。

水泥基防水涂料的厚度宜为 1.5 ~ 2.0mm;水泥基渗透结晶型防水涂料的厚度不小于0.8mm;有机防水涂料根据材料的性能,厚度宜为1.2 ~ 2.0mm。

聚氨酯防水涂料如图4-8所示,沥青类防水材料如图4-9所示。

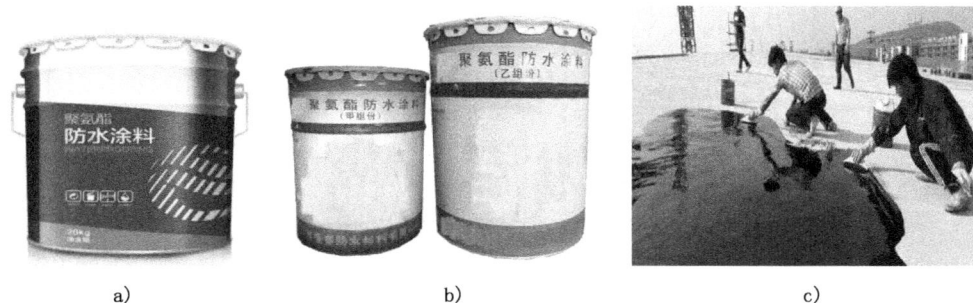

a)   b)   c)

图4-8　聚氨酯防水涂料

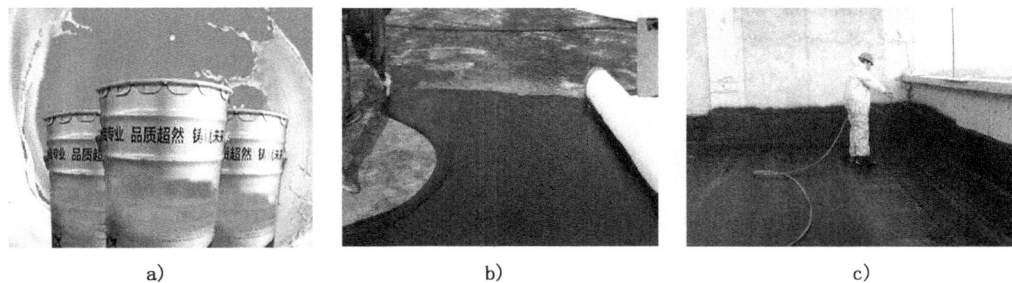

a)   b)   c)

图4-9　沥青类防水涂料

（3）塑料防水板

塑料防水板可选用乙烯-醋酸乙烯共聚物（EVA）、乙烯-沥青共聚物（ECB）、聚氯乙烯（PVC）、高密度聚乙烯（HDPE）、低密度聚乙烯（LDPE）类或其他性能相近的材料,如图4-10 ~ 图4-12所示。

图 4-10　乙烯-醋酸乙烯共聚物　　　　图 4-11　乙烯-沥青共聚物　　　　图 4-12　膨润土防水材料

4.8　防渗漏处理

地下工程在使用过程中,可能会出现渗漏水等情况,本节主要针对已投入使用的地下工程渗漏水处理进行论述。

4.8.1　渗漏治理原则及总体思路

1)渗漏治理原则

(1)查找相关的设计和施工资料,进行渗漏水原因分析。

(2)分析得出渗漏水原因后,采用堵、排结合的原则进行处理。

(3)治理过程中,不可破坏原结构,不可裸露钢筋。

(4)渗漏水治理顺序:先低后高,即先底板、再墙身、后顶板。

(5)运用水泥-化学复合注浆技术综合施灌。

(6)清淤后先解决涌水涌泥部位及背后的空洞回填注浆。

(7)注浆压力的控制:水泥注浆小于2MPa,化学注浆0.3~0.8MPa,以不引起有害裂缝为限。

(8)缺陷补强在基面清洁后先使用防水与黏接双功能界面黏合剂作为底涂,再用强度等级高于原结构混凝土强度等级 C40 的细石混凝土或树脂砂浆补强。

2)渗漏治理总体思路

(1)清理现场淤泥,摸清渗漏位置、裂缝大小、渗漏状况及大致渗漏量。

(2)运用地质雷达探测装置摸清结构与初期支护后面围岩被水带走掏空的情况,以及空洞相互连通的情况。

(3)应用复合注浆技术施灌,先灌水泥浆充填空洞并堵水,当出水量较小时再进行化学注浆止水补强。

(4)先堵背后有空洞且涌水量大的变形缝、施工缝或结构裂缝,后堵出水量较小的缝。

(5)运用复合注浆技术,实现堵水与补强相结合,既要保证治理的有效性,又要考虑治理后的耐久性。在化注浆材的选择上应选具可带水施灌、黏结强度高的补强型化学注浆材料,最好是高渗透固结型的注浆材料。

(6)在实施复合注浆时,对布孔与缝的距离及孔距的考虑应遵循不破坏原防水体系的原则。在施灌时应遵循从下而上的施灌程序,以利排堵结合。

4.8.2 变形缝渗漏水治理

变形缝普遍环形漏水,严重涌水涌砂致使结构与支护外形成空洞。结构外的空洞已成为漏涌水的存储空间,因此,变形缝渗漏水治理应用水泥-化学浆材复合注浆技术综合施灌,以不引起有害变形为准。先灌水泥浆,注浆压力控制在2MPa以内,在接近最大注浆压力下注浆时,当进浆量减少应换稀浆继续施灌至不吃浆为止,再上移至下序孔施灌,水泥注浆后渗漏量必然大大减少,再依序进行化学注浆,化注浆材视渗漏量大小,可选择高渗透性环氧树脂、聚氨酯、橡化沥青或丙烯酸树脂非固化防水材料进行注浆,应达到完全止水的目的。

4.8.3 施工缝及裂缝渗漏水治理

(1)施工缝渗漏水治理需按照现场实际情况确定施工缝走向、长度、交叉位置,确定渗漏水施工缝后统一考虑,避免出现堵了此处彼处又漏水的情况发生。其方法可与变形缝采取同样的方法处理。

(2)裂缝渗漏治理需视裂缝宽度与漏水量确定施灌措施。

裂缝宽度大于0.5mm,渗漏水量较大时,可采用水泥基渗透性材料复合注浆方式。

裂缝小于0.5mm,渗漏水量较小时,可直接使用可渗透性材料快、慢浆材施灌。先灌快浆,保持注浆压力下在进浆量减少时变换固化慢的浆液施灌,不吃浆时循环10min闭浆。8 ~ 10h后再用慢浆复灌一次,以补充因浆液往裂缝壁内渗透后缝内浆液充填不满的间隙。注浆压力控制在0.3 ~ 0.8MPa,以不引起有害抬动为限。

4.8.4 大面积渗水治理

沿湿渍边缘外15cm左右将混凝土保护层剥去1 ~ 1.5cm,寻找有无集中渗透点,如有集中渗透点,先在渗透点钻孔灌聚氨酯或丙烯酸树脂等注浆材料止水。在整个面上使用无机速凝材料用水调成糊糊状刮一层,厚度1 ~ 1.5mm,4h后用高渗透性环氧防水材料涂刷2遍,间隔40min涂刷第2遍,4h后用聚合物水泥砂浆或树脂砂浆分4 ~ 5层抹平。

既有顶板结构的改造及病害处理应做到精细施工,确保在行车振动条件下不产生掉块,以免影响行车安全。

本章思考题

1. 列举常用防水材料及各自适用条件。
2. 简述防水的基本原则和总体思路。
3. 暗挖法车站与区间隧道防水工程有何区别?
4. 地下工程特殊节点防水包括哪些部分?
5. 变形缝的分类有哪些? 什么是施工缝?
6. 简述变形缝渗漏处理方案。

第 5 章
CHAPTER 5

暗挖风险工程专项设计

5.1　风险工程类型

　　暗挖风险工程需根据《地铁设计规范》（GB 50157—2013）进行专项设计,其中特、一级环境风险工程要通过专家审查后,施工图才可以报审。整个专项设计过程参考《城市轨道交通土建工程设计安全风险评估规范》（DB11/1067—2014）、《城市轨道交通地下工程建设风险管理规范》（GB 50652—2011）及相关规范。结合风险工程分级、控制标准及保护措施的成功经验,制订风险工程分级、控制标准及参考保护措施。风险工程包括自身风险工程及环境风险工程,按工程种类划分为铁路、河湖、桥梁、既有线、建(构)筑物、管线等。

5.2　风险工程分级

5.2.1　自身风险工程分级

　　轨道交通工程建设应在安全风险识别的基础上,对自身风险工程和环境风险工程进行分级,采取分级管理。参考相关规范,暗挖法自身风险工程分级见表 5-1,其他市政工程参考轨道交通类风险分级体系进行。

暗挖法自身风险工程分级　　　　　　　　　　表 5-1

分级条件	风险等级
PBA 法、中洞法、双侧壁导坑法施工的车站、风道、双线隧道及大断面隧道等	一级
CRD 工法施工的结构(2 个中隔壁且≥2 层中隔板)	一级
CRD 工法施工的结构(1 个中隔壁且≥2 层中隔板)	二级

分 级 条 件	风 险 等 级
台阶法施工的多层隧道(≥2层中隔板)	二级
CD 法施工的单层平顶结构、CRD 法施工的双层平顶结构	二级
台阶法施工的单层或两层结构、CD 法施工的单层拱形结构、CRD 施工的双层拱形结构	三级
出入口通道斜坡段暗挖法结构、横通道挑高段(坡度25°~30°)	一级

5.2.2 环境风险工程分级原则、控制标准及处置

1)环境风险工程分级原则与控制标准

北京环境风险工程根据工程特点和周边环境特点分为特、一、二、三级,分级原则参照如下(其他地方也有各自相应的环境工程分级标准):

①特级环境风险工程:下穿既有轨道线路(含铁路)的工程。

②一级环境风险工程:下穿重要既有建(构)筑物、重要市政管线及河流的工程,上穿既有轨道线路(含铁路)的工程。

③二级环境风险工程:下穿一般既有建(构)筑物、重要市政道路的工程,邻近重要既有建(构)筑物、重要市政管线及河流的工程。

④三级环境风险工程:下穿一般市政管线、一般市政道路及其他市政基础设施的工程,邻近一般既有建(构)筑物、重要市政道路的工程。

在设计阶段,设计单位根据风险工程的定性分级原则,结合工程特点、周边环境特点和工程经验,在分析安全风险发生的可能性、严重程度和可控性、可接受水平的基础上,进行风险工程分级细化,并满足相应设计阶段的深度要求。

在施工阶段,应在设计阶段风险工程分级的基础上,根据地质和环境核查成果、设计方案的核查认识、施工工艺设备、自身施工水平经验等,深入识别各种风险因素,进行风险工程分级调整。暗挖法环境风险工程分级原则、控制标准见表5-2。

环境风险工程分级原则、控制标准 表 5-2

环境风险类型	重要性等级	暗挖法图式	变形控制标准
既有地铁、铁路	极重要		根据检测评估结果确定

环境风险类型	重要性等级	暗挖法图式	变形控制标准
（1）既有地铁、铁路附属结构； （2）高架桥、立交桥主桥基础； （3）城市快速路、高速公路； （4）110kV及以上高压线杆基础	重要		既有附属结构，高架桥、立交桥主桥，城市快速路、高速公路等变形控制标准根据检测评估结果确定； 110kV及以上高压线杆基础根据相关规范确定
居民住宅建筑，市级以上保护性文物重要建（构）筑物	重要		Ⅰ级：允许沉降控制值≤15mm；差异沉降控制值≤5mm，位移最大速率控制值1mm/d；倾斜控制值≤0.002； Ⅱ级：允许沉降控制值≤20mm；差异沉降控制值≤8mm；位移最大速率控制值1.5mm/d； Ⅲ级：允许沉降控制值≤30mm；差异沉降控制值≤10mm；位移最大速率控制值2mm/d
河湖、渠	重要		允许沉降控制值≤20mm，位移最大速率控制值2mm/d

续上表

环境风险类型	重要性等级	暗挖法图式	变形控制标准
直径(宽度)≥600mm污水管线	较重要		允许沉降控制值≤20mm,倾斜率控制值≤0.005,位移最大速率控制值2mm/d
直径(宽度)≥600mm雨水管	重要		允许沉降控制值≤20mm,倾斜率控制值≤0.005,位移最大速率控制值2mm/d
(1)中、高压燃气;(2)直径≥400mm直埋热力管;(3)直径≥600mm上水管	重要		燃气:允许沉降控制值≤10mm,倾斜率控制值≤0.002,位移最大速率控制值1mm/d;直埋热力管:允许沉降控制值≤10mm,倾斜率控制值≤0.002,位移最大速率控制值1mm/d;上水管:允许沉降控制值≤10mm,倾斜率控制值≤0.002,位移最大速率控制值1mm/d

注:环境风险包括环境风险分级与对应风险的保护措施。

2）环境风险分级与处置

（1）环境风险分级

①结构横穿环境风险,同一环境风险的不同部位位于不同分级（或影响）区域时,按最高级别进行定级和保护。

②结构与环境风险平行,应针对不同区段与结构的关系分别进行定级和保护。

（2）风险保护措施

①表 5-2 中各项控制标准是根据相关体系、标准、规范,参考类似工程经验确定的,若产权单位有特别要求,可协商确定。

②施工前,应对地下结构施工影响区域内的地层情况、地下管线进行全面的探测,对于地层空洞、疏松区域及地下管线下方空洞、疏松、软化区域提前进行处理,具体处理措施根据空洞、疏松区域范围、现场实施条件、对新建结构危害等综合分析确定。

③施工前应详细调查各种管线的材质、埋深、年代、管径及与主体结构的相对关系,对于材质较差、完整性较差、年代久远且对新建结构安全隐患较大的地下管线,应与产权单位协商,必要时对管线提前进行改移或加固处理。

④施工前应对周围建（构）物详细的结构形式、基础形式、年代、使用情况、外观情况及与车站主体结构的相互关系进行核查或补充调查,并做好详细记录。

5.3 风险工程专项设计内容

特、一级环境设施专项安全评估,可采用理论解析、数值计算、工程类比等方法进行。该专项安全评估是风险工程设计的重要输入条件和专项设计的基础,一般与工程设计同期进行,彼此交叉验证,以确保专项设计和风险工程设计的合理性、安全性。专项安全评估和风险工程设计的基本流程可以参照图 5-1 执行。

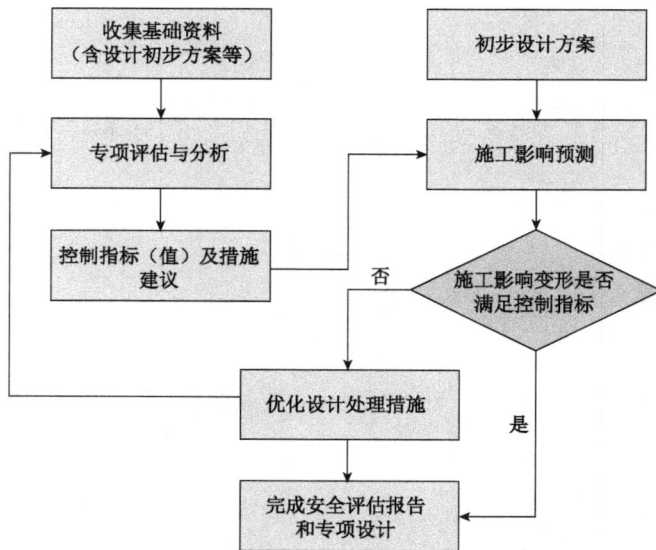

图 5-1　专项安全评估与风险工程设计流程图

5.4 风险工程控制措施

建设工程中出现的事先不确定的内部或外部干扰因素,谓之风险。任何建设工程都存在风险,如工期延长、成本增加、计划调整等,这些处理不好都有可能造成经济效益的降低,甚至建设工程的失败。正是由于风险会造成很大的损害,风险管理已成为建设工程管理中不可或缺的一环。良好的风险管理能获取巨大的经济效益,同时也有助于提高企业竞争力和管理水平。

5.4.1 上跨类工程

当新建工程采用暗挖法上跨施工时,可采取随隧道开挖对既有隧道两侧及上部土体进行注浆加固、设置抗拔锚杆等措施。

下面结合2个案例说明(可扫描二维码查阅)。

5.4.2 下穿类工程

上跨类工程案例

当新建工程采用暗挖法下穿既有结构施工时,风险控制措施可采用下列一项或几项的组合:

(1)地层改良技术:地面注浆、洞内深孔注浆加固等。

(2)管幕(棚)技术。

(3)洞桩托换技术。

(4)顶升技术:机械顶升、注浆抬升。

(5)开挖步序优化及支护加强措施:密贴下穿平顶直墙断面开挖步序优化、单线标准马蹄形断面增加临时仰拱等。

从调研的穿越城市轨道交通工程案例来看,对于暗挖法下穿类穿越工程,几乎都用到深孔注浆加固技术,包括利用注浆抬升控制既有结构的沉降,对既有结构的沉降控制起主要作用。

对于标准单线马蹄形隧道下穿既有城市轨道交通结构,已由早期的矩形隧道密贴下穿,转变为采用注浆+初期支护千斤顶顶升措施,如北京地铁6号线区间下穿5号线东四站及2号线朝阳门站;为维持标准单线马蹄形隧道,采用全断面深孔注浆+增设临时仰拱的措施,如北京地铁7号线区间下穿5号线磁器口站、10号线双井站以及在建的大量同类工程均是如此。

暗挖车站单层段下穿既有线,采用分离双洞,辅以管棚(管幕)和全断面注浆,如北京地铁4号线宣武门站下穿2号线宣武门站、北京地铁9号线军事博物馆站下穿1号线区间以及北京地铁17号线东大桥站等。

管幕技术主要应用在早期的穿越城市轨道交通工程,如北京地铁4号线宣武门站暗挖单层段下穿2号线宣武门站、北京地铁5号线崇文门站暗挖单层段下穿2号线崇文门站—北京站区间,后期应用较少。北京地铁9号线军事博物馆站暗挖单层段下穿1号线公主坟站—军事博物馆站区间采用了 ϕ127mm 管棚+深孔注浆的方案;北京地铁8号线霍营站站外工程暗挖通道下穿13号线路基段采用了 ϕ219mm 管棚+小导管注浆的方案;北京地铁8号线三期木榫园桥南站—大红门站暗挖法区间下穿大红门站—石榴庄站盾构区间采用了 $\phi299\,\mathrm{mm}$ 管幕 + 深孔注浆加固的方案。

对于洞桩托换技术，北京地铁东直门站暗挖单层段下穿 13 号线折返线隧道采用了洞桩托换技术，北京地铁 16 号线苏州街站暗挖单层段下穿 4 号线苏州街站也采用了洞桩托换技术。北京地铁 6 号线三期苹果园站采用双层平顶直墙洞桩法密贴下穿既有 1 号线苹果园站，是目前北京地区最大断面暗挖下穿既有线的案例。

5.4.3　侧穿类工程（可扫描二维码查阅）

侧穿类工程案例

本章思考题

1. 风险工程包括什么？按工程种类如何划分？
2. 自身风险工程如何进行分级？
3. 环境风险工程分级原则是什么？
4. 列举穿越一级风险工程专项安全设计的主要设计内容及流程。
5. 特、一级环境设施专项安全评估的方法一般有哪些？
6. 管幕施工技术适用条件及其作用是什么？
7. 什么是洞桩托换技术？简述其施工步骤。
8. 简述常用的暗挖法下穿既有地铁线的工程措施及优缺点。

第 6 章
CHAPTER 6
暗挖工程地下水控制技术

地下水是地壳中极其重要的天然资源,也是岩土三相组成中的重要组分,其中重力水是一种很活跃的流动介质,它对岩土的工程力学性质影响较大。地下水在岩土孔隙或裂隙中能够渗流,因此将岩土能被水或其他液体透过的性质称为渗透性。这种渗透性对岩土的强度和变形会产生作用,使地质条件更为复杂,甚至引发地质灾害。在岩土工程的各个领域内,诸多问题都与岩土的渗透性有密切关系。地下水渗流会引起岩土体的渗透变形(或称渗透破坏),直接影响建(构)筑物及其地基的稳定与安全;抽水使地下水位下降而导致地基土体固结,造成建筑物的不均匀沉降。有些地下水中因含有化学物质等成分原因,对混凝土和其他建筑材料会产生腐蚀作用。由此可见,地下水是建设工程地质分析、评价和地质灾害防治中的一个极其重要的影响因素。

在地下水位较高的地区开挖地下工程,由于含水层被切断,在压差作用下,地下水必然会不断地渗流入暗挖面,如不进行降排水工作,将会造成底部浸水,使现场施工条件变差,地基承载力下降,岩体强度与刚度降低,在动水压力作用下还可能引起流砂、管涌等现象。因此,为确保地下工程施工安全,必须采取有效的降水和排水措施。

地铁工程降水一般针对采用明挖、暗挖法施工的车站和区间工程,包括其附属的风井、风道以及盾构法施工区间隧道的盾构始发井、接收井和横通道等。

6.1　地下水类型及存在形式

6.1.1　地下水类型

地下水按埋藏条件可分为三大类:包气带水、潜水、承压水。根据含水层的孔隙性质,地下水可分为三个亚类:孔隙水、裂隙水、岩溶水。根据上述分类原则,将地下水的基本类型列于表6-1中,从而将地下水的类型综合为九种,下面以常见几种类型的地下水及其主要特征做简要介绍。

地 下 水 分 类 表 表 6-1

地下水的基本类型	亚 类			水头的性质	补给区与分布区的关系	动态特点	成因
	孔隙水	裂隙水	岩溶水				
包气带水	土壤水、沼泽水、不透水透镜体上的上层滞水,主要是季节性存在的水	基岩风化壳(黏土裂隙)中季节性存在的水	垂直渗入带中季节性及经常性存在的水	无压水	补给区与分布区一致	一般为暂时性水	基本上是渗入成因,局部凝结成因
潜水	坡积、洪积、冲积、湖积、冰碛和冰水沉积物中的水;当经常出露或接近地表时,成为沼泽水、沙漠和海滨沙丘水	基岩上部裂隙中的水	裸露岩溶化岩层中的水	常常为无压水	补给区与分布区一致	水位升降决定地表水的渗入和地下蒸发并在某些地方决定于水压的传递	基本上是渗入成因,局部凝结成因
承压水	松散沉积物构成的向斜和盆地—自流盆地中的水,松散沉积物构成的单斜和山前平面—自流斜地中的水	构成盆地或向斜中基岩的层状裂隙水,单斜岩层中层状裂隙水,构造断裂带及不规则裂隙中的深部水	构造盆地或向斜中岩溶化岩石中的水,单斜岩层溶化岩层中的水	承压水	补给区与分布区不一致	水位的升降决定于水压的传递	渗入成因或海洋成因

(1)包气带水

地下水面一般在地面下一定深度内形成,地下水面以上称为包气带,地下水面以下称为饱水带。

在包气带中,空隙壁面吸附有结合水,细小空隙中含有毛细水,未被液态水占据的空隙中包含空气及气态水。空隙中的水超过吸附力和毛细力所能支持的量时,空隙中的水便以过路重力水的形式向下运动。上述几种存在于包气带中的水统称为包气带水,如图 6-1 所示。

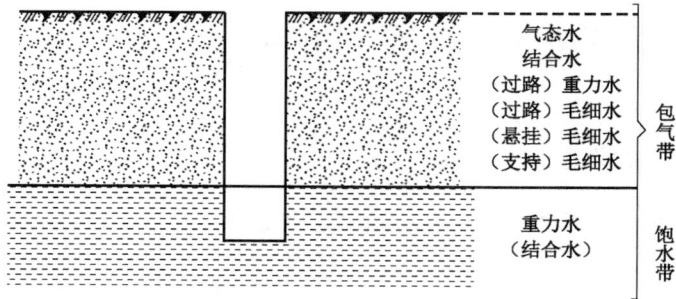

图 6-1 包气带及饱水带

包气带水处于地表面以下潜水位以上的包气带岩土层中,包含土壤水、沼泽水、上层滞水以及基岩风化壳(黏土裂隙)中季节性存在的水。包气带水来源于大气降水入渗、地表水体及地下管线渗漏、由地下水面通过毛细上升输送的水分及地下水蒸发形成的气态水。包气带水的赋存与运移受毛细力与重力的共同影响。重力使水分下移,毛细力则将水分输向空隙细小与含水率较低的部位,在蒸发影响下,毛细力常将水分由包气带下部输向上部。在雨季,包气带水以下渗为主,雨后,浅表的包气带水以蒸发及植物蒸腾形式向大气圈排出,一定深度以下的包气带水则继续下渗到包水带。

包气带的含水率及包气带水的运动受气象因素影响极为显著,植被对其影响也很大,包气带又是饱水带与大气圈、地表水圈联系必经的通道。饱水带通过包气带获得大气降水和地表水的补给,又通过包气带蒸发与蒸腾排出到大气圈。包气带水对农业有很大的意义,对工程建筑有一定影响。

当包气带中存在局部隔水层时,局部隔水层之上会积聚具有自由水面的重力水,这便是上层滞水。上层滞水分布最接近地表,接受大气降水的补给,以蒸发形式或向隔水底板的边缘下渗排出。上层滞水雨季补给补充,积存一定水量,旱季水量逐渐耗失。因而上层滞水水量小,动态变化大。

另外,地下管线渗漏也可能形成上层滞水,由于有渗漏水常年补给,其动态较稳定。这类由地下管线渗漏形成的上层滞水对工程建设危害很大,常突然涌入开挖区域给施工带来安全隐患。

饱水带岩土空隙全部被液态水充满。饱水带中的水体是连续分布的,能够传递静水压力,在水头差的作用下,可以发生渗流。饱水带中的重力水是地下工程施工降水和结构防水的主要对象。

(2)潜水

埋藏在地表以下第一层较稳定的隔水层以上、具有自由水面的重力水称为潜水。潜水没有隔水顶板,或只有局部隔水顶板。潜水的表面为自由水面,称为潜水面。潜水面上任一点的高程称为该点的潜水位。潜水面到隔水底板的距离为潜水含水层的厚度,潜水面到地面的距离为潜水埋藏深度。潜水面承受大气压力,受气候条件影响,季节性变化明显,春、夏季多雨,水位上升,冬季少雨,水位下降,水温随季节而有规律的变化,水质易受污染,图6-2 所示为上层滞水、潜水和承压水示意图。

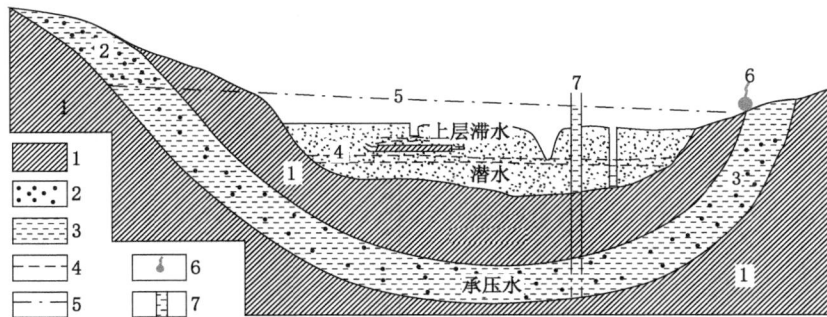

图6-2　潜水、承压水及上层滞水

1-隔水层;2-透水层;3-饱水部分;4-潜水位;5-承压水测压水位;6-泉(上升泉);7-水井,实线部分表示井壁不进水

潜水主要分布在地表各种岩、土里,多数存在于第四纪松散沉积层中,坚硬的沉积岩、岩浆岩和变质岩的裂隙及洞穴中也有潜水分布。潜水面随时间而变化,其形状则随地形的不同而异,可用类似于地形图的方法表示潜水面的形状,将潜水位相等的各点连线,即得潜水等水位线图。此外,潜水面的形状也和含水层的透水性及隔水层底板形状有关。在潜水流动的方向上,含水层的透水性增强;含水层厚度较大的地方,潜水面就变得平缓,隔水底板隆起处,潜水厚度减小。潜水面接近地表,可形成泉。当地表河流的河床与潜水含水层有水力联系时,河水可以补给潜水,潜水也可以补给河流。潜水的流量、水位、水温、化学成分等经常有规律的变化,这种变化叫潜水动态。潜水动态有日变化、月变化、年变化及多年变化。潜水动态变化的影响因素有自然因素和人为因素两方面。自然因素有气象、水文、地质、生物等;人为因素主要有兴修水利、修建水库、大面积灌溉和疏干等,这些因素都会改变潜水动态。因此,掌握潜水动态变化规律就能合理地利用地下水,防止地下水对建筑工程可能造成的危害。

潜水的补给来源主要有大气降水、地表水、深层地下水及凝结水,其中大气降水是补给潜水的主要来源。降水补给潜水的数量多少,取决于降水的特点及程度、包气带上层的透水性及地表的覆盖情况等。一般来说,时间短的暴雨,对补给地下水不利,而连绵细雨能大量补给潜水。在干旱地区,大气降雨很少,潜水的补给只能靠大气凝结水。地表水也是地下水的重要补给来源,当地表水水位高于潜水水位时,地表水就补给地下水。一般情况下,河流的中上游基本是地下水补给河流,下游是河水补给地下水。潜水的动态变化往往受地表水动态变化的影响。如果深层地下水位较潜水位高,深层地下水会通过构造破碎带或导水断层补给潜水,也可越流补给潜水。总之,潜水的补给来源是多种多样的,某个地区的潜水可以有一种或几种来源补给。

潜水的排泄,可直接流入地表水体。一般在河谷的中上游,河流下切较深,使潜水直接流入河流;在干旱地区潜水也会蒸发排泄;在地形有利的情况下,潜水则以泉的形式出露地表。

(3)承压水

地表以下充满两个稳定隔水层之间的重力水称为承压水或自流水。承压含水层上部称为隔水顶板,下部的隔水层称为隔水底板。隔水顶、底板之间的距离为承压含水层厚度。承压性是承压水的重要特征,由于来自出露区地下水的静水压力作用,承压区含水层不但充满水,而且含水层顶面的水承受大气压强以外的附加压强。当钻孔揭穿隔水顶板时,钻孔中的水位将上升到含水层顶部以上一定高度才静止下来。钻孔中静止水位到含水层顶面之间的距离称为承压高度。井中静止水位的高程就是承压水在该点的测压水位。测压水位高于地表的范围是承压水的自流区。

承压水和潜水一样,主要来源于大气降水与地表水的入渗。当顶、底板隔水性能良好时,它主要通过含水层出露于地表的补给区获得补给,并通过范围有限的排泄区以泉或其他径流方式向地表或地表水体泄出。当顶、底板为弱透水层时,还可以从上、下部含水层获得越流补给,也可向上、下部含水层进行越流排泄。承压水参与水循环不如潜水积极。因此,气象、水文因素的变化对承压水的影响较小,承压水动态比较稳定。

将某一承压含水层测压水位相等的各点连线,即可得到等水压线图。根据等测压水位线可以确定承压水的流向和水力梯度。承压水的测压水面只是一个虚构的面,并不存在这样一个实际的水面,只有当钻孔穿透上覆隔水层达到含水层顶面时,钻孔中才能见到孔中水位上升到测压水位高度后静止不动。

在接受补给或进行排泄时,承压含水层对水量增减的反应与潜水含水层不同。潜水获得补给或进行排泄时,随含水量增加或减少,潜水位抬高或降低,含水层厚度加大或变薄。承压含水层接受补给时,由于隔水顶板的限制,不通过增加含水层厚度而容纳增加的水量。获得补给时测压水位上升,一方面,由于压强增大含水层中水的密度加大;另一方面,由于孔隙水压力增大,有效应力降低,含水层骨架发生少量回弹,空隙度增大,使含水层厚度也有微量增加。这就是说,增加的水量通过水的密度加大及含水介质空隙的增加而容纳。承压含水层排泄时,减少的水量表现为含水层中水的密度变小及含水介质空隙缩减。

关于承压含水层的给水性,可以比照潜水含水层给水度,用储水系数(也称弹性给水度)进行表征。承压含水层储水系数是指其测压水位下降(或上升)一个单位深度,单位水平面积含水层释出(或储存)水的体积。

在形式上,潜水含水层的给水度与承压含水层的储水系数非常相似,但是在释出或储存水的机理方面是不同的。水位下降时潜水含水层所释出的水来自部分空隙的排水;而测压水位下降时承压含水层所释出的水来自含水层中水体积的膨胀及含水介质空隙的收缩。显然,测压水位下降时承压含水层释出的水,远较潜水含水层水位下降时释出的小,一般承压含水层的储水系数比潜水含水层储水系数小1~3个数量级。

由于上部受到隔水层或弱透水层的隔离,承压水与大气圈、地表水圈的联系较差,水循环也缓慢得多。

6.1.2 地下水存在形式

众所周知,大气中的水气在一定的条件下,冷凝成水、冰或雪并降落到地面,这就是大气降水。降落的水分,一部分渗入地下,另一部分沿地面汇集于底处,成为河流、湖泊、海洋的地表水,而地表水也可以通过岸边或谷底渗入地下。这些渗入的水,就是地下水的主要补给来源。我们把存在于地壳表面以下岩土空隙(如岩石裂隙、溶穴、土孔隙等)中的水称为地下水。地下水有气态、液态和固态三种形式。根据岩土中水的物理力学性质可将地下水分为气态水、结合水、毛细水、重力水、固态水以及结晶水和结构水。其中,岩土中的毛细水和重力水对地下水的工程特性有很大的影响。

(1)气态水

气态水即水蒸气,它和空气一起分布于包气带岩土空隙中。它来源于大气中的水汽与地下水的蒸发。气态水可随空气一起流动,也可独自由绝对湿度大的地方向绝对湿度小的地方迁移。夏季白天的气温高于岩土的温度,于是水汽将由大气向岩土空隙中运动、聚集并凝结成为凝结水,夜晚则相反。此外,在年常温带以下,深部的温度总是高于浅部,水蒸发成气态水后总是向上运动,然后聚集凝结成为液态水。气态水在一定的温度、压力下与液态水相互转化,二者保持动平衡,因而对岩土中水的重新分配有很大意义,但气态水不能被直接利用,也不能被植物吸收。

(2)结合水

由于静电引力作用而吸附在岩土颗粒表面上的水称为结合水。岩土颗粒及裂隙表面均带有电荷,水又是偶极体,由于静电吸引,颗粒表面能够吸附水分子,形成结合水。根据库仑定律,电场强度与距离平方成反比,离颗粒越近,吸附的水分子越多,而随着距离的增大,吸附的水分子将越来越少,到达某一距离,水分子将不受静电引力作用,而只受重力的作用,水便由结合水变为重力水或毛细水。由于颗粒表面对水分子的吸引力自内向外减弱,结合水的物理性质也自内向外发生变化。其中,最靠近颗粒表面、受静电引力最大的那部分结合水被称为强结合水,其外层受静电引力较小的被称为弱结合水。

强结合水又称吸着水,是最靠近颗粒表面的结合水,其厚度相当于几个到几百个水分子厚度。水分子和颗粒表面之间的静电引力很大,可达 1.01325×10^5 Pa;故结合水分子排列紧密整齐,具有与固体相似的性质,其平均密度为 2×10^3 kg/m³,冰点为 -78℃,具有较大的黏滞性、抗剪强度和弹性,不能溶解盐类,不能被植物吸收,不能自由运动,只有加热到 105℃ ~ 110℃,使其成为气态水时才能将它与岩土分开。弱结合水又称薄膜水,处于强结合水的外层。其厚度说法不一,从几十到几千个水分子厚度。特点是排列不如强结合水规则和紧密,密度为 $1.3 \times 10^3 \sim 1.774 \times 10^3$ kg/m³,冰点仍低于 0℃,其黏滞性、抗剪强度和弹性均小于强结合水,且越往外层相差越大,外层有少量溶解盐类的能力,能被植物吸收,一般不受重力作用,不能自由移动,但可由水膜厚处向水膜薄处移动,直到二者相等为止。弱结合水的这一性质对岩土中地下水的分布有一定的意义,它能使水分由湿度大处向湿度小处转移,在某些情况下能够传递静水压力。弱结合水在包气带分布不连续,故不能传递静水压力,但在饱水带中,若对其施加一个外力,使之大于其抗剪强度,便能够传递静水压力。如黏土是不透水层,但在一定的水头差下,若所受的静水压力大于其抗剪强度,黏土层也能发生越流渗透变为透水层。

结合水的含量决定其所受静电引力的大小,静电引力又决定颗粒表面积的大小(即岩土颗粒的大小),岩土颗粒越细小,表面积就越大,吸附的结合水就越多。如细颗粒的黏土所含强结合水量与弱结合水量分别达到18%和45%,而粗颗粒的砂分别只有0.5%和2%。可见,含水介质粒径越大,所含结合水量越少,大多为重力水。

(3)重力水(自由水)

当岩石、土层的空隙完全被水饱和时,黏土颗粒之间除结合水以外的水都是重力水,它不受静电引力的影响,而在重力作用下运动,可传递静水压力。重力水能产生浮托力、孔隙水压力,地下水面以下包水的土重及工程结构的质量,因受重力水浮力作用,将相对减小。重力水流动时,产生动水压力,能冲刷带走土中的细小土粒,这种作用称为机械潜蚀作用。重力水还能溶滤土中的水溶盐,这种作用称为化学潜蚀作用。两种潜蚀作用都使土的空隙增大,增大压缩性,降低抗剪强度,导致土的成分及结构破坏。重力水是水文地质学研究的主要对象,对土木工程的影响也非常大。

(4)毛细水

在岩土细小的孔隙和裂隙中,受毛细作用控制的水叫毛细水,它是岩土中三个界面上毛力作用的结果。岩土的毛细孔隙直径小于1mm,毛细裂隙宽度小于0.25mm,就如同细小的玻璃管一样,可以发生毛细现象,即在表面张力作用下水可沿重力水面上升一定的距离,形成毛细上升带。对于土体来说,毛细水上升的快慢及高度取决于土颗粒的大小。土的颗粒越细,毛细水上升高度越大,上升速度越慢。粗砂中的毛细水上升速度较快,几昼夜可达到最大高度,而黏性土要几年。砂土和黏性土类毛细水上升最大高度见表6-2。

毛细水上升高度h_c(cm) 表6-2

土名	粗砂	中砂	细砂	黏质粉土	粉质黏土	黏土
h_c	2～4	12～35	35～120	120～250	250～350	500～600

在地下水面以上,由于毛细力的作用,一部分水沿细小孔隙上升,形成毛细水带。毛细水能做垂直运动,可以传递静水压力,能被植物吸收。

毛细水按其所处部位和与重力水所构成的地下水面的关系可分为支持毛细水和悬挂毛细水两种形式。前者是从地下水面因毛细作用上升而形成的毛细水,下部与地下水面相连,并随地下水面升降一起发生升降变化,往往呈较稳定的毛细水带。后者为毛细力作用使下渗水流部分保持在毛细孔隙中,或地下水面以上原有毛细水带因地下水面急剧下降而脱离地下水,从而仍保持在毛细孔隙中的水,悬挂在包气带中。

毛细水对土的工程性质及建筑工程的影响主要如下。

①产生毛细压力,即:

$$p_c = \frac{2\omega\cos\theta}{r} \tag{6-1}$$

式中:p_c——毛细压力(kPa);

$\quad r$——毛细管半径(mm);

$\quad \omega$——水的表面张力系数(N/m),10℃时,$\omega = 0.073$N/m;

$\quad \theta$——水浸润毛细管壁的接触角度(°),当$\theta = 0°$时,认为毛细管壁为完全湿润的;当$\theta < 90°$时,表示水能湿润固体的表面;当$\theta > 90°$时,表示水不能湿润固体的表面。

对于砂土特别是细砂、粉砂,由于毛细压力作用使砂土具有一定的黏聚力(称假黏聚力),它实际上是使土粒间的有效应力增高而增加土的强度,但当土体浸水饱和或失水干燥时,土粒间的弯曲液面消失,这种由毛细压力造成的粒间有效应力即行消失。

②毛细水对土中气体的分布与流通有一定影响,常常是导致产生封闭气体的原因。

③当地下水位埋深变浅时,由于毛细水上升,可助长地基土的冰冻现象,使地下室潮湿,危害房屋基础及公路路面,促使土的沼泽化、盐渍化。

(5)固态水

以固态冰形式存在于岩土空隙中的水称固态水。当岩土温度低于水的冰点0℃时,岩土空隙中重力水便冻结成为固态冰。冻结岩土中并非所有的水都呈固体状态,结合水尤其是强结合水,其冰点较低仍可保持液态。固态水分布于多年冻结区或季节冻结区。我国内蒙古、黑龙江与青藏高原的某些地区,可形成多年冻土和季节性冻土,其岩土含有固态水。

6.2 地下水对暗挖施工影响

地下水对暗挖施工最大的威胁就是涌水,当暗挖空间存在于地下水位以下时,如果缺失完整的防水措施,大量的地下水便会涌入暗挖空间,威胁暗挖空间及周围环境的安全,造成重大的施工事故。

为保证暗挖空间内不会涌入地下水,通常采用降水和止水两种方案。降水是指通过排出地下水,将地下水位降低至隧道开挖深度以下的位置,保证隧道开挖在无水环境下进行。止水是指通过各种技术手段,将隧道周围的水与隧道隔离,在隧道开挖范围外部对岩土体进行相应的加固改良,降低其透水性,保证周围的水不会通过止水范围进入隧道内部。

根据暗挖施工所处位置的不同、水文地质条件和在建结构与地下含水层的相对关系以及结构设计是否设置止水帷幕(包括地下连续墙),地下水对暗挖施工的影响程度各不相同。

6.2.1　地下水渗透破坏作用

渗透破坏指土体在地下水渗流作用下土颗粒发生移动和土的结构发生改变的现象,主要形式有流砂、管涌和突涌,这些破坏作用常常发生在基坑开挖或隧道掘进过程中,其发生都与地下水的渗透压力密切相关。

地下水在渗流过程中对土骨架的作用力称为渗透压力,单位为 kN/m³。地下水渗流时受到土骨架的阻力,其值与渗透压力相等,方向相反。渗透压力与水力梯度有如下关系:

$$G_D = \gamma_w i \tag{6-2}$$

取水的重度 $\gamma_w = 10kN/m^3$,则渗透压力 G_D 的大小与水力坡度 i 的绝对值相等。在渗流过程中,若水自上而下渗流,则渗透压力的方向与重力方向相同,加大了土粒之间的压力;若水自下而上渗流,则渗透压力的方向与重力方向相反,将减少土粒之间的压力;当渗透压力等于土的浮重度时,土粒之间就没有压力,理论上处于悬浮状态,土粒将随渗流水一起流动,造成渗透破坏。

(1)流砂

流砂是指松散细颗粒土被地下水饱和后,在渗透压力的作用下,产生的悬浮流动现象。流砂多发生在颗粒级配均匀而且比较细的粉、细砂等砂性土中,有时在粉土中亦会发生。其表现形式是所有颗粒同时从一个近似于管状的通道中被渗透水流冲走。流砂发展的结果是使基础发生滑移或不均匀下沉,如基坑坍塌、隧道侧壁、掌子面塌方等。流砂通常是由工程活动而引起的,在有地下水出露的斜坡、岸边或有地下水溢出的地表面也会发生。流砂破坏一般比较突然,尤其是城市地下工程,在管道渗漏水严重的地段,往往防不胜防,对工程危害很大。流砂形成的基本条件如下:

①岩性条件:土层由粒径均匀的细颗粒组成,一般粒径在 0.01mm 以下的颗粒含量在 30% ~35% 以上,并含有较多的片状、针状矿物和附有亲水胶体矿物颗粒,从而增加了岩土的吸水膨胀性,降低了土粒质量。在较小的水流冲力下,细小土颗粒即会发生悬浮流动。

②水动力条件:水力梯度较大,流速增大,渗透压力超过了土颗粒的重力时,就能使土颗粒悬浮流动形成流砂。基坑或隧道侧壁表面由里向外水平方向受地下水渗透作用时,流砂破坏的临界水力梯度为:

砂性土:

$$i_{cr} = G_w(\cos\theta\tan\varphi - \sin\theta)/\gamma_w \tag{6-3}$$

黏性土:

$$i_{cr} = \left[G_w(\cos\theta\tan\varphi - \sin\theta) + c \right]/\gamma_w \tag{6-4}$$

式中: G_w——土的浮重(kN),即土的浮重度乘以土的体积;

φ——土的内摩擦角(°);

c——土的黏聚力(kPa);

γ_w——水的重度(kN/m³);

θ——基坑或隧道侧壁坡度(°)。

(2)管涌

地基土在具有一定渗流速度的渗透水流作用下,其细小颗粒被冲走,岩土的孔隙逐渐增大,慢慢形成一种能穿越地基的细管状渗流通路,从而掏空地基,使地基、基坑边坡或隧道侧壁变形、失稳,此现象称为管涌。管涌通常是由于工程活动而引起,但在有地下水出露的斜坡、岸边或地下水溢出的地带也有发生。

管涌发生在非黏性土中,其特征是:颗粒大小差别较大,往往缺少某种粒径,孔隙直径大而且互相连通;颗粒多有比重较小的矿物组成,易随水流动,有较大和良好的渗流出路。

管涌发生的条件如下:

①土中粗细颗粒粒径比 $D/d > 10$。

②土的不均匀系数 $C_u = d_{60}/d_{10} > 10$。

③两种互相接触的土层渗透系数之比 $K_1/K_2 > 2 \sim 3$。

④渗流水力梯度大于临界梯度。

对于管涌的防治措施,可通过降水来降低水力梯度,同时在水流溢出处设置反滤保护层。

(3)突涌

当基底下有承压水存在,基坑或隧道开挖减小了含水层上覆不透水层的厚度,在厚度减小到一定程度时,承压水的水头压力能顶裂甚至冲毁基坑底板,造成突涌现象。基坑突涌将会破坏地基强度,并给施工带来很大困难。基坑突涌主要有如下三种形式:

①基底顶裂,出现网状或树枝状裂缝,地下水从裂缝中涌出,并带出下部土颗粒。

②基坑底发生流砂现象,从而造成边坡失稳和整个地基悬浮流动。

③基底发生类似于"沸腾"的喷水冒砂现象,使基坑积水,严重扰动地基土。

关于基坑突涌产生条件,如图6-3所示,基坑底不透水层厚度与承压水头压力的平衡条件为:

$$H < \frac{\gamma_w h}{\gamma} \tag{6-5}$$

式中: H——基坑开挖后不透水层的厚度(m);

γ_w——水的重度(kN/m³);

γ——不透水层土的重度(kN/m³);

h——承压水水头高于含水层顶板的高度(m)。

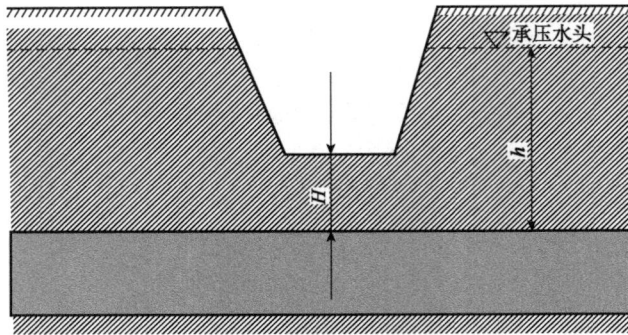

图 6-3　基坑突涌示意图

　　为防止基坑突涌,首先应查明基坑范围内不透水层的厚度、岩性、强度及下部承压含水层水头高度、顶板埋深等,然后按式(6-5)验算基坑开挖到预计深度时基底能否发生突涌。若能发生突涌,应采取降水措施把承压水头降低到某一许可值。

6.2.2　设置止水帷幕

　　为了能够最大限度地减小降水施工对环境的影响,滨海、滨江城市的地铁明、暗挖施工一般都设置止水帷幕。地下水对暗挖施工的影响大致有以下两种情形:

　　(1)止水帷幕深入含水层下部的隔水层中[图 6-4a)],止水帷幕将基坑内、外的地下水完全分隔开来,使基坑内、外地下水失去水力联系,且下部含水层水头对基坑底板土层的顶托力在安全范围内。此种情形地下水对施工的影响程度最小,只需在基坑内设置疏干井把含水层疏干,降排水量即含水层给水度与含水层体积之积。如采用真空降水,还可以排出一部分弱透水层的毛细水和弱结合水,进一步降低土体含水率。

　　(2)止水帷幕深入暗挖施工所处含水层以下的隔水层中[图 6-4b)],没有封闭对基底土层构成顶托作用的下部承压含水层,止水帷幕将基坑内、外的地下水完全分隔开来,使基坑内、外的潜水及层间水失去水力联系,但下部承压含水层水头对基坑底板土层构成突涌威胁。此种情形除需在基坑内设置疏干井把含水层疏干外,还需在基坑外设置降压井把承压水头降低至安全范围内。

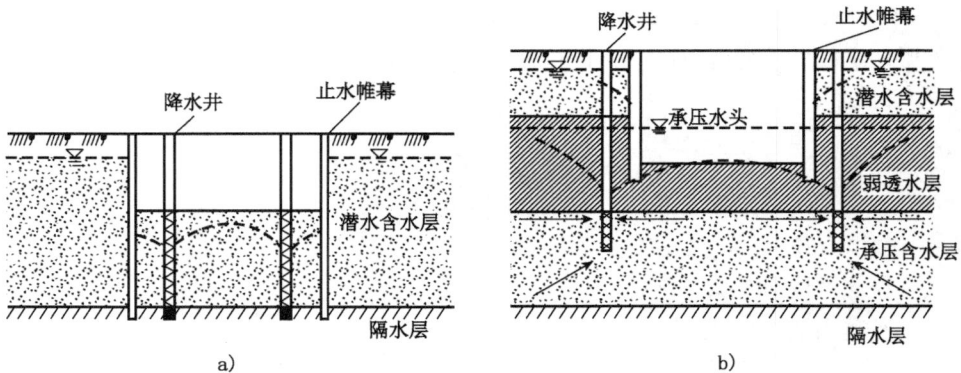

图 6-4　基坑设置止水帷幕情况下地下水影响示意图

6.2.3 不设置止水帷幕

位于冲洪积扇上的城市修建地铁,一般都不设置止水帷幕,如北京、沈阳、成都等城市。一方面是降水引起的地层压缩量很小,对建(构)筑物的影响较小;另一方面是含水层颗粒粗且厚度大,止水帷幕施作到地铁结构所处含水层以下隔水层的难度大,而且止水帷幕的工程造价也较高。地下水对地铁工程暗挖施工的影响大致有以下几种情形:

(1)潜水影响

单一受潜水影响的地段主要位于冲洪积扇的中部和中上部,含水层岩性主要是砂卵石、砂砾石,由于地层透水性好,富水性强,因而对地铁结构施工影响较大。

①地铁结构底板处于潜水含水层中部时,根据降深要求和潜水厚度大小,采用潜水完整井或非完整井降水可达到无水作业要求;但如果潜水含水层透水性很强,厚度又比较大时,涌水量很大,需加强构筑排水系统,例如沈阳地铁2号线工程主要受巨厚的潜水影响,降排水量极大。

②地铁结构底板处于潜水含水层底部或已进入潜水含水层底板时,需疏干地铁结构范围的潜水,这种情况的降水难度较大,一般可采用潜水-承压水混合降水井,以抽渗结合的方式降水。如果降水井的密度不足,则潜水层底板上的界面水将持续影响地铁施工,此时还需在洞内进行辅助排水措施。

(2)承压水影响

地铁工程单纯受承压水影响存在以下两种情况:

①在冲洪积扇中部,潜水层已趋于疏干,但承压水水头较高,如图6-5所示。

②地铁隧道只在承压含水层掘进,承压含水层顶板为硬塑黏性土,厚度大于3m,且平面上分布稳定。在这种情况下,一般可不考虑上部潜水的影响,而根据降深要求和承压含水层厚度大小采用承压完整井或非完整井降水即可。在井的结构处理上应封闭好上部潜水层。

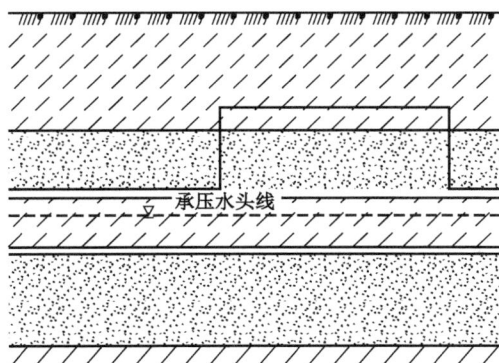

图6-5 地铁结构与地下水关系图

(3)潜水和承压水共同影响

地铁结构埋深较大,受潜水和承压水共同影响的情况很常见,主要有以下两种情况:

①地铁结构底板处于承压含水层顶板之上,由于压力水头较高,基础底板下的土层厚度不能满足抗突涌的要求。降水需疏干潜水并降低承压水头,降压只要达到地铁开挖时满足抗突涌要求即可,无须将承压水头降到槽底以下。一般可采用潜水-承压水混合降水井,以抽渗结合的方式降水。

②地铁结构底板处于承压含水层中(图 6-6)。降水不仅要疏干潜水并降压,还必须将水位降到结构底板以下 0.5m,才能满足地下结构施工的要求,此时承压水层由承压过渡到无压状态。一般可采用潜水-承压水混合降水井,以抽渗结合的方式降水。

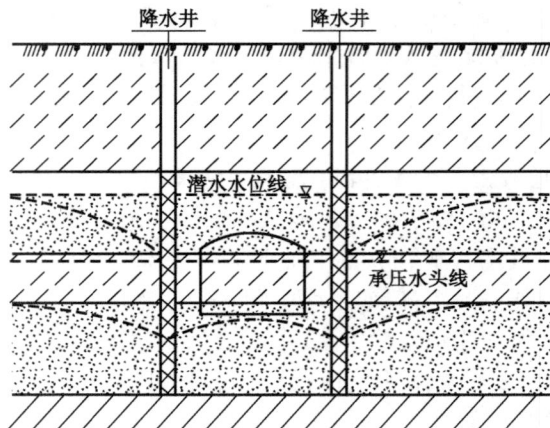

图 6-6　地铁结构底板处于承压含水层中

(4)上层滞水影响

城市的地下管网密集,受管道渗漏补给,地铁沿线的很多地段可能存在上层滞水。上层滞水水量不稳定,分布无规律,当补给源位于降水井的外侧时,上层滞水影响一般会得到有效控制;而当补给源存在于地铁结构的顶部时,则很难采取有效的降水措施。在这种情况下,上层滞水往往是诱发掌子面塌方的主要原因。对于隧道拱顶上方的上层滞水和补给源,只能在地铁隧道掘进过程中加强对上层滞水水情的探测,进而在洞内或地面采取有效的防范措施。

6.3　降水方案及设计

在暗挖施工过程中,为了避免发生流砂、管涌、坑底突涌,防止坑壁土体的坍塌,保证施工安全和减少开挖对周围环境的影响,当开挖深度内存在饱和软土层和含水层及下部承压水对结构底板产生影响时,就需要选择合适的降低地下水位或水头的方法进行降水。

降水工程一般分为准备阶段、工程勘察、降水工程设计、降水工程施工、降水工程监测与维护、技术成果六个基本程序。不同地域城市的降水工程采用的降水方案有着很大差别,甚至截然不同。有时由于工程结构施工方法的不同,也会造成降水方案的差异。采用何种降水方案,应认真进行经济和技术论证。我国地域辽阔,大城市所处不同的地质单元,各有特点。例如,北京、沈阳、成都等城市坐落在山前冲洪积扇上,上海、天津、广州、南京、武汉等滨海、滨江城市,坐落在三角洲或冲积平原之上,而重庆则处在河流侵蚀作用强烈的山地。各地的水文地质条件千变万化,三角洲或冲积平原地下含水层颗粒细,含水层多而薄,地下水水位高而不丰富,黏性土隔水层孔隙比大,固结程度低,抽取地下水会引起严重的地面沉降,修建地铁大多采用地下连续墙或止水帷幕把外围地下水隔开,然后在槽内降水,或同时在槽外降压,排水量往往不大。山前冲洪积扇地下含水层颗粒粗,透水性强,水量大黏性土隔水层孔隙比小,固结程度高,降水施工一般不会产生大的环境问题,在基坑或隧道外围实施封闭降水后采用浅埋暗挖方法,或护坡桩、土钉墙支护即可安全进行地铁结构施工,但排水量往往很大。例如沈阳地铁某车站的日排水量甚至超过了 10 万 m^3。一般来说,建在山前冲洪积扇上的城市采用基坑外围降水方案,无须修筑很厚、很深的地下连续墙,无论是在经济上还是在技术上,都是合理可行的。

6.3.1 施工降水的特点、作用、原则与控制标准

1)施工降水的特点

由于地铁隧道及车站埋深大、线路长,部分地段穿越城市复杂区域,因此降水施工是地铁明、暗挖施工的一项极为重要的技术保障措施。与其他工民建工程的基坑降水相比,地铁工程降水的特点如下:

(1)降水范围大

地铁工程降水范围一般都很大。例如北京地铁复八线(1号线东段)全部采用浅埋暗挖法施工,位于地下水位以下的车站和区间总长约 8.5km,除国贸桥地区因局部地段管道渗漏严重,采用冷冻法施工外,剩余区间及车站均采用降水施工,降水范围大体上纵贯了永定河冲洪积扇轴线的中部。

(2)降水深度大

地铁工程降水大多为超深降水。如北京地铁复八线地面下埋深一般为 $20\sim23m$,5号线蒲黄榆站—崇文门站埋深为 $20\sim26.5m$,10号线工体北路站—国贸站埋深为 $25m$ 左右,机场线东直门站埋深为 $28m$ 左右,施工竖井深度达到 33.5m。

(3)降水时间长

降水工程需配合土建主体结构施工,延续到二次衬砌结构施工结束,不能因故停止或间断降水,其降水周期一般都超过两年,至少要经历两个地下水丰、枯水期。对于丰、枯水期地下水动态变化较大的地区,应认真分析地下水动态变化对地铁施工的影响。

(4)施工难度大

地铁线路大多顺城市主干道布设,降水工程场地主要位于城市道路上,路面交通繁忙,地下各种管线纵横交错,有的紧邻高楼大厦或居民住宅区,有的站体位于大型立交桥下方,施工场地狭窄,施工难度很大。

(5)技术要求高

由于地铁线路长,有的要穿过几个水文地质单元,甚至从地表水体下方通过,一些车站和区间段要求疏干潜水、层间水,并降低承压水位,降水层位多,降深幅度大;一些车站段有时还涉及几种降水方法或堵水、排水结合应用的情况,施工技术要求较高。

(6)地铁工程对地下水环境影响大

地铁修建后,在地下形成一道截水坝,将改变地下水特别是浅层地下水天然状态下的分布、赋存和运移规律。如果在同一水文地质单元修建多条地铁,已建成地铁对后建地铁降水施工的影响不容忽视。地铁工程降水与一般基坑降水相比复杂得多,对降水设计的可靠程度要求很高。因而降水设计阶段应与地铁土建结构设计相对应,分为初步设计和施工图设计,经评审确认后才能付诸实施。

2）施工降水的作用

（1）防止基坑和隧道侧壁、基底和掌子面渗水，保持隧道开挖无水作业，便于施工。

（2）消除地下水渗透压力的影响，防止地层颗粒流失，保证隧道围岩的稳定性。

（3）减少土体含水率，提高土体物理力学性能指标。对于放坡开挖而言，可提高边坡稳定性；对于支护开挖可增加被动区土抗力，减少主动区土体侧压力，从而提高支护体系的稳定性，减少支护体系的变形；对于浅埋暗挖施工，可提高隧道拱顶和掌子面的稳定性。

（4）减少土中孔隙水压力，增加土中有效应力，提高土体固结程度，增加隧道围岩抗剪强度，防止塌方发生。

（5）降低基底下部承压水水头，减小承压水水头对基底土层的顶托力，防止基坑和隧道底板突涌。

3）降水施工方案制订原则

（1）降水方案制订应符合相关规范、文件和地铁结构设计要求。如降水可能影响到市政设施，还应符合相关市政管理部门的具体要求。

（2）应根据水文地质条件和土建施工工法制订降水方案，并慎重分析降水对周边环境的影响，必要时采取应对措施，以消除影响。

（3）降水方案应进行经济、技术论证，以符合土建结构施工对安全、质量、进度的要求，做到经济合理。

（4）降水方案应充分考虑区域上已经完工地下工程和可能造成大量补给的地表水体的影响作用。

4）暗挖施工中地下水降水控制标准

暗挖施工过程中采取降水措施应达到地下水位稳定后，各开挖掌子面全部达到了无水作业条件，不会发生因地下水引起的围岩土体坍塌失稳现象，这就是降水的控制标准。除此之外，还应自抽水开始即对邻近建筑物进行沉降观测，建筑物不能因降水而产生明显的沉降。

6.3.2 降水方法选择

降水方法选择时需综合考虑工程场地水文地质条件、现场施工条件、施工对周边环境影响等因素，并结合当地降水施工的经验进行，无经验时可参考《建筑与市政降水工程技术规范》（JGJ/T 11—2016）选择降水方法，见表6-3。

降水方法及适用范围　　　　　　　　表6-3

降水方法	适合地层	渗透系数（m/d）	降水深度（m）
明排井点	黏性土、砂土	<0.5	<2
真空管井点	黏性土、粉质黏土、砂土	0.1~20.0	单级<6，多级<20
喷射井点	黏性土、粉质黏土、砂土	0.1~20.0	<20
电渗井点	黏性土	<0.1	按井类型确定
引渗井点	黏性土、砂土	0.1~20.0	根据水文地质条件综合确定
管井井点	砂土、碎石土	1.0~200.0	>5
大口井点	砂土、碎石土	1.0~200.0	<20
辐射井点	黏性土、砂土砾砂	0.1~20.0	<20
潜埋井点	黏性土、砂土砾砂	0.1~20.0	<2
轻型井点	黏性土、粉质黏土	0.1~20.0	每层井点4~5

6.3.3 明排井点降水

（1）明排井点降水的特点及适用条件

基坑明排井点降水是指基坑开挖过程中，在基坑周边或中部开挖排水沟并设置一定数量集水井，然后从集水井中抽取地下水，从而达到降水目的。这种排水方法设施简单，成本低，管理方便，但使用的限制条件较多。

明排井点降水适用条件如下：

①地下水类型一般为上层滞水或薄层潜水，含水层渗透性能较差。对于渗透性较强的含水层，通常不能采用明排井点降水。

②一般适用于基坑降水或隧道内排除残留水，降水深度不宜大于2m，降水时间不宜太长。

③含水层土质密实，坑壁稳定，不会产生流砂、管涌等渗透破坏。

（2）明排井点降水施工

一般采用人工开挖排水沟和集水井。排水沟底比基坑深0.3~0.5m，沟底宽大于0.3m，坡度为1/1000~1/500；在基坑四角或每隔30~40m间距设一口直径为0.6~0.8m的集水井，集水井底比排水沟深1m左右，下入水泥砾石滤水管或钢护筒，四周及井底部0.3m填入砂砾石形成反滤层。

当基坑及隧道内排水沟不便裸露时，可将排水明沟做成盲沟或盲管。在排水沟内填入级配砂石，滤水管的选择与管井中的滤水管相同，材质多为水泥管、塑料管和钢管，管外包缠滤网。排水沟完成降水后，可直接采用级配砂石回填密实。

明排井点降水局限性较强，但由于地质条件千变万化，地下工程降水在个别地段难免会有用到，有时会作为补救措施不得已而为之。因此对明排井点降水要有正确的认识：地下水是沿基槽坡面、坡脚或隧道掌子面渗出，容易造成基底土质软化，降低表层地基土的强度，若降水地段夹有粉细砂薄层，还易造成地下水潜蚀，引发隧道拱脚土颗粒流失。因而，明排井点降水地段应加强对拱脚的注浆加固处理。明排井点降水示意如图6-7所示。

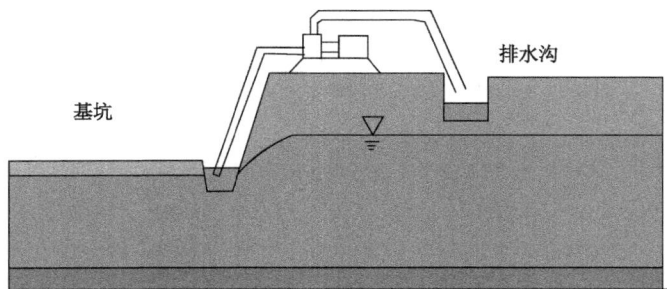

图6-7　明排井点降水示意图

6.3.4 辐射井点降水

中国水利水电科学研究院自20世纪70年代末开始对辐射井技术进行科学研究，取得了丰硕成果，特别是在粉细砂、粉土等弱透水含水层中成井工艺的研究成功及水平井管用柔性聚氯乙烯（PVC）波纹管代替原有的钢管，极大地降低了辐射井造价，把辐射井的研究和应用向前推进了一大步。

1）辐射井点降水原理及特点

辐射井是由一口大直径的集水竖井和自竖井向周围含水层一定方向、一定高程打进的水平井组成，由于水平井是以竖井为中心向外呈辐射状，故称为辐射井。水平井的设置缩短了地下水渗流途径，十分有利于截取、疏导和采集地下水。通过水平井截取从外围流入基坑和隧道的地下水，并汇集到竖井中，从而达到降水的目的。根据目前水平井施工技术，辐射井主要适用于粉土~圆砾地层的工程降水。

辐射井点降水的主要特点如下：

①水平井伸展范围广，控制降水面积大，一般一口辐射井单线单排控制长度可达到100m，即向两侧施打的水平井长各50m。

②辐射井竖井占地面积小，适合于在城市复杂地带布设，能较好地解决降水施工与地面交通、占地的矛盾，尤其是地铁穿越建筑物、铁路、繁华道路等情况，采用常规降水技术根本无法实施，而辐射井点降水是较好的解决方案。

③对于挖透多个含水层的深基坑，沿含水层底板打设水平井后，疏干含水层的效果比其他降水方法显著。

2）辐射井设计

（1）集水竖井

①集水竖井布置应综合考虑场地条件、地铁线路走向而定，以不侵犯隧道结构且距隧道结构外不小于3m为宜。辐射井之间的距离以它们的水平井辐射范围能够相互影响到一定程度为准，其间距一般小于水平钻机进尺能力的两倍。确定集水竖井位置前，对现场要充分踏勘，确保集水竖井井位不与地下管线冲突。必要时，地铁临时施工竖井也可以作为集水竖井。

②集水竖井形状一般采用圆形，这样便于提供水平钻机钻进和拔管的反力，并方便水平井施工定位，竖井内径应满足水平钻机对施工作业面的要求，一般不小于2.6m。

③集水竖井深度根据含水层位置及基坑深度综合确定，一般有以下几种情况：

a. 降水目的层底板位于基底以下时，竖井应比最下一层水平井孔口位置深不小于2.0m。

b. 降水目的层底板位于基底附近时，竖井应达到基础底以下不小于2.0m。

c. 降水目的层底高于基底时，竖井深度可按降水目的层底界下2.0m考虑。

（2）水平井

①一般情况下水平井应在地铁结构外侧呈扇形布置，水平井之间的入射角为10°~15°。当降水目的层为弱透水层时，降水往往以疏干弱透水层的饱和水为主，由于这类地层渗透性较差，预降水时间较长，为加快降水速度，水平井也可以穿插到结构内弱含水层中，施作初期支护时做封堵处理即可。

②水平井布设一般应低于基坑或隧道开挖底板下1m，如降水要求疏干含水层，即含水层底板位于基础底板以上时，含水层底板界面必须布设一层水平井。含水层厚度较大时，可设置多层水平井。

③水平井的长度要充分考虑钻进地层岩性情况和水平钻机的能力，两者应兼顾，以确定适宜的水平井长度。目前水平钻机在细颗粒地层中钻进长度可达60~70m，但下管成井长度一般在50m左右。

④水平井管材质,常用的水平井井管有 3 种:波谷处缠丙纶丝的 $\phi60mm$ PVC 波纹管、外缠 80 目纱网 $\phi50mm$ 打眼钢管和 $\phi58mm$ 钢丝骨架缠土工织布管。设计需综合考虑场地质情况和出水情况进行选管。

其中打眼缠网钢管孔隙率较大,出水量大,且便于在孔内安装,适用于强透水地层,如中、粗砂、砂砾石地层;波谷处缠丙纶丝的 PVC 波纹管和钢丝骨架缠土工织布管适用于细砂、粉细砂、粉砂、粉土等弱含水层。

⑤水平井数量根据水位降深、含水层厚度和透水性综合确定。单个水平井出水量可按下式估算。计算简图如图 6-8 所示。

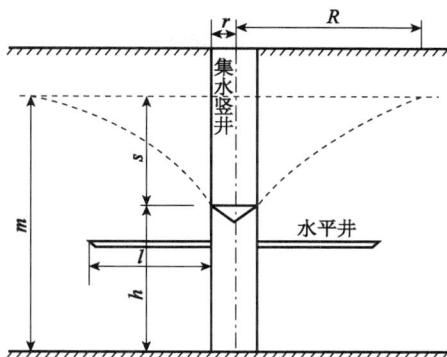

图 6-8 辐射井计算简图

$$q = \alpha\xi 1.36 k \frac{m^2 - h^2}{\lg \dfrac{R}{0.75l}} \qquad (6\text{-}6)$$

式中:q——水平井单井出水量($\mathrm{m^3/d}$);

　　α——水平井干扰系数;

　　R——影响半径(m),一般取 $R = l + 10$;

　　l——水平井长度(m);

　　m——含水层厚度(m);

　　h——动水位以下含水层厚度(m);

　　ξ——折减系数,根据含水层底板起伏情况确定。

3)辐射井施工

(1)集水竖井施工方法选择与施工

常用的辐射井集水竖井施工方法有沉井、人工挖井和钻井 3 种。实际施工中可针对不同的施工场地条件和地质条件,采用不同的施工方法。

①沉井法适用于地层比较均匀,无影响沉井下沉的大块漂石或障碍物,如地层以饱和黏性土为主,可采用明排水措施开挖下沉,若在砂砾石含水层中沉井,则要采取辅助降水措施。沉井法施工的主要优点是适用于狭小场地;缺点是沉井容易倾斜、突沉、超沉,施工效率较低,对土体扰动较大,需辅助降水。

②人工挖井法是靠人工开挖支护成井,优点是适用于各种地层,可用于狭小场地;缺点是施工效率低,成井深度有限,需辅助降水,遇局部渗漏水时,对地层扰动较大,一般上部回填土层采用人工挖井法比较稳妥,而后可采用钻井法或其他方法接力成井。

③钻井法采用机械钻进成井,优点是适用于粒径不大于 150mm 的各种第四系松散沉积地层,对土体扰动小,施工效率高,安全可靠;缺点是泥浆池需要较大的场地,排除泥浆量比较大。

(2)水平井施工方法的选择与施工

水力正循环钻进法是在钻具旋转并液压顶进钻杆的同时,配合高压水冲钻进,高压水通过中空钻杆直抵钻头喷射地层,岩屑从钻杆与孔壁的间隙排出。钻至设计深度后,从钻杆中插入滤水管装备成井。其优点是钻杆较轻,操作方便,在黏质粉土~粉细砂地层中钻进效率较高;缺点是对砂土地层而言,其水土流失现象较为严重。

水力双壁钻杆反循环钻进法采用双通道水龙头、双壁钻杆和孔底双壁钻头,钻进时冲洗液经水泵、高压胶管、双通道水龙头、双壁钻杆到达孔底,与钻头破碎下来的岩屑混合,经孔底喷射钻头进入钻杆中心通道,并排出至孔口之外。其优点是冲洗液不经过孔壁返出,对孔壁没有冲刷作用,孔径不会扩大,不会造成空洞,适应性较强,尤其适用于中粗砂层、砾石层,对于粒径小于60mm的小卵石地层也适用;缺点是钻杆较笨重,在粒径较大的卵石层中容易堵管,水平井管下入难度较大。

6.3.5　轻型井点降水

1)轻型井点降水原理及适用条件

轻型井点主要由井点管、连接管、集水总管和抽水装置组成。其抽水原理是:启动抽水装置后,井点管、集水总管内空气被吸走,形成一定的真空度。由于管路系统外部地下水承受大气压力,为了保持平衡状态,地下水流向负压区,地下水被吸至井点管内,经总管至储水箱排走,从而达到降水目的。抽水装置产生的真空度一般达不到绝对真空。

轻型井点主要适用于地下水位较高的弱透水层降水,一级井点降水深度为5~6m,二级井点降水深度为6~9m,多级井点降水深度可到12m。

2)轻型井点种类及特点

根据抽水装置的不同,轻型井点分为干式真空泵、射流泵和隔膜泵。

(1)干式真空泵是由一台干式真空泵、一台离心式水泵和气水分离箱组成,其优点是安装方便,抽气能力较大,带动井点数较多,排水能力强,形成真空度较稳定。缺点是设备多,耗电量大,机械磨损发热量高,维修困难。

(2)射流泵是由射流器、离心泵和循环水箱组成,其工作原理为:利用离心泵驱动工作水运转,水流经喷嘴进入混合室时,由于流速突然增大,在周围产生负压,把地下水吸出。射流泵的关键设备是射流器,射流器主要由喷嘴和混合室组成,其能产生较高真空度,可达80~92.5kPa,一般真空度不低于52.6kPa。射流泵与干式真空泵相比,具有结构简单、加工容易、造价低廉、耗电量少、体积小、质量轻、使用方便等优点。但射流泵排气量较小,稍有漏气则会造成真空度下降,因而带动的井点基数较少,一般能带动10m长的井点25根左右,其喷嘴易磨损,因此工作时要求水质清洁。

(3)隔膜泵是借助隔膜在活塞中做往返运动获得真空而工作的,其原理是:采用双缸隔膜泵,为两套工作泵体,用轴杆、齿轮传动泵体内隔膜上下运动,一只向上,另一只向下,当胶质皮碗向上时,泵腔内产生真空,出水口阀门关闭,进水口阀门打开,地下水被吸入腔内;当皮碗向下运动时,进口阀门关闭,出口阀门打开,地下水被压出泵体流走。隔膜泵构造简单,加工容易,耗电少,功率高,是单根井点平均消耗功率最少的井点。但隔膜泵的安装质量要求严格,其底座安装应平稳牢固,泵出口的排水管应平接,否则将影响泵功能,除此之外,隔膜泵内皮碗容易磨损,修理频繁,其安装质量亦直接影响水泵的运行质量。

3)轻型井点设计

轻型井点的平面布置主要取决于基坑的平面形状和地下水降深要求,一般把井点布置成封闭状进行降水。对于长条形基坑可按线状布置井点,如基坑宽度小于6m,其降水深度不超过5m时,可采用单排井点线性布置在基坑一侧。井点沿基坑外缘0.5~1.0m布置,井间距1.0~2.5m。井点管长7~10m,滤水管长1.0~1.7m,沉淀管长0.3~0.5m。不能封闭降水时,在基坑两端井点应适当外延,外延长度为坑宽的2倍。如降水基坑面积较大,降水浸润曲线在基坑中心不能满足降深要求时,可在基坑中部布置一排或数排井点。当降水深度较大,超过单层井点降水深度要求,应采用双层或多层井点,构成阶梯状井点接力降水,每层井点降深以4~5m为宜。

由于轻型井点降水的计算受很多不确定因素的影响,设备的排水量往往远大于地层出水能力,理论计算不够准确,因此一般不进行计算,而根据当地经验布置实施。

4)轻型井点施工

(1)施工方法的选择

当工程场地地层以黏性土、粉土为主,地层不易塌孔、缩孔时,可优先选用长螺旋钻机钻设沉井点,此种工艺施工效率较高,沉设井点管可达40根/d,而且不存在泥浆排放问题。与其他成孔方法相比,施工成本较低,便于管理。

采用冲孔法成井时泥浆排放量大,需解决泥浆排放问题。当工程场地地层以砂层为主时,可选用小型正循环钻机沉设井点管,沉设井点管12根/d左右。

(2)工艺流程

测设井位→钻机就位→钻冲井孔→沉设井点管→回填滤料→洗井→封填孔口→连接集水总管→安装抽水机组→安装排水管或开挖排水沟→试抽、验收→降水维护→井点系统拆除。

6.3.6 喷射井点降水

1)喷射井点降水原理及适用条件

喷射井点系统是由高压水泵、进水总管、井点管、喷射器、测真空管、排水总管及循环水箱组成,如图6-9所示。

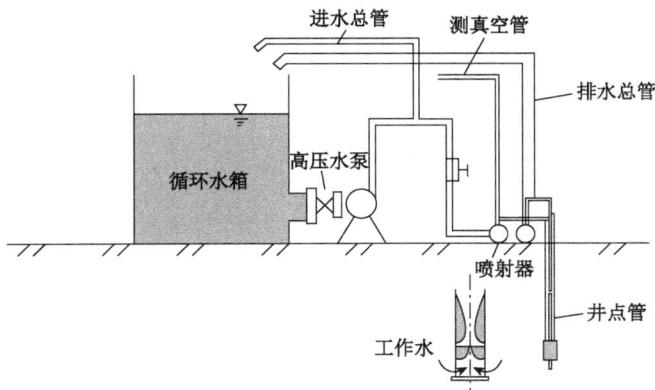

图6-9 喷射井点降水系统

喷射井点降水是采用高压水泵将高压工作水经供水管通过喷射器两边的侧孔流向喷嘴,压入井点与供水管之间的环形空间,由于喷嘴截面突然变小,喷射水流加快,这股高速水流喷射之后,在喷嘴喷射出水柱的周围形成负压,从而将地下水和土中空气吸入并带至混合室,使地下水流速得以加快,而工作水流速逐渐减慢,二者流速在混合室末端基本混合均匀,混合均匀的水流射向扩散管,扩散管截面是逐渐扩大的,目的是减少摩擦损失,当喷嘴不断喷射水流时,就推动着水沿内管不断上升,混合水流由井点进入回水总管,再进入循环水箱。部分作为循环用水,多余的水溢流排出,从而达到降水目的。

喷射井点主要适用于粉土、粉细砂等渗透系数较小的含水层,对于渗透系数大的含水层采用管井降水会更经济一些。喷射井点降水深度为 8～20m,降深大体上能满足地铁工程需要。缺点是井点管构造较复杂,且井点系统分别有进水总管和排水总管与各井点管相连,地面管网敷设复杂,对地面交通影响较大。

2)喷射井点施工

(1)施工方法的选择

一般采用正循环或反循环钻机成孔,由于反循环钻井工艺效率高,成井质量好,应优先选用泵吸反循环钻机施工。对于不易产生塌孔、缩孔的地层,可采用长螺旋钻机成孔。对于较为软弱的黏性土为主的地层也可采用冲孔法成孔。

(2)工艺流程

测设井位→安装抽水设备→钻机就位→钻冲井孔→沉设井点管→填滤料→封填孔口→井点管与进水、排水总管连接→洗井→连接循环水箱→试抽、验收→降水维护→井点系统拆除。

6.3.7 真空管井点降水

(1)真空管井点降水原理及适用条件

一般情况下,管井降水对各类透水性强的砂、砾、卵石含水层十分有效,对于黏质粉土、粉土、粉砂等弱透水层效果较差,其主要原因是弱透水层的毛细作用较强,仅靠重力作用地下水难以形成井流。真空管井点降水是在管井基础上,对井管抽真空,在以井管为中心一定范围的含水层中施加负压,迫使弱透水层中地下水流入井中,再通过潜水泵抽水的一种降水方法。这种真空管井点降水技术能够较好地解决弱透水层的疏干问题,降水深度可达 30m 以上。

真空管井相较单一管井来说,多了一套抽真空系统,相当于加大了地下水流向井的水力梯度,因而真空管井降水能缩短针对弱透水层的预降水时间,并提高降水效果。

(2)真空管井点降水设计

真空管井点设计主要分为井管、真空管井密封、真空泵的选取三部分。

真空管井的井管可以采用高密度聚乙烯(HDPE)双壁波纹管、水泥管或钢管,在需要密封的井段下入井壁管,对应需要降水的含水层部位下入滤水管。HDPE 双壁波纹管和钢管的接头少,密封性比较好;水泥管 1m 一节,排管灵活,非常经济,但每节管间接头的密封处理较复杂。

真空管井的密封是真空管井降水的关键,其主要包括井口密封和井段密封。

井口密封一般采用法兰密封,法兰密封套件由套筒、上法兰盲板、下法兰、密封橡皮圈和固定螺丝等组成。可根据井管管井和材质不同,确定法兰密封套件的尺寸,下法兰与套筒之间为焊接,在上法兰盲板应设置电缆线孔、水位观测孔、泵管排水孔、抽真空孔和真空表孔,组装时这些孔洞同样要做好密封。对于丝扣连接件在连接处用生料带进行密封,对于电缆和出水管孔的密封在穿电缆线和排水管后用防水密封胶密封。

井段密封主要针对不需降水的含水层和地表下与大气隔离段,大气隔离段一般不小于5m,可采用预制风干黏土球密封。

真空泵的选取要根据管井真空系统的真空度要求来确定,当泵所需的真空度或气体压力不高时,可优先在单级泵中选取。如果真空度或排气压力较高,单级泵往往不能满足,或者要求泵在较高真空度情况下仍有较大气量,即要求性能曲线在较高真空度时较平坦,可选用两级泵。如果只做真空泵用,则选用单作用泵比较好。因为单作用泵的构造简单,便于维护,且在高真空情况下抗气蚀性好。

(3)工艺流程

定井位→挖泥浆池→钻机就位→钻井→换浆→下入滤水管→下入井壁管→下部回填滤料→上部井段黏土球密封→洗井→井口密封→潜水泵、真空系统安装→铺设排水管线→试抽、验收→降水维护管理。

(4)抽水系统的自动控制

由于真空管井点降水系统主要用于弱透水层中,很难配备合适流量的潜水泵,地层出水与抽水不易达成平衡,故还应配备高低水位感应自动控制装置,以控制潜水泵间歇启动。当水位上升接触到高水位感应探头,潜水泵启动;当抽水到低水位感应探头,则潜水泵停止工作,这样既可以避免潜水泵无效运转而浪费能源,也可延长水泵使用寿命。

6.3.8 管井井点降水

1)管井井点降水特点及适用条件

管井口径和深度供选择的幅度很大,降水管井口径一般为 200~500mm,井深可从 10m 到 100m 以上,单井抽水量可从 $1m^3/h$ 到 $80m^3/h$。管井常采用一井一泵抽水,含水层富水性很强时,如降水井口径够大,也可一井多泵抽水。降水深度小到 1~2m,大到几十米,能够满足对地下水来源比较丰富的砂、砾、卵石和基岩裂隙含水层的工程降水需要。管井降水工艺成熟,设备简单,维护管理便利,广泛应用于各类工程的降水施工中。目前,全国大部分地铁降水施工,都采用了管井方法降水。

当上、下含水层存在较大天然水头差时,管井也可以不下泵抽水或少下泵抽水就能达到降水目的,不下泵的管井称为自渗井。这种情况大多在冲洪积扇地区存在,城市建设大量开采深层地下水后,深层地下水位低于浅层地下水位,这时用管井将上下两个含水层连通,上部含水层的水便通过管井下渗到下部含水层中,因而形成自渗降水。有时自渗井也可不下管而在钻孔中直接回填砾料,形成沟通上下含水层的垂向强导水通道,这种井称砂砾自渗井,如图 6-10 所示。

2)管井降水结构设计

(1)降水管井设计要求

降水管井的目的在于人工降低地下水位,以使基坑和隧道开挖达到无水安全作业要求。工程施工结束后,降水管井也就完成使命而报废,因而降水管井是临时的抽水构筑物。供水管井是以供水为目的而建造的地下水取水构筑物,使用寿命较长,一般要求使用期限达到 20 年以上。二者的使用目的不同即决定了设计要求也各不相同。

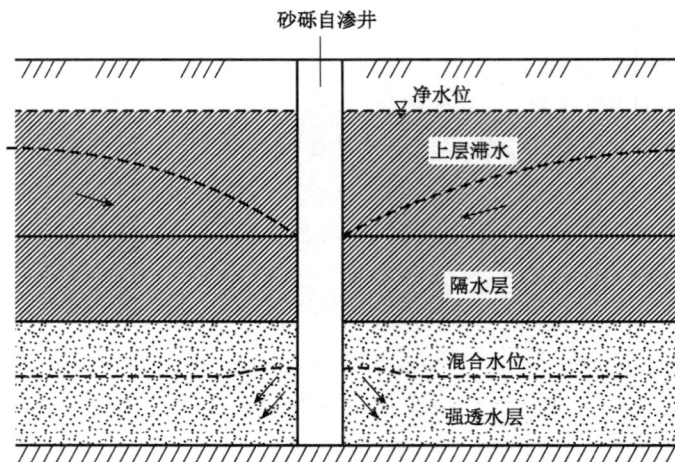

图 6-10　自渗井降水示意图

降水管井结构与供水管井结构是相同的,允许其设计要求可以有所不同的主要理由是:

①降水管井的布置是以形成一定"干扰降深"为目的进行设置,降水井之间干扰程度比供水井大得多。

②一般土建工程降水井使用期限在 1 年以内,地铁工程降水井延续使用 2～3 年也够了,因此降水管井设计使用寿命不会很长。

③为发挥最大单井降水效果,降水管井应在满足质量标准的前提下,要求管井的出水量大一些,井损尽可能小一些。

(2)降水管井布置

降水管井平面布置应满足下列要求:

①对于长宽比不大的地铁车站和施工竖井,宜采用环形封闭式布置。

②对于长宽比很大的地铁隧道,应在隧道两侧布置双排井,隧道两端应延长布置降水井,外延长度宜为基坑宽度的 2 倍或以上。

③降水管井一般布置在基坑或隧道的外侧,距基坑或隧道外缘线不小于 2m,以防止受到基坑或隧道开挖背后回填注浆的破坏。当降深要求很大,中间部位的水位降深难以满足要求时,也可在基坑内部布置降水管井,但井管强度要高一些,通常可采用钢管,以防止基坑开挖时被破坏。

④基坑或隧道邻近地下水补给边界时,应在地下水补给方向一侧适当加密降水井。

⑤降水管井的井位,可根据场地地下管线的实际情况适当调整,当井位移动较大时,应验算不利点的水位降深值。

(3)管井结构设计

①井深结构

降水管井的井深,应根据降水或降压目的层位置、干扰计算得出的设计动水位深度、井损大小、滤水管工作部分长度及沉淀管的长度确定。供水管井井径设计包括井身各段井径设计,即开口井径、安泵段井径、变径段井径、开采段井径及终孔井径的设计。应注意安泵段井管内径要比选用的水泵泵体直径大 50mm 以上,否则无法顺利将水泵下入井中。降水管井一般都不太深,大多一径到底。

②井管配置

井管是井壁管和滤水管的总称。井壁管是支撑和封闭井壁的无孔管,俗称"死管",降压井的降压目的层以上部位或降水管井水位以上部分一般下入井壁管,井底部沉淀管通常也是井壁管;过滤管通常也称滤水管,起护壁、挡砂和过滤作用,一般下入与含水层对应的位置。

降水管井是临时抽水构筑物,井又比较浅,对井管的要求相对于供水管井来说可以低一些,管材选用范围较宽,选用井管应符合下列要求:

a.井管应具有足够的抗压、抗拉、抗弯强度,以保证井管能够承受井壁地层和滤料的侧向压力及井管的全部质量。

b.井管应无缺损、裂缝、弯曲等缺陷,两端面与管轴线垂直,保证井管连接后垂直。

c.井管材质应无毒,对地下水质不构成污染。

d.井管内径应满足下入抽水设备的要求。

e.滤水管应有较大的孔隙率,以尽可能增加降水管井的出水量。

(4)滤料填入位置及规格

滤料是充填于井管与井壁环状间隙中有一定规格要求的砾石。在没有封闭止水要求时,往往全孔回填滤料,以便上层滞水顺着滤料下渗。有封闭止水要求时,滤料应与降水或降压目的层部位对应。

降水管井滤料规格可参照下述规则给定:

砂土类含水层:

$$D_{50} = (8 \sim 12) d_{50} \qquad (6-7)$$

碎石土类含水层,当$d_{20} \leqslant 2mm$时:

$$D_{50} = (8 \sim 12) d_{20} \qquad (6-8)$$

当$d_{20} \geqslant 2mm$时,可不填滤料或填充10~20mm的砾石;

滤料的不均匀系数C_u应小于2,$C_u = d_{60}/d_{10}$。

上述式中: D_{50}——滤料筛分样颗粒组成中,过筛质量累计为50%时对应的最大颗粒直径(mm);

d_{50}、d_{20}、d_{60}、d_{10}——分别为含水层筛分样颗粒组成中,过筛质量累计为50%、20%、60%、10%时对应的最大颗粒直径(mm)。

砂土类含水层不均匀系数大于10时,应除去筛分样中部分粗颗粒后重新筛分,直至不均匀系数小于10时,将d_{50}代入式(6-7)确定滤料规格。

(5)封闭止水位置及材料

对于降压井,其降压目的层以上部位应封闭止水,通常用黏土进行封闭,即用黏土做成球状,大小宜为20~30mm,在半干状态下缓慢填入。

3)管井施工

(1)施工设备

①钻井设备,一般采用冲击钻井、回转钻机钻井。通常型号有YKC-30型冲击钻机、GZ50型泵吸反循环钻机和正反循环钻机等。旋挖钻机也可用于降水井施工,但钻井口径较大,在细颗粒地层中使用不经济。

②洗井设备,一般采用空气压缩机(空压机)洗井,工作压力不小于0.7MPa,排风量大于

$6m^3/min$。空压机洗井的风管、出水管装置有同心式和并列式两种形式,下端配有混合器,出水管应为钢管,风管用高压胶管为宜。

③抽水设备,根据单井出水量大小、水位埋深、井管内径及水位降深选择不同型号的潜水泵。

(2)施工方法选择

针对地铁工程的降水井深一般在40m以内,降压井可能稍深一些,钻井通常采用全面钻进、一径到底。对于粒径小于150mm的第四系松散地层宜采用泵吸反循环钻井工艺,该法的钻进效率较高,是降水管井施工的首选钻井工艺;对于粒径大于200mm的地层可采用冲击钻机或旋挖钻机施工。正循环钻井工艺由于钻井效率较低,又大量使用泥浆护壁,不建议采用。

(3)工艺流程

定井位→挖泥浆池→钻机就位→钻井→换浆→下管→回填滤料→洗井→下泵→铺设排水管线→试抽、验收→降水维护管理。

4)管井降水维护管理

降水工程施工结束后,便进入较长时间的维持降排水阶段,一般延续降排水要到二次衬砌施工结束后,降排水维护与动态观测是该阶段的工作重点。

(1)定时巡视降排水系统的运行情况,及时发现和处理系统运行的故障和隐患,如水泵抽水出水情况,是否需要检修;供电线路是否正常;排放水的含砂情况及排水联络管道是否通畅。

(2)在更换水泵前应量测井深,确定水泵下入的安全深度,以防埋泵,必要时重新洗井。

(3)检查井口的防护情况,防止杂物、行人掉入井内。

(4)当发生停电时,应及时接通备用电源,尽量缩短因停电而停抽的时间,备用发电机应保持良好,随时处于准备发动状态。

(5)进行地下水动态监测,对监测记录应及时整理,分析水位下降趋势,预测地铁隧道掘进掌子面的地下水位。

6.4 止水方案与设计

当降水会对基坑周边建(构)筑物、地下管线、道路等造成危害或对工程环境造成长期不利影响时,可采用止水帷幕方法控制地下水。止水帷幕也称隔水帷幕或阻水帷幕,分类方法众多,见表6-4。

止 水 帷 幕 分 类　　　　　　　　　　　　　表6-4

分 类 方 式	帷 幕 方 法
按布置方式	悬挂式竖向止水帷幕、落底式竖向止水帷幕、水平向止水帷幕
按结构形式	独立式止水帷幕、嵌入式止水帷幕、支护结构自抗渗止水帷幕
按施工方法	高压喷射注浆(旋喷、摆喷、定喷)止水帷幕、压力注浆止水帷幕、水泥土搅拌桩止水帷幕、冻结法止水帷幕、地下连续墙或咬合式排桩止水帷幕、钢板桩止水帷幕、沉箱

竖向止水帷幕是最常见的止水帷幕,阻止水流从坑壁和坑底涌入坑内。悬挂式竖向止水帷幕指底端未穿透含水层的隔水帷幕;落底式竖向止水帷幕指底端穿透含水层并进入下部不透水层一定深度的止水帷幕。当水头较高,水量充分,可采用竖向隔水帷幕与水平向止水帷幕相结合的方法。

独立式止水帷幕是指在非连续性支护桩外独立设置的帷幕体;嵌入式止水帷幕是指利用旋喷桩、搅拌桩、素混凝土桩等嵌入不连续支护结构中间共同形成帷幕体;自抗渗支护结构指支护结构本身就具备抗渗性能。

(1)止水帷幕功能要求

①止水帷幕设计应与支护结构设计相结合。

②应满足开挖面渗流稳定性要求。

③止水帷幕应满足自防渗要求,渗透系数不宜大于 1.0×10^{-6}cm/s。

(2)止水帷幕的设计内容

①制订止水帷幕技术方案,确定帷幕施工方法。

②确定止水帷幕的平面布置、竖向布置、结构形式。

③明确止水帷幕的结构设计和构造要求。

④确定施工工艺和技术参数,提出施工质量要求和控制指标。

⑤提出对帷幕本体及周边工程环境监测要求,明确预警值、控制值和控制措施。

⑥预测可能存在的施工风险,制订针对性的修复措施。

(3)止水帷幕布置

在平面布置上宜沿地下水控制区域闭合,在设计深度范围内应连续。当采用未闭合的平面布置时,应对地下水沿帷幕两端绕流引起的渗流破坏和地下水位下降进行分析,并应采取阻止地下水流入基坑内的措施。

当基础底部以下存在连续分布、埋深较浅的隔水层时,应采用落底式竖向止水帷幕;当基础底部以下含水层厚度较大,隔水层不连续或埋深较深时,可采用悬挂式竖向止水帷幕,同时应采取止水帷幕内侧降水,必要时采取帷幕外侧回灌或与水平止水帷幕结合的措施;地下暗挖隧道、涵洞工程可采用水平向或斜向止水帷幕。

(4)止水帷幕施工方法

止水帷幕施工方法的选择应根据工程地质条件、水文地质条件、场地条件、支护结构形式、周边工程环境保护要求综合确定,具体见表6-5。

止水帷幕施工方法及适用条件 表6-5

隔水方法	适 用 条 件	注意事项与说明
高压喷射注浆法	适用于黏性土、粉土、砂土、黄土、淤泥质土、淤泥、填土	坚硬黏性土、土层中含有较多的大粒径块石或有机质,地下水流速较大时,高压喷射注浆效果较差
注浆法	适用于除岩溶外的各类岩土	用于竖向帷幕的补充,多用于水平帷幕
水泥土搅拌法	适用于淤泥质土、淤泥、黏性土、粉土、填土、黄土、软土,对砂、卵石等地层有条件使用	不适用于含大孤石或障碍物较多且不易清除的杂填土、欠固结的淤泥、淤泥质土、硬塑、坚硬的黏性土、密实的砂土以及地下水渗流影响成桩质量的地层
冻结法	适用于地下水流速不大的地层	电源不能中断,冻融对周边环境有一定影响
地下连续墙	适用于除岩溶外的各类岩土	施工技术环节要求高,造价高,泥浆易造成现场污染、泥泞,墙体刚度大,整体性好,安全稳定

隔水方法	适用条件	注意事项与说明
咬合式排桩	适用于黏性土、粉土、填土、黄土、砂、卵石	对施工精度、工艺和混凝土配合比均有严格要求
钢板桩	适用于淤泥、淤泥质土、黏性土、粉土	对土层适应性较差,多应用于软土地区
沉箱	适用于各类岩土层	适用于地下水控制面积较小的工程,如竖井等

注:1. 对碎石土、杂填土、泥炭质土、泥炭,pH 值较低的土或地下水流速较大时,水泥土搅拌桩、高压喷射注浆工艺宜通
过试验确定其适用性。

2. 注浆帷幕不宜在永久性隔水工程中使用。

6.4.1 注浆法

注浆法是指利用液压、气压或电化学原理,通过注浆管把浆液均匀地注入地层中,浆液以填充、扩散、渗透、劈裂和挤密等方式,赶走土颗粒或岩石裂隙中的水分和空气后占据其位置,经人工控制一定时间后,浆液将原来松散的土粒或囊隙胶结成一个整体,形成一个结构新、强度大、防水性能好和化学稳定性良好的结石体,增加了地基土的不透水性,防止流砂、钢板桩渗水、坝基漏水和隧道开挖时涌水,以及改善地下工程的开挖条件。

1)注浆理论

在地层处理中,注浆工艺所依据的理论主要可归纳为以下四类:

(1)渗透与扩散注浆

渗透注浆是指在压力作用下使浆液充填土的孔隙和岩石的裂隙,排挤出孔隙或裂隙中存在的自由水和气体,基本上不改变原状土的结构和体积(砂性土注浆的结构原理),所用注浆压力相对较小。这类注浆一般只适用于中砂以上的砂性土和有裂隙的岩石。代表性的渗透注浆理论有球形扩散理论、柱形扩散理论和袖套管法理论。

(2)劈裂注浆

劈裂注浆是指在压力作用下,浆液克服地层的初始应力和岩土体的抗拉强度,引起岩土体结构的破坏和扰动,使其沿垂直于小主应力的平面上发生劈裂,使地层中原有的裂隙或孔隙张开,形成新的裂隙或孔隙,浆液的可注性和扩散距离增大,而所用的注浆压力相对较高,如图 6-11 所示。

(3)压密注浆

压密注浆是指通过钻孔在土中灌入极浓的浆液,在注浆点使土体挤密,在注浆管端部附近形成浆泡,如图 6-12 所示。

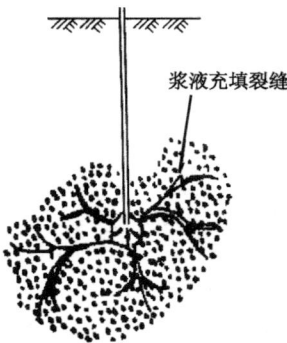

图 6-11　劈裂注浆原理示意图　　　　图 6-12　压密注浆原理示意图

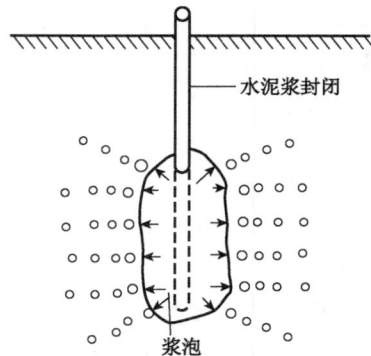

当浆泡的直径较小时,注浆压力基本上沿钻孔的径向扩展。随着浆泡尺寸的逐渐增大,便产生较大的上抬力而使地面抬动。

经研究证明,向外扩张的浆泡将在土体中引起复杂的径向和切向应力体系。紧靠浆泡处的土体将遭受严重破坏和剪切,并形成塑性变形区,在此区内土体的密度可能因扰动而减小;离浆泡较远的土则基本上不发生弹性变形,因而土的密度有明显的增加。

浆泡的形状一般为球状或圆柱状。在均匀土中的浆泡形状相当规则,而在非均质土中则很不规则。浆泡的最后尺寸取决于诸多因素,如土的密度、湿度、力学性质、地表约束条件、注浆压力和注浆速率等。有时浆泡的横截面直径可达 1m 或更大,实践证明,离浆泡界面 0.3 ~ 2.0m 内的土体都能受到明显的加密。

挤密注浆常用于中砂地基,黏土地基中若有适宜的排水条件也可采用。如遇排水困难而可能在土体中引起高孔隙水压力时,这就必须采用很低的注浆速率。挤密注浆可用于非饱和土体,以调整不均匀沉降以及在隧道开挖时对邻近土进行加固。

(4)电动化学注浆

若地基土的渗透系数 $k < 10^{-4}$ cm/s,只靠一般静压力难以使浆液注入土的孔隙,此时需用电渗的作用使浆液进入土中。

电动化学注浆是指在施工时将带孔的注浆管作为阳极,用滤水管作为阴极,将溶液由阳极压入土中,并通以直流电(两电极间电压梯度 0.3 ~ 1.0V/cm),在电渗作用下,孔隙水由阳极流向阴极,促使通电区域中土的含水率降低,并形成渗浆通路,化学浆液也随之流入土的孔隙中,并在土中凝结。因而电动化学注浆是在电渗排水和注浆法的基础上发展起来的一种加固方法。但由于电渗排水作用,可能会引起邻近既有建筑物基础的附加下沉,这一情况应予注意。

2)设计计算

(1)设计内容

①注浆标准:通过注浆要求达到的效果和质量指标。

②施工范围:注浆加固的深度、长度和宽度。

③注浆材料:浆材种类和浆液配方。

④注浆影响半径:指浆液在设计压力下所能达到的有效扩散距离。

⑤钻孔布置:根据浆液影响半径和注浆体设计厚度,确定合理的孔距、排距、孔数和排数。

⑥注浆压力:规定不同地区和不同深度的允许最大注浆压力。

⑦注浆效果评估:用各种方法和手段检测注浆效果。

(2)方案选择

注浆方案的选择一般应遵循下述原则:

①注浆目的如为提高地基强度和变形模量,一般可选用以水泥为基本材料的水泥浆、水泥砂浆和水泥-水玻璃浆等或采用高强度化学浆材,如环氧树脂、聚氨酯以及有机物为固化剂的硅酸盐浆材等。

②注浆目的如为防渗漏时,可采用黏土水泥浆、黏土水玻璃浆、水泥粉煤灰混合物、丙凝、铬木素以及无机试剂为固化剂的硅酸盐浆液等。

③在裂隙岩层中注浆一般采用纯水泥浆或在水泥浆(水泥砂浆)中掺入少量膨润土,在砂砾石层中或溶洞中可采用黏土水泥浆,在砂层中一般只采用化学浆液,在黄土中采用单液硅化

法或碱液法。

④在孔隙较大砂砾石层或裂隙岩层中采用渗入性注浆法;在砂层宜采用水力劈裂法;在黏性土层中采用水力劈裂法或电动硅化法;矫正建筑物的不均匀沉降则采用挤密注浆法。

表6-6是根据不同对象和目的选择注浆方案的经验法则,可供制订注浆方案时参考。

注 浆 方 案 选 取   表6-6

编号	注浆对象	适用的注浆原理	适用的注浆方法	常用的注浆材料	
				防渗注浆	加固注浆
1	卵砾石	渗透注浆	袖阀管法最好,也可以用自上而下分段钻注法	黏土水泥浆或粉煤灰水泥浆	水泥浆或硅粉水泥浆
2	砂	渗透注浆、劈裂注浆	同编号1	酸性水玻璃、丙凝、单液水泥系浆材	酸性水玻璃、单液水泥浆或硅粉水泥浆
3	黏性土	劈裂注浆、挤密注浆	同编号1	水泥黏土浆或粉煤灰水泥浆	水泥浆、硅粉水泥浆、水玻璃水泥浆
4	岩层	渗入性或劈裂注浆	小口径口封闭自上而下分段钻注法	水泥浆或粉煤灰水泥浆	水泥浆或硅粉水泥浆
5	断层破裂带	渗透或劈裂注浆	同编号4	水泥浆或先注水泥浆后注化学浆	水泥浆或先注水泥浆后注改性环氧树脂或聚氨酯
6	混凝土内微裂缝	渗入性注浆	同编号4	改性环氧树脂或聚氨酯	改性环氧树脂浆材
7	动水封堵	采用水泥水玻璃等快凝材料,必要时在浆液中掺入砂等粗料,在流速特大的情况下,尚须采用特殊措施,例如在水中预填石块或级配砂石后再注浆			

（3）注浆标准

注浆标准是指设计者要求地基注浆后应达到的质量指标。注浆标准的高低,关系到工程量、进度、造价和建筑物的安全。

设计注浆标准涉及的内容较多,而且工程性质和地基条件千差万别,对注浆的目的和要求不尽相同,因而很难规定一个比较具体和统一的准则,而只能根据具体情况做出具体的规定,下面仅提出几点与确定注浆标准有关的原则和方法。

①防渗标准

防渗标准是指渗透性的大小,防渗标准越高,表明注浆后地基的渗透性越低,注浆质量也就越好。原则上,比较重要的建筑物,对渗透破坏比较敏感的地基以及地基渗漏量必须严格控制的工程,要求采用较高的标准。

防渗标准多数采用渗透系数表示。对重要的防渗工程,多数要求将地基土的渗透系数降低至 10^{-6} cm/s 以下;对临时性工程或允许出现较大渗漏量而又不致发生渗透破坏的地层,也有采用 10^{-3} cm/s 数量级的工程实例。

②强度和变形标准

根据注浆的目的,强度和变形的标准将随各工程的具体要求而不同。

a.为了增加摩擦桩的承载力,应沿桩的周边注浆,以提高桩侧界面间的黏聚力;对支承桩则在桩底注浆以提高桩端土的抗压强度和变形模量。

b.为了减少坝基础的不均匀变形,仅需在坝下游基础受压部位进行固结注浆,以提高地基土的变形模量,而无须在整个坝基注浆。

c.对振动基础,注浆目的只是为了改变地基的自然频率以消除共振条件,因而不一定需用强度较高的浆材。

d.为了减小挡土墙的土压力,则应在墙背至滑动面附近的土体中注浆,以提高地基土的重度和滑动面的抗剪强度。

③施工控制标准

注浆后的质量指标只能在施工结束后通过现场检测来确定。有些注浆工程甚至不能进行现场检测,因此必须制订一个能保证获得最佳注浆效果的施工控制标准。该控制标准一般包括以下两点:

a.在正常情况下以注入理论的耗浆量为标准。

b.按耗浆量降低率进行控制。由于注浆是按逐渐加密原则进行的,孔段耗浆量应随加密次序的增加而逐渐减少。若起始孔距布置正确,则第二次序孔的耗浆量将比第一次序孔大为减少,这是注浆取得成功的标志。

(4)浆材及配方设计原则

注浆工程对浆液的技术要求较多,根据土质和注浆目的的不同,注浆材料的选择见表6-7和表6-8。

注浆材料选择(一) 表6-7

土 质 名 称	注 浆 材 料
黏性土和粉土	水泥类注浆材料及水玻璃悬浊型浆液
砂质土	渗透性溶液型浆液(在预处理时,使用水玻璃悬浊液)
砂砾	水玻璃悬浊型浆液(大孔隙)、渗透性溶液型浆液(小孔隙)
层界面	水泥类及水玻璃悬浊型浆液

注浆材料的选择(二) 表6-8

项　　目			基 本 条 件
改良目的		堵水注浆	渗透性好黏度低的浆液(作为预注浆使用悬浊液)
	加固地基	渗透注浆	渗透性好有一定强度,即黏度低的溶液型浆液
		劈裂注浆	凝胶时间短的均质凝胶,强度大的悬浊型浆液
		渗透、劈裂注浆并用	均质凝胶强度大且渗透性好的浆液
	防止涌水注浆		凝胶时间不受地下水稀释而延缓的浆液、瞬时凝固的浆液(溶液或悬浊型)
综合注浆	预处理注浆		凝胶时间短,均质凝胶强度比较大的悬浊型浆液
	正式注浆		与预处理材料性质相似的渗透性好的浆液
	特殊地基处理注浆		对酸性、碱性地基、泥炭应事前进行试验校核后选择注浆材料
	其他注浆		研究环境保护(毒性、地下水污染 、水质污染等)

（5）浆液扩散半径的确定

浆液扩散半径 r 是一个重要的参数，它对注浆工程量及造价具有重要的影响。r 值可按理论公式进行估算；当地质条件较复杂或计算参数不易选准时，就应通过现场注浆试验来确定。没有试验资料时，可按土的渗透系数参照表6-9确定。

土的渗透系数汇总表 表6-9

砂土（双液硅化法）		粉土（单液硅化法）		黄土（单液硅化法）	
渗透系数（m/d）	加固半径（m）	渗透系数（m/d）	加固半径（m）	渗透系数（m/d）	加固半径（m）
2～10	0.3～0.4	0.3～0.5	0.3～0.4	0.1～0.3	0.3～0.4
10～20	0.4～0.6	0.5～1.0	0.4～0.6	0.3～0.5	0.4～0.6
20～50	0.6～0.8	1.0～2.0	0.6～0.8	0.5～1.0	0.6～0.9
50～80	0.8～1.0	2.0～5.0	0.8～1.0	1.0～2.0	0.9～1.0

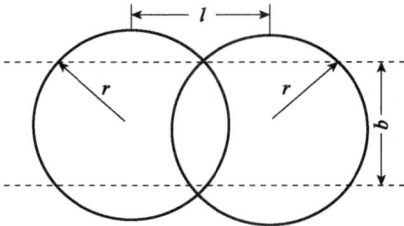

图6-13 单排孔的布置示意图

（6）孔位布置与设计

注浆孔的布置应根据注浆有效范围，按相互重叠，使被加固土体在平面和深度范围内连成一个整体的原则确定。

①单排孔的布置（图6-13）。

图6-13中，l 为注浆孔距，r 为浆液扩散半径，则注浆体的厚度为：

$$b = 2\sqrt{r^2 - \left[(l-r) + \frac{r-(l-r)^2}{2}\right]} = 2\sqrt{r^2 - \frac{l^2}{4}} \tag{6-9}$$

当 $l = 2r$ 时，两圆相切，b 值为零。

根据注浆体的设计厚度 b 可以计算注浆孔距为：

$$l = 2\sqrt{r^2 - \frac{b^2}{4}} \tag{6-10}$$

②多排孔的布置。

当单排孔不能满足设计厚度的要求时，就要采用两排以上的多排孔。而多排孔的设计原则是要充分发挥注浆孔的潜力，以获得最大的注浆体厚度，不允许出现两排孔间的搭接不紧密［图6-14a)］，也不要求搭接过多出现浪费［图6-14b)］。图6-15为两排孔正好紧密搭接的最优设计布孔方案。

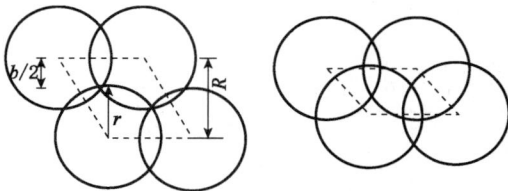

a)孔排间搭接不紧密　　　b)搭接过多

图6-14 两排孔设计示意图

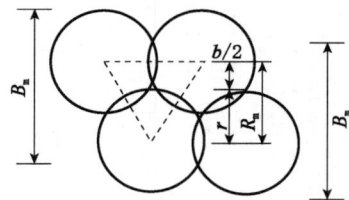

图6-15 孔排间的最优搭接示意图

根据以上分析,可推导出最优排距R_m和最大注浆有效厚度B_m的计算式:

a. 两排孔:

$$R_m = r + \frac{b}{2} = r + \sqrt{r^2 - \frac{l^2}{4}} \tag{6-11}$$

$$B_m = 2r + b = 2\left(r + \sqrt{r^2 - \frac{l^2}{4}}\right) \tag{6-12}$$

b. 三排孔:

R_m同式(6-11)。

$$B_m = 2r + 2b = 2\left(r + 2\sqrt{r^2 - \frac{l^2}{4}}\right) \tag{6-13}$$

c. 五排孔:

R_m同式(6-11)。

$$B_m = 4r + 3b = 4\left(r + 1.5\sqrt{r^2 - \frac{l^2}{4}}\right) \tag{6-14}$$

综上所述,可得出多排孔的最优排距为R_m。

d. 奇数排:

$$B_m = (N-1)\left(r + \frac{N+1}{N-1} \cdot \frac{b}{2}\right) = (N-1)\left(r + \frac{N+1}{N-1} \cdot \sqrt{r^2 - \frac{l^2}{4}}\right) \tag{6-15}$$

e. 偶数排:

$$B_m = N\left(r + \frac{b}{2}\right) = N\left(r + \sqrt{r^2 - \frac{l^2}{4}}\right) \tag{6-16}$$

式中:N——注浆孔排数。

(7)注浆压力的确定

注浆压力是指不会使地表面产生变化和邻近建筑物受到影响前提下可能采用的最大压力。

由于浆液的扩散能力与注浆压力的大小密切相关,有学者倾向于采用较高的注浆压力,在保证注浆质量的前提下,使钻孔数尽可能减少。高注浆压力还能使一些微细孔隙张开,有助于提高可灌性。当孔隙中被某种软弱材料充填时,高注浆压力能在充填物中造成劈裂灌注,使软弱材料的密度、强度和不透水性等得到改善。此外,高注浆压力还有助于挤出浆液中的多余水分,使浆液结石的强度提高。

当注浆压力超过地层的压重和强度时,将有可能导致地基及其上部结构的破坏。因此,一般都以不使地层结构破坏或仅发生局部和少量破坏作为确定地基容许注浆压力的基本原则。

注浆压力值与地层土的密度、强度和初始应力、钻孔深度、位置及注浆次序等因素有关,而这些因素又难以准确地预知,因而宜通过现场注浆试验来确定。

上海市发布的《地基处理技术规范》(DG/T J08-40—2010)中规定,对劈裂注浆,在注浆范围内应尽量减少注浆压力。注浆压力的选用应根据土层的性质及其埋深确定。在砂土中的经验数值是 0.2 ~ 0.5MPa;在黏性土中的经验数值是 0.2 ~ 0.3MPa。注浆压力因地基条件、环境条件和注浆目的等不同而不能确定时,可参考类似条件下的成功工程实例决定。一般情况下,当埋深浅于 10m 时,可取较小的注浆压力值。对压密注浆,注浆压力主要取决于浆液材料的稠度。如采用水泥-砂浆的浆液,坍落度一般在 25 ~ 75mm,注浆压力应选定在 1 ~ 7MPa 范围内,坍落度较小时,注浆压力可取上限值,如采用水泥-水玻璃双液快凝浆液,则注浆压力应小于 1MPa。

(8)其他

①注浆量

注浆所需的浆液总用量 Q 可参照下式计算:

$$Q = K \cdot V \cdot n \cdot 1000 \qquad (6\text{-}17)$$

式中:Q——浆液总用量(L);

V——注浆对象的土量(m^3);

n——土的孔隙率(%);

K——经验系数,见表 6-10。

不同土质中经验系数 K 范围 　　　　　　　　　表 6-10

土　　质	经验系数 K	土　　质	经验系数 K
软土、黏性土、细砂	0.3 ~ 0.5	砾砂	0.7 ~ 1.0
中砂、粗砂	0.5 ~ 0.7	湿陷性黄土	0.5 ~ 0.8

一般情况下,黏性土地基中的浆液注入率为 15% ~ 20%。

②注浆顺序

注浆顺序必须采用适合于地层条件、现场环境及注浆目的的方法进行,一般不宜采用自注浆地带某一端单向推进压注方式,应按跳孔间隔注浆方式进行,以防止窜浆,提高注浆孔内浆液的强度与时俱增的约束性。对有地下动水流的特殊情况,应考虑浆液在动水流下的迁移效应,从水头高的一端开始注浆。

对加固渗透系数相同的土层,首先应完成最上层封顶注浆,然后再按由下而上的原则进行注浆,以防浆液上冒,如土层的渗透系数随深度而增大,则应自下而上进行注浆。

注浆时应采用先外围,后内部的注浆顺序;若注浆范围以外有边界约束条件(能阻挡浆液流动的障碍物)时,也可采用自内侧开始顺次往外侧的注浆顺序。

6.4.2　旋喷桩加固法

旋喷桩加固是 20 世纪 60 年代后期由日本首先创造的一种土体加固技术,最初发明的是单管旋喷法(CCP 法),并在大阪地下铁道工程建设使用时获得成功。单管旋喷法具有施工速度快、成本低及能较好保证地层加固质量等优点,但旋喷固结体较小,为了扩大旋喷直径,创造了二重管法、三重管法等旋喷加固工艺,三重管法旋喷直径可达到 2 ~ 3m。20 世纪 90 年代后,日本进一步开发了"超级旋喷法"技术,可形成超大型旋喷桩加固地基,这种方法在直径 15cm 的钻孔中,喷射含有水泥等硬化材料的超高压射流,通过旋转切削土砂,可在地层内形成直径为 5m 的超大直径柱体。

目前在城市地铁盾构始发与到达端头加固工程中,旋喷桩加固技术已经成为主要的端头加固方法。

旋喷桩加固法按照钻孔和成桩的方向分为垂直旋喷和水平旋喷,按照喷射管的数量和方式可分为单管旋喷注浆法、双(重)管旋喷注浆法、三(重)管旋喷注浆法。

1)旋喷加固的优缺点

(1)旋喷加固优点

以高压喷射流直接冲击破坏土体,浆液与土体自行拌和为均匀的固结体,从施工方法、加固质量到适用范围,与其他处理方法相比,旋喷加固的主要优点如下:

①适用地层范围较广。受土层、土的粒度、土的密度、硬化剂黏性、硬化剂硬化时间的影响较小,可广泛适用于淤泥、软弱黏性土、砂土甚至砂卵石等多种土质。

②材源广阔,价格低廉。喷射的浆液以水泥为主,化学材料为辅。除了工程要求速凝早强时使用化学材料以外,一般的地基工程均适用来源广、价格低的强度等级32.5的普通硅酸盐水泥即可。此外,还可以在水泥中加入一定数量的粉煤灰,这既利用了废料,又降低了注浆材料的成本。

③固结体形状可以控制。可以有计划地在预定的范围内注入必要的浆液,形成一定间距的桩,或连成一片的桩、帷幕墙;加固深度可以自由调节,连续或分段均可。

④固结桩体强度高。采用不同的浆液种类和配方,即可获得所需要的固结体强度。在黏土中采用水泥浆液形成的旋喷桩体的无侧限抗压强度可达5~10MPa,在砂土中则更高,砂类土固结体的无侧限抗压强度最高可达20MPa。

⑤有较好的耐久性。在软弱地基中加固,高压喷射工艺和其他施工工艺相比,因其加固结构和适用范围不同,加固效果不能一概而论,但从适用的浆液性质来看,可以预期得到稳定的加固效果,并有较好的耐久性能。

⑥机动灵活。主要表现在:钻孔深度(垂直或者水平)内的任意高度上,不同方向、不同喷射形式均可按要求喷射成"糖葫芦"、半圆台等形状;可在水上对水下隐患进行处理。

⑦可注性好。高压旋喷是强制性破坏原土层结构,不存在一般注浆的可注性问题。只要高压喷射流能破坏地层,如细砂、特细砂、黏性土均可处理。尤其是针对夹杂于复杂地层中的土,高喷与一般注浆的效果差别明显。

⑧浆液集中,流失较少。旋喷加固时,除了一小部分浆液由于采用的喷射参数不合适,沿着管壁冒出地面外,大部分浆液均聚集在喷射流的破坏范围内,很少出现在土中流窜到很远地方的现象。冒出地面的浆液经过沉淀,去砂和析出清水过滤后,即可重复再用。

⑨设备简单,管理方便。旋喷的全套设备均为定型产品或者专门设计制造。结构紧凑,体积小,机动性强,占地小,能在狭窄和低矮的现场施工。施工管理简便,在旋喷过程中,通过对喷射的压力、吸浆量和冒浆情况的量测,即可间接地了解旋喷的效果和存在问题,及时调整旋喷注浆参数或改变工艺,保证固结质量。

(2)旋喷加固缺点

①旋喷加固质量控制受人为因素影响大,施工质量控制尚不能全部用仪表控制。

②不确定因素多,需加固方案的设计、施工人员有丰富的经验才能取得较好的效果。

③当旋喷桩加固深度超过15m时,桩体的垂直度较难保证,造成桩体之间搭接咬合效果

不佳,达不到理想的止水和加固土体的效果,如图 6-16 和图 6-17 所示。

④有些地层旋喷加固法适应性较差。

⑤旋喷桩加固后桩体加固效果检验方法有待于进一步完善。

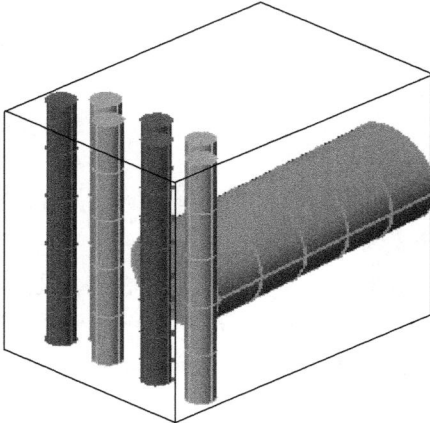

图 6-16　旋喷桩无搭接示意图

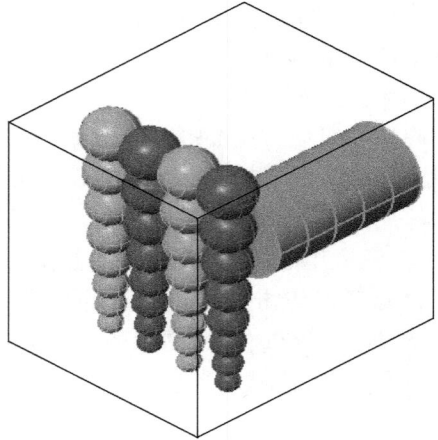

图 6-17　旋喷桩搭接示意图

2)旋喷桩加固的地层适用性

旋喷桩加固法主要适用于第四纪冲击层、残积层及人工填土等,能处理淤泥、淤泥质土、黏性土、粉土、黄土、砂土、人工填土和碎石土等地基。当土中含有较多的大粒径块石、坚硬黏性土、大量植物根茎或有过多有机质时,应根据现场试验结果确定其适用范围,加固效果相对稍差,有时甚至不如静压的效果。对于地下水流速过大或已大量涌水,浆液无法凝固情况的工程要慎重使用。对于无充填物的岩溶地段、永冻土及对水泥有严重腐蚀的地基,均不宜采用旋喷桩加固法。

6.4.3　地层冻结法

地层冻结法源于天然冻结现象,人类首次成功地使用人工制冷加固土壤是在 1862 年英国威尔士的建筑基础施工中。1880 年德国工程师 F. H. Poetsch 首先提出了人工冻结法原理,并于 1883 年在德国阿尔巴里煤矿成功地采用冻结法建造井筒。从此,冻结法被广泛应用到世界许多国家的隧道、地铁、基坑、矿井、市政及其他岩土工程建设中,成为地下工程施工的重要方法之一,对于在富水、破碎、密集建筑区域等复杂环境条件下不良地层的市政工程施工,地层冻结法也被认为是最佳方法。

地层冻结法加固地层的原理是利用人工制冷的方法,将低温冷媒送入开挖体周围的含水地层中,使地层中的水在低于其冰点的温度场内不断冻结成冰而把地层中的土颗粒用冰胶结形成一个不透水的整体结构,而这种冻土结构的整体强度和弹性模量远比非冻土的大,会把开挖体周围的地层冻结成封闭的连续体(冻土墙),以抵抗地压并隔绝地下水和开挖体之间的联系,然后在封闭的连续冻土墙的保护下,进行开挖和施工支护。该法适用于松散的不稳定的冲积层、裂隙性含水岩层、松软泥岩、含水率和水压特大的岩层。

冻结法的具体工艺过程是将冻结管埋入待处理的地层中,由循环在冻结管内低于水冰点温度的冷媒(低温液化气体或盐水)传递能量而将冻结管周围土壤中的孔隙水由近而远地冻结成冰,周边的土颗粒通过冰胶结成一体。若将冻结管以适当间距埋设,则相邻的冻土柱不断扩大而连接形成连续的冻土墙或闭合的冻土结构,如此冻土墙体即具有完全的止水性与高强度,可作为临时开挖的防护措施。

地层冻结设计主要包含冻土结构(冻结壁)设计和冻结系统(制冷、冷媒和冷却水)设计,以及与此相关联的设计要素。冻土结构设计可以直接采用类似结构设计既有的力学模型和对应的设计公式,除了要考虑抗滑、抗倾覆、抗隆起和抗渗透外,还需要考虑冻土本身的物理力学特点等(主要是冻土的强度、弹性模量、泊松比、蠕变特性和土壤冻胀/融沉特性等,以及试验方法及所得结果选用等);冻结系统设计涉及整个冻结设备、冷媒及其循环系统、冻结温度和制冷方式等选型和设计;相关联的设计要素主要有冻土发展和融化、特殊条件下冻结孔施工及设备、地层冻胀和融沉控制、施工过程冻土结构稳定性监测监控、冷媒温度往返监测、冻土结构关联温度场监测、冻土结构和衬砌相互作用(温度和应力)、开挖和衬砌对应的冻土结构温度场相互协调等诸多关键要素。

由于地层冻结法具有灵活性、选择性多等特点,因而它对某一具体工程有其独特的选择及设计方法,包括设备及材料的选择以及多种冻结方案的可靠性比较。一般而言,包括以下6个步骤:

(1)设计条件。

(2)冻结工法的可行性。

(3)结构方案优选分析。

(4)热力学计算。

(5)具体冻结方案优选。

(6)所选方案费用的最终估算。

图6-18给出了冻结法施工的工序图。

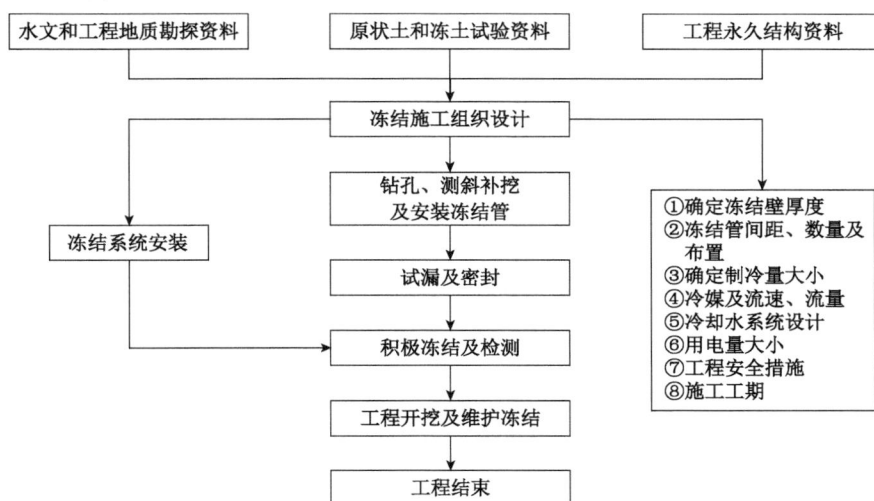

图6-18 冻结法的工序

1)冻结法分类

冻结法一般分为直接式(消耗型制冷剂系统)和间接式(循环冷媒系统)。

（1）直接式冻结法

直接式冻结法所用制冷剂主要有液氮或固体二氧化碳溶于酒精后的液体。液氮最低温度可达 −190℃左右，而后者最低温度可达 −79℃左右，这时冻土墙可在很短时间内（如几小时）形成。它们既是制冷剂，又是冷媒。用泵直接把这种液体泵入地层里的冻结管内，另一端排出已同地层发生过热交换的尾气。这种方法中，冻结管内温度一般较低。干冰和液氮冻结对于处理一些工程事故和在高大建筑物下施工，具有速度快、操作方便和冻土墙承载能力大等优点，当然成本也更高。图 6-19 为直接冻结法示意图。

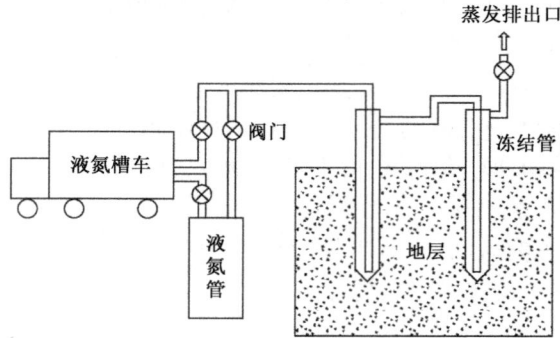

图 6-19　直接冻结法示意图

（2）间接式冻结法

间接式冻结法主要包括 4 大系统。

①冷媒循环系统：冷媒通过冻结器与其周围地层进行热交换不断吸收地层内的热量，使地层温度不断降低导致地层中的水冻结成冰，从而将松散地层通过冰而胶凝成冻结地层。

②制冷剂压缩循环系统：制冷剂通过蒸发器连续吸收冷媒从地层中不断带来的热量，通过压缩机压缩后进入冷凝器被冷却水冷却。

③冷却水循环系统：利用冷却水把压缩后的高温高压制冷剂经过水冷却而吸收热量带到大气层中。

④温度检测监控系统：主要对各系统的温度进行全面的检测监控，从而了解制冷效果、冻土发展趋势，对制冷系统运转方式进行有效的管理，并对掘砌进度进行信息化管理，是冻结法的关键部分之一。

图 6-20 为常用的间接冻结盐水系统示意图。

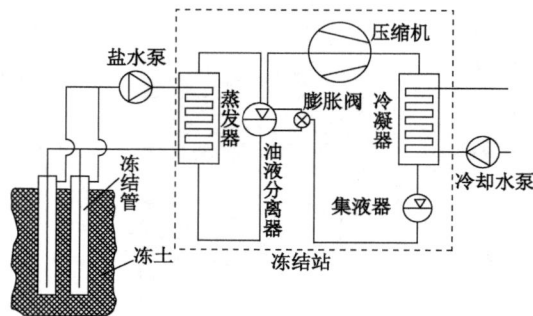

图 6-20　间接冻结盐水系统示意图

2）设计条件

地层冻结设计的条件主要包括以下几个方面：

（1）工程地质条件

①检查钻孔位置,检查钻孔主要施工工艺及主要施工过程。

②开挖体全深的地质柱状图,包括岩(土)性、层厚、倾角、岩芯采取率、累计深度、岩(土)层主要特征的描述。

③地质构造及地温。

④冲积层主要土层的常规土工试验指标,主要有重度、热容量、比热容、导热系数、渗透系数、含水率、土壤颗粒级配及矿物成分、含盐量、液限和塑限、内摩擦角、不排水剪切强度,土样的层位、深度应与冻土物理力学性能试验一致。

（2）水文地质条件

①冲积层、基岩中各含水层的特征,应包括含水层埋深、层厚、静止水位、水位波动情况、渗透系数、流向、流速、水质、水温、含盐量、冰点温度以及表土层各含水层之间、表土层与基岩的水力联系,开挖体与外部的水力联系、有无承压水等。

②地层中的含水层自然和人为抽水后,其形成的地下水流速当超过一定限度(5m/d)时,将影响地层正常冻结。

③对冻结构筑物附近的水源井应进行调查,收集水源井的用途、数量、方位、距离、深度、抽水层位及深度、抽水时间,日抽水量以及抽水影响半径等资料。

④当在冻结构筑物附近600m范围内有大抽水量($600m^3/h$)的水源井,或抽水量不小于$200m^3/h$的连续抽水,或有地下古河道时,必须实测构筑物穿过含水层的地下水流向、流速,并提供实测报告。

地质检查孔最好深些,至少要穿过坑(井)底下隔水地层。它在决定冻结深度及确定加固方案方面,一定程度上有着事半功倍的作用。此外,还要完全了解基坑范围与周围的水力联系,分析总结过去的基坑事故,尤其是地层冻结法应用已发生的事故,大多与地质勘察有关联。

（3）人工冻土物理参数

①在检查孔地质报告中,应有人工冻土物理力学性能试验报告。

②人工冻土试验,当构筑物穿过多个地层(黏土和砂性土)时,应进行不同层位土层的冻土物理力学性能试验,其中应包括冻结壁设计控制层的试验资料。

③人工冻土物理力学性能试验方法执行现行《人工冻土物理力学性能试验》(MT/T 593)规定。对于多数市政工程,试验温度建议在 $-5℃ \sim -20℃$ 选取 $3 \sim 4$ 种。试验项目主要有瞬时无侧限抗压强度、瞬时三轴剪切强度、瞬时抗弯强度、无侧限抗压(或者三轴剪切)蠕变特性(深冻结井)、冻胀和融沉特性、常规土和冻土导热系数、热容量、冻结温度等。

需要说明的是,对于深井冻土试验,建议对试样先固结后加载试验,否则所得结果会与原状冻土的数据差别很大。若忽略这点就容易导致设计失误,故应特别注意。

3）地层冻土结构(冻结壁)设计

地层冻土结构(冻结壁)设计是地层冻结的关键环节。深井和浅层地下结构施工中含水地层的冻结加固设计主要涉及竖井、基坑、隧道、旁通道、地下室以及盾构和顶管始发与到达洞口的地层冻结加固。设计时,首先要判断地层冻结结构的功能(表6-11),然后根据地层冻结结构的功能要求进行地层冻结结构设计。对于主要是止水目的的地层冻结结构,应考虑刚性结构承受的主要地层压力以及地层水冻结成冰时抵抗地下水的渗透压力。

冻结壁功能分类 表6-11

类别	功能与要求	说　明
Ⅰ	主要是止水	如排桩桩间、岩石裂隙、混凝土缝隙或其他刚性结构间止水
Ⅱ	既承载又止水	如含水砂土层的加固与止水、不透水黏性土层的加固（也要抵抗水渗透压）

（1）设计主要内容

①冻结壁结构方案比较与选择，包括深度（长度）和范围。

②冻结壁的承载力和变形验算。

③冻结孔布置设计（考虑周边环境及冻胀和融沉）。

④冻结壁形成过程验算（含热力计算）。

⑤冻结制冷系统设计（制冷、冷媒、冷却水三大系统）和检测。

⑥对冻结壁的监测、保护要求及冻胀控制。

⑦冻胀和融沉可能对周围环境和建（构）筑物产生影响的分析。

⑧对周围环境和建（构）筑物的影响监测与保护要求。

本节主要针对表6-11中的第Ⅱ类进行说明，即冻结壁作为既承载又止水的临时结构设计。地层冻结加固设计要确保在设计时间内的土方开挖和结构施工的安全，并使周围环境和建（构）筑物不受损害。

（2）特殊针对性措施

在地层冻结区域内有以下情况时，设计中应进行深入分析并采取针对性措施：

①地下水流速大于5m/d、有集中水流或地下水水位有明显（≥2m/d）波动。

②土层结冰温度低于-2℃（含盐）或有地下热源可能影响土体冻结。

③地层含水率低，影响土体冻结强度。

④用其他施工方法已扰动过的地层。

⑤有其他可能影响地层冻结或地层冻结可能严重影响周围环境的情况。

当冻结壁表面直接与大气接触，或通过导热物体与大气产生热交换时，应在冻结壁或导热物体表面采取保温措施。在冻结壁形成期间，冻结壁内或冻结壁外200m区域内的透水砂层中不宜采取降水措施。必须降水施工时，冻结设计应充分考虑降水产生的不利影响。

（3）冻结壁设计基本原则

①冻结壁一般宜按受压结构设计。

②在含水砂性土层中应采用封闭的冻结壁结构形式。

③冻结壁的几何形状宜与拟建地下结构的轮廓接近，并易于冻结孔布置。

④冻结壁结构形式选择应有利于控制土层冻胀与融沉对周围环境的影响。

⑤对冻结壁有严格变形控制要求时，可采用"冻实"的冻结形式。

旁通道的通道部分可采用直墙圆拱冻结壁，集水井可采取满堂加固或采用"V"形冻结壁。开挖后冻结壁应设初期支护或内支撑，但冻结壁承载力设计仍按独立承受全部荷载计算。冻结壁的厚度设计可采用既有围护结构或临时结构计算公式，只是其中的力学指标等参数换成人工冻土的参数即可。

（4）冻结设计基础参数确定

①永久结构形式

根据工程设计要求，获得永久结构形式和衬砌厚度。依此，地层冻结结构（冻结壁）形式就基本确定了。

②设计标志层冻土力学性质（指标）

按照现行《人工冻土物理力学性能试验》（MT/T 593）对关键地层（设计标志层）进行地层冻土物理力学性质试验，获取人工冻土必要的物理力学指标和特性，以及冻敏性地层冻胀、融沉特性。

③初选冻结壁有效平均温度

一般根据经验初选冻结壁有效平均温度，再根据所选温度对应的冻土物理力学指标和特性，初算冻结壁厚度，然后再匡算经济合理性，最后调整和优化冻结壁有效平均温度和冻结壁厚度。冻结壁平均温度应根据冻结壁承受荷载大小（或开挖深度）、冻胀融沉可能对环境造成的影响及工艺合理性确定。浅层冻结工程，一般情况下可按表6-12选取。冻结壁承受荷载大、安全要求高的工程宜取较低的冻结壁平均温度。当土层含盐量较高时，应经试验确定盐水温度。维持冻结期间（开挖和支护）的盐水温度，应根据冻结壁状况、侧帮温度和测温孔温度资料确定。

浅层工程冻结壁有效平均温度设计参考值　　　　　　　表6-12

开挖深度H_e(m)	< 12	12 ~ 30	> 30
冻结壁平均温度T_a(℃)	−6 ~ −8	−8 ~ −10	≤ −10

（5）冻结壁厚度设计与强度检验

对于浅层工程中表6-12的Ⅱ类冻结壁要按承载力要求设计冻结壁厚度E_{th}。无论是矩形、方形、圆形（水平、垂直或者倾斜）或者其他任何形状冻土结构，都可以套用地下结构设计公式。不同的是，力学指标变为冻土的物理力学性质指标，这些指标都与温度直接相关。当温度发生变化，对应的物理力学性质指标也都要变化。尤其是其中的冰，是一个随温度而变的物质，必须高度重视它的特性和存在，所有能影响其状态和性能变化的外界因素都应高度重视。另外，在开挖过程中，也可以通过信息化监测了解冻结壁的稳定性，通过调节冻结温度来改善冻结壁的稳定性。地层冻结法是在施工过程中能够根据需要及时改变冻土围护结构力学指标的工法，它具有其他工法无法比拟的优越性。

冻结壁内力宜采用通用力学计算方法计算。冻结壁本身因地层材料及冻土排柱组成是非常复杂和非均质的。但多数情况下浅层工程的冻土结构的力学计算模型可简化为均质弹性体，其力学特性参数宜取设计冻结壁平均温度下的冻土力学特性指标。一般情况下，开挖后应及时施作初期支护，冻结壁的空帮时间不宜大于24h。按下列公式进行冻结壁的强度检验，一般情况下可只进行抗压、抗折和抗剪强度检验。

$$K_s \sigma_s \leq \sigma_k \tag{6-18}$$

式中：σ_s——冻结壁计算应力（MPa）；

σ_k——冻土的瞬时强度指标；

K_s——安全系数，Ⅱ类冻结壁强度检验安全系数按表6-13选取，对于冻结纯黏土，取值可以适当小一点。

Ⅱ类冻结壁强度检验安全系数 K_s 表 6-13

项　　目	抗　压	抗　折	抗　剪
安全系数 K_s	2.0	3.0	2.0

如相邻管线或其他建(构)筑物变形控制等有特殊要求时,必须验算冻结壁的变形。

地铁工程中旁通道喇叭口处的冻结壁设计厚度不应小于 0.8m,其他部位的冻结壁设计厚度不应小于 1.4m。在冻结壁与盾构隧道管片的交接面强度未经计算检验时,冻结壁与隧道管片的交接面宽度不得小于喇叭口处的冻结壁设计厚度,且与冻结壁交界面上的最低温度不得高于设计平均温度。

圆形冻土墙还必须进行环向稳定性和竖向稳定性(冻结管)校核;对于变形比较大者,需要对冻结管安全性校核。对于重力式冻土挡墙结构、悬臂式冻土挡墙结构、薄板冻土墙结构等可直接套用现有计算公式,采用冻土的力学参数进行设计。同时需要校核冻土墙的嵌固深度、冻土墙厚度校核(根据抗倾覆稳定条件计算)、基坑底抗隆和基坑底抗突涌,以及坑底最大渗水量核算。

4)冻结系统设计

根据永久结构设计获得其形式和衬砌厚度,由此选定冻土围护结构形式和设计计算模型。根据边界条件[建(构)筑物安全要求及开挖条件等]、工程地质和水文地质条件、人工冻土物理力学性质等,就可以初算出冻土围护结构的厚度和对应的冻土围护结构平均温度,由此计算出盐水温度、冻结孔间距、冷却水量、装机容量及功耗等。

(1)冻结孔布置

根据永久结构设计和冻结壁围护结构设计,以及工程地质和水文地质资料,可基本确定冻结孔布置参数如冻结孔间距(开孔间距、成孔控制间距、冻结孔孔位)、冻结孔深度和冻结孔偏斜精度要求(根据钻机钻进精度)等。冻结孔成孔控制间距取决于冻结壁设计厚度、冻结壁平均温度、盐水温度和冻结工期的要求。冻结孔开孔间距不宜大于冻结孔成孔控制间距与冻结孔最大偏斜之差。当单排冻结孔在规定冻结工期内达不到设计冻结壁厚度和平均温度,或者达不到设计强度时,应布置多排冻结孔冻结。

在市政工程中,冻结孔应均匀布置并避开地层中的障碍物。在盾构隧道管片上布置冻结孔时,开孔位置应避开管片接缝、螺栓口,并且宜避开钢筋混凝土管片主筋和钢管片肋板。单排冻结孔成孔控制间距参照表 6-14 选取,冻结孔偏斜精度要求可按表 6-15 确定,但不宜大于冻结壁设计厚度。冻结壁温度要求同表 6-12。多排冻结孔密集布置时,内部冻结孔成孔控制间距可取边孔的 1.2 倍。

单排冻结孔成孔控制间距参考值　　　　　表 6-14

冻结孔类型	水平或倾斜冻结孔			竖直冻结孔	
冻结孔深度 H(m)	≤10	10~30	30~60	≤40	40~100
冻结孔成孔控制间距 S_{max} (cm)	1100~1300	1300~1600	1600~2000	1200~1400	1400~1800

冻结孔类型	水平或倾斜冻结孔			竖直冻结孔	
冻结孔深度 H(m)	≤10	10~30	30~60	≤40	40~100
冻结孔最大偏斜 R_p(cm)	150	150~350	350~600	150~250	250~400

盾构隧道联络通道单侧冻结时,在冻结孔未穿透管片的另一侧隧道管片内表面敷设冷冻排管,以补强冻结壁与隧道管片的交接面。冷冻排管的敷设范围不应小于冻结壁设计厚度,冷冻排管的内径不应小于30mm,管间距不应大于0.5m。

浅层地下工程的冻结孔深(长)度按下式确定:

$$L_t = L_{bt} + L_{uc} + L_0 \tag{6-19}$$

式中:L_t——冻结孔深(长)度(m);

L_{bt}——冻结孔孔口到冻结壁设计底部的有效距离(m);

L_{uc}——不能循环盐水的冻结管端部长度(m);

L_0——冻结管端部冻结削弱影响深(长)度(m)。

当碰到对侧隧道管片,则不能循环盐水的冻结管端部长度L_{uc}不得大于150mm。建议开孔间距在400~650mm之间选取,放射式冻结孔开孔间距在300~800mm之间选取。需要注意的是,过小的开孔间距容易导致两孔之间贯穿。

按冻结孔钻进允许偏斜率计算,冻结孔布置直径D_0为:

$$D_0 = D_1 + 2(nE_{th} + eH) \tag{6-20}$$

式中:D_1——开挖直径(m);

n——内侧冻结壁厚度占冻结壁总厚度E_{th}的百分数(%);

e——冻结孔允许偏斜率(%),$e \leq 0.3\%$;

H——冻结孔深度(m)。

计算得到冻结孔布置直径D_0,取冻结孔间距为L_s,则冻结孔的总数为:

$$N = \frac{\pi D_0}{L_s} \tag{6-21}$$

据此确定开挖深度处孔间距,根据相邻两孔间冻结扩展速度确定冻结壁的交圈时间。

(2)冻结壁平均温度

冻结壁平均温度计算是一个复杂的问题,很难准确计算出冻结壁的平均温度,只能通过简化边界条件做近似计算。冻结壁交圈后的温度分布可简化为定常温度场进行计算。冻结壁扩展过程和平均温度可采用通用数值方法或通用经验公式计算。国内外在这方面做了很多的探索,比较简单的是按稳定温度场,根据冻结管内盐水平均温度取冻结管外壁表面温度略高3℃~4℃,设定冻结壁内外两侧表温度并通过测温孔温度推定该值,以此计算冻结壁单位体积平均温度T_{av}。

冻结壁达到设计厚度后,假设η为温度场,在冻结壁内、外侧的平均温度T_i、T_o分别按下式计算:

$$T_i = T_s + \frac{T_b - T_s}{\left(\dfrac{r + \eta E_{th}}{r}\right)^2 - 1}\left[\left(\frac{r + \eta E_{th}}{r}\right)^2\left(\ln\frac{r + \eta E_{th}}{r} - \frac{1}{2}\right) + \frac{1}{2}\right] \tag{6-22}$$

$$T_{o} = T_{c} + \frac{T_{s} - T_{b}}{\left(\dfrac{R}{r + \eta\,E_{th}}\right)^{2} - 1}\left[\left(\frac{R}{r + \eta\,E_{th}}\right)^{2}\left(\ln\frac{R}{r + \eta\,E_{th}} - \frac{1}{2}\right) + \frac{1}{2}\right] \tag{6-23}$$

则圆形冻结壁平均温度为：

$$T_{av} = \frac{V_{1}\,T_{i} + V_{2}\,T_{o}}{V_{1} + V_{2}} \tag{6-24}$$

上述式中：T_{s}——地层冻结温度（℃）；

$\qquad$ T_{b}——盐水温度（℃）；

$\qquad$ r——冻结壁内半径（m）；

$\qquad$ η——冻结壁向井心内侧扩散系数，一般取 $0.55 \sim 0.60$；

$\qquad$ E_{th}——冻结壁厚度（m）；

$\qquad$ R——冻结壁外半径（m）；

$\quad$ V_{1}、V_{2}——分别为冻结壁内、外侧沿深度方向上单位体积（m^{3}）。

单排冻结孔的冻结直墙达到设计厚度后，按稳定场计算平均温度，可采用下列公式：

$$T_{av} = T_{b}\frac{\ln\dfrac{E_{th}}{L_{s}}}{2\ln\dfrac{E_{th}}{2\,r_{ft}}} \tag{6-25}$$

式中：r_{ft}——冻结管外半径（m）。

对于双排或者多排冻结孔冻结壁的平均温度，可根据上述计算公式结合冻结孔排距进行估算。

（3）盐水温度

盐水温度与盐水流量应满足在设计的时间内使冻结壁厚度和平均温度达到设计值的要求。最低盐水温度应根据冻结壁设计平均温度、地层环境及气候条件确定。根据表6-16初选最低盐水温度。设计冻结壁平均温度低、地温高、气温低时，宜取较低的盐水温度。

浅层工程最低盐水温度设计参考值 表6-16

冻结壁平均温度T_{p}（℃）	$-6 \sim -8$	$-8 \sim -10$	$\leqslant -10$
最低盐水温度T_{y}（℃）	$-26 \sim -28$	$-28 \sim -30$	$-30 \sim -32$

注：竖井冻结时，盐水温度根据竖井开挖直径选取，直径越大，选取温度应越低。

在冻结施工全过程中，盐水温度控制是不同的。一般积极冻结期前 $15 \sim 20d$ 盐水温度降至 $-25℃$ 以下（设计最低盐水温度高于 $-25℃$ 时取设计最低盐水温度），开挖过程中盐水温度降至设计最低盐水温度以下。施作初期支护后可进行维护冻结，但维护冻结盐水温度不宜高于 $-22℃ \sim -28℃$（取决于地层深度和冻结壁平均温度）。一般来说，在保证冻结壁平均温度和厚度达到设计要求且实测判定冻结壁安全的情况下，开挖过程中可适当提高盐水温度，但不宜高于 $-25℃$。

（4）冻结壁形成时间

冻结壁完全形成时，冻结壁厚度、冻结壁平均温度、冻结壁内侧温度全都要达到设计要求。冻结壁形成期一般不应少于预计冻结壁厚度和平均温度达到设计要求的时间。

①冻结壁扩展厚度计算

$$E_{th} = 2 v_{dp} t_f \qquad (6-26)$$

或者达到冻结壁设计厚度的冻结时间为：

$$t_f = \frac{E_{th}}{2v_{dp}} \qquad (6-27)$$

式中：E_{th}——预计冻结壁厚度(m)；

　　v_{dp}——冻结壁平均扩展速度(m/d)，与冻结壁厚度、地层性质、盐水温度相关，砂性土介于 1.70 ~ 2.20cm/d 之间，黏性土介于 1.40 ~ 1.65cm/d 之间；

　　t_f——冻结时间(d)。

冻结壁平均扩展速度可按表 6-17 选用或采用通用计算方法计算。

冻结壁平均扩展速度 　　　　　表 6-17

冻结时间 t(d)	20	30	40	50	60
冻结壁平均扩展速度v_{dp}(cm/d)	34	28	24	22	20

②冻结壁交圈时间

$$t_{ec} = \frac{L_{max}}{2v_{dp}} \qquad (6-28)$$

式中：t_{ec}——预计冻结壁交圈时间(d)；

　　L_{max}——冻结孔成孔最大间距(m)。

冻结壁完全形成的时间按下式计算：

$$t_f = \frac{\sqrt{\left(\dfrac{L_{max}}{2}\right)^2 + (nE_{th})^2}}{v_{dp}} \qquad (6-29)$$

上述冻结壁交圈时间、冻结壁完全形成时间的计算结果，还需根据水文孔冒水时间和测温孔测得的资料进一步分析确定。

(5)冻土热容量(吸收冷量)计算

$1m^3$ 地层从原始温度降至某设计温度所放出的热量(或者所吸收的冷量)，称为冻土的热容量(kJ/m^3)。冻土的热容量计算公式如下：

$$Q_s = Q_{w0} + Q_{wi} + Q_{wm} + Q_g \qquad (6-30)$$

式中：Q_s——$1m^3$ 地层从原始温度 T_0 降到某设计温度 T_{av} 所放出的热量(kJ/m^3)；

　　Q_{w0}——$1m^3$ 地层中的水从原始温度 T_0 降到结冰温度 T_i 所放出的热量(kJ/m^3)；

　　Q_{wi}——$1m^3$ 地层中水结冰所释放的潜热(kJ/m^3)；

　　Q_{wm}——$1m^3$ 地层中的冰从冰点温度 T_i 降到设计平均冻结温度 T_{av} 所放出的热量(kJ/m^3)；

　　Q_g——$1m^3$ 地层中的土颗粒从原始温度 T_0 降到设计平均冻结温度 T_{av} 所放出的热量(kJ/m^3)。

$$Q_{w0} = wc_w(T_0 - T_i)\rho_w \qquad (6-31)$$

式中：w——地层含水率(%)；

　　c_w——水的比热容 $kJ/(kg \cdot K)$，取 4.2kJ/$(kg \cdot K)$；

　　ρ_w——水的密度(kg/m^3)，取 1000kg/m^3；

T_0——地层原始温度(℃);

T_i——地层中水的结冰温度(℃);

Q_{wi}——1m³地层中水结冰所释放的潜热(kJ/m³)。

$$Q_{wi} = (w - w_u) \gamma_w l_w \tag{6-32}$$

式中:w_u——结冰后的未冻水含率(%);

γ_w——水的重度(kN/m³),取 1000kN/m³;

l_w——单位质量水结冰时放出的潜热量(kJ/kg),取 336kJ/kg;

Q_{wm}——1m³地层中的冰从冰点温度T_i降到设计平均冻结温度T_{av}所放出的热量(kJ/m³)。

$$Q_{wm} = (w - w_u) c_i \rho_i (T_i - T_{av}) \tag{6-33}$$

式中:c_i——冰的比热容[kJ/(kg·K)],取 2.1kJ/(kg·K);

ρ_i——冰的密度(kg/m³),取 900kg/m³。

$$Q_g = (1 - w) c_s \gamma_s (T_0 - T_{av}) \tag{6-34}$$

式中:Q_g——1m³地层中的土颗粒从原始温度T_0降到设计平均冻结温度T_{av}所放出的热量(kJ/m³);

c_s——地层中融土土颗粒的比热[kJ/(kg·K)],实测值介于 0.71 ~ 0.84kJ/(kg·K) 之间;

γ_s——地层中融土土颗粒重度(kN/m³),取 13 ~ 17kN/m³。

由上式计算出单位体积地层从原始地温冻结到设计所放出热量(所吸收冷量)后,就可以计算出整个冻结壁所放出总热量(所吸收总冷量)。再考虑供液和回液等全部管路损失冷量以及冻结壁外表损失冷量,从而可以计算出冻结站的总需冷量。冻结站的总需冷量Q_0可通过下式计算:

$$Q_0 = K_1 \pi d h_0 n_{ft} q_a \tag{6-35}$$

式中:Q_0——工程的实际需要制冷量(kW);

K_1——冷媒全部管路损失系数,一般取 1.1 ~ 1.25;

d——冻结管直径(m);

h_0——竖井冻结深度(m),对于多圈冻结或者浅层市政工程即为全部冻结器总长度;

n_{ft}——冻结管总数量;

q_a——冻结管的吸热率(W/m³),取 0.26 ~ 0.29W/m³。

(6)盐水循环系统

盐水循环系统在制冷过程中起着冷量(或热量)传递核心作用。该循环系统由盐水箱、盐水泵、去路盐水干管、配液圈、冻结器、集液圈及回路盐水干管组成。其中盐水泵是驱动盐水流动的动力;冻结器由并结管、供液管和回液管组成,是低温盐水与地层进行热交换的换热器,盐水流速越快,换热强度就越大。根据工程需要可采用正反两种盐水循环系统,正常情况下使用正循环供液。为了观察盐水在冻结管中是否漏失,应在去、回路盐水干管和冻结器进出口处安装流量计。

①盐水管路直径按管内允许流速c_{bv}确定

盐水干管内允许流速$c_{bv} = 1.5 ~ 2.0$m/s,冻结器环行空间 $c_{bv} = 0.1 ~ 0.2$m/s,供液管$c_{bv} = 0.6 ~ 1.5$m/s。

②盐水流量Q_b

$$Q_b = \frac{Q_0}{\rho_b c_{bs} \Delta T} \tag{6-36}$$

式中：Q_b——盐水流量(m^3/s)；

ρ_b——盐水密度(kg/m^3)，取1250~1270kg/m^3；

c_{bs}——盐水比热[$kJ/(kg \cdot K)$]，一般取2.73$kJ/(kg \cdot K)$；

ΔT——去、回路盐水温度差(℃)。

③盐水泵扬程

$$H_r = 1.15(h_1 + h_2 + h_3 + h_4) + h_5 + h_6 \tag{6-37}$$

式中：H_r——盐水泵扬程(m)，可取盐水管路总长度的10%作为扬程；

h_1——盐水干管、配集液圈中的压头损失(m)；

h_2——供液管内压头损失(m)；

h_3——冻结器环行空间压头损失(m)；

h_4——盐水管路中弯管、三通、阀门等局部压头损失(m)，一般按($h_1 + h_2 + h_3$)20%取；

h_5——盐水泵的压头损失(m)，一般取3~5m；

h_6——回路盐水管高出盐水泵的高度(m)，一般取1.5m。

管路压头损失(h_1、h_2、h_3)可按下式计算：

$$h_i = \lambda \frac{L_b c_{bs}^2}{2g \, d_b} \tag{6-38}$$

式中：h_i——管路压头损失(m)；

L_b——计算的管路长度(m)；

d_b——计算处的管路直径(m)；

g——重力加速度(m/s^2)，取9.8m/s^2；

λ——盐水流动阻力系数，紊流时($R_1 > 2300$)，$\lambda = \frac{0.3164}{4\sqrt{R_e}}$，紊流时($R_1 \leqslant 2300$)，

$\lambda = \frac{64}{\sqrt{R_e}}$；

R_e——雷诺数，$R_e = \frac{c_{bv} d_b \rho}{\mu_b g}$，一般要求盐水在管路内处于层流工作状况；

μ_b——盐水动力黏滞系数($Pa \cdot s/m^3$)，一般$\mu_b = 2.93 \times 10^3 Pa \cdot s/m^3$。

④盐水泵功率

$$N_P = \frac{9.81 \times 10^{-3} Q_b H_r \rho}{\eta_1 \eta_2} \tag{6-39}$$

式中：N_P——盐水泵功率(kW)；

η_1——盐水泵效率，取0.75；

η_2——电动机效率，取0.85。

冻结孔单孔盐水流量应根据冻结管散热要求、去、回路盐水温差及冻结管直径确定。冻结管内盐水流动状态宜处于层流与紊流之间。并联的冻结孔单孔盐水流量之和不得小于计算的

盐水循环总流量Q_b。一般情况下,冻结孔单孔盐水流量可按表 6-18 选取,冻结管直径大时取较大的盐水流量。

冷却水系统参照盐水循环系统进行计算即可。

单孔盐水流量设计参考值   表 6-18

冻结孔串联长度$L_k(m)$	≤40	40~80	>80
单孔盐水流量$Q_{yk}(m^3/h)$	3.0~5.0	5.0~8.0	≥8.0

(7)冻结管及管路系统

①冻结孔施工

对于浅层冻结工程,必须在隧道允许空间范围内搭设稳固可靠的冻结孔钻进平台。钻进平台上应有对应设计冻结孔开孔位置的固定孔位和钻机架设空间。

水平钻孔开孔时,应采用罗盘和经纬仪找倾角和方位角。罗盘和经纬仪在开工前和施工过程中必须进行检验校核,确保其精度。水平钻孔成孔后必须进行测斜。水平孔的施工采用跟管钻进技术,钻进时的钻杆或夯管时的钻杆采用冻结管,可以选用直径 89~127mm 的低碳钢无缝管材。钻进用的钻杆应采用丝扣连接,而夯管时的钻杆应采用带有内接箍的对接焊接。在施工含水地层时,必须采用二次开孔方法开孔并安装孔口密封装置,防止钻进时孔口涌水、涌砂。

冻结孔的钻进应在刚开始钻进时轻压,钻进时逐渐加压。加压时应观察指示钻压的油压表,确保油压表不能超过允许值,并保持中速钻进。

②测斜和防偏

a.对于距离小于 30m 的水平孔,可采用经纬仪灯光测斜方法在成孔后进行测斜;对于距离大于 30m 的水平孔,应用水平陀螺测斜仪每隔 20~30m 测斜一次。

b.钻孔终孔偏斜图:根据各个水平孔测斜数据绘制终孔投影图。

c.防偏:为打直冻结孔,应采用防偏措施。

d.准确定出开孔孔位,并在隧道两帮布点,以便于施工中校验、控制冻结孔方向。

e.在施工第一个冻结孔时,应分析主要地层钻进过程的参数变化情况,并检查地质、水文情况,如发现异常,应及时采取针对性措施。

f.确保冻结管加工质量,应先配管确认冻结管连接顺直后再钻进。

g.应采用牢固、稳定性好的施工平台。

h.孔口段冻结管方位是影响整根冻结管偏斜的关键。在施工第一节冻结管时,应反复校验冻结管的方位,确保偏差在允许的范围之内。

i.在对接冻结管时,应保证同心度和冻结管连接后顺直。

冻结孔钻进过程要注意测斜和纠偏,以保证冻结孔成孔质量。钻孔深度不得短于设计深度。全部钻孔应经验收合格后,方可拆除钻机。

③冻结管路系统施工

冻结管路系统主要设备有盐水泵,去、回路盐水干管,盐水沟槽,配液圈与集液圈,冻结管等。

a.冻结管

冻结管质量的好坏关系着冻结工程的成败,因此冻结管应选用导热和低温性能好的材质,宜采用20号低碳钢无缝钢管。冻结管外径一般可选用89～127mm,不宜小于73mm,管壁厚度不宜小于5mm。对于特殊要求,可以灵活选择冻结管外径和管壁厚度。

冻结管的连接方式有对焊或丝扣连接。但是对于深冻结井的冻结管接头,宜采用与管材同材质的内衬箍对焊连接,多个深冻结深井应用的实践证明,其效果好于丝扣连接。内衬箍长度一般为冻结管管径的1.5倍,厚度不小于5mm,接头处冻结管两端必须有坡口,外套箍长度一般为冻结管管径的1.5倍,厚度不小于冻结管本身厚度,套箍两端必须有坡口。同时要特别注意选材和焊接,冻结管、衬(套)箍、焊条三者的材质必须相同。焊缝必须饱满无任何缝隙和焊眼。焊接后必须冷却10min左右才能放入冻结孔内。冻结管安装(下放或者推进)中必须严格执行操作规程。安装完成后按规程压力试漏,确保不渗漏盐水。尤其是对冻结管路布置比较复杂的要求要更高,试压时间更长。否则,若在施工过程中出现冻结管渗漏盐水,工程就会失败。密封性不合格的冻结管必须进行处理达到密封要求,漏管处理应首选拔管重新安装,其次采用堵漏法封堵,最后才是补钻冻结孔。图6-21为冻结管现场安装。

图6-21　冻结管现场安装

b.盐水循环系统

盐水循环设备应特别注意保温措施,去、回路盐水干管铺设在四周保温的沟槽内。沟槽是否全部或半掩埋在地下,要根据现场实际情况而定。埋入地下部分越多,则热损耗越稳定,将不受季节影响。配液圈和集液圈架设在井口环形沟槽顶部,底板应高于地下水位。为使去、回路盐水管阻力相等,配液均匀,配液圈和集液圈应做成一端封闭的圆环。环形沟槽应有适当空间,以便测温、检修。

④冻结站施工

冻结站制冷设备、盐水泵、冷却水泵及其管路系统的安装应符合现行《制冷设备、空气分离设备安装工程施工及验收规范》(GB 50274)、《机械设备安装工程施工及验收通用规范》(GB 502311)、《工业金属管道工程施工规范》(GB 50235)等的有关规定。配电系统安装及调试应符合现行《电气装置安装工程 盘、柜及二次回路接线施工及验收规范》(GB 50171)的有关规定。

以液氨为制冷剂的间接冻结系统为例介绍冻结站的施工注意事项。

a. 设备、制冷站采用的旧设备、压力容器及管道阀门必须清洗干净并经压力试验合格。

b. 氨用浮球阀、液面指示器、放空气器、安全阀等安装前必须进行灵敏性试验。

c. 深井冻结时宜安设空气分离器、液氨分离器及冷却水水质处理装置,以提高制冷效率。

d. 氨、盐水系统的管路应采用低碳钢无缝钢管,弯头、法兰盖应采用低温的碳素钢制作。氨循环系统中的设备及阀门、压力表等必须采用氨专用产品。阀门、管件等严禁采用铜和铜合金材料(磷青铜除外)。与制冷剂接触的铝密封垫片应使用高纯度的铝材。法兰、螺纹等连接处的密封材料必须符合有关规定。

e. 盐水循环系统最高部位处应设置放空气阀门,蒸发器盐水箱应安设盐水液面自动报警装置,干管上及位于配液圈首尾冻结器供液或回液管上宜设置流量计。管路上的测温孔插座位置、尺寸及角度应符合设计要求。

f. 制冷站氨循环系统、盐水干管、配集液圈的密封性试验,应符合现行规范的有关规定。制冷站管路密封性试验合格后,对氨低压、中压系统容器、管路及盐水干管、配集液盐水干管、配集液圈必须按设计要求铺设保温层和防潮层,并应对氨系统按有关规定要求的颜色刷漆。

g. 制冷站正式运转前、应对冷却水、盐水及氨系统进行试运转,各系统应达到设计要求。图 6-22 为冻结法施工中的冷冻机。

图 6-22　冻结法施工中的冷冻机

⑤观测孔的布置

冻结施工时往往在冻结管圈外布置一定数量的测温孔,在测温孔内设置多个测温点来监测冻结壁的温度变化,掌握冻结过程。对于浅层冻结工程,在封闭冻结结构内设置水文观测孔或地下水压力观测孔非常必要。其一是可以利用水文孔的水位变化和回水了解含水层中冻胀水的上升,从而达到准确掌握冻结壁交圈情况的目的;其二是通过对水文孔纵向测温可以较好地了解井筒中部在冻结壁形成期间井中地温的降温过程;其三是由于通过水文孔可以排走冻胀水,因此可以减轻因土的冻胀而发生的附加压力,以达到泄压目的。

必须防止因水文观察孔施工、设计不妥而引起含水层之间产生纵向对流,影响冻结的情况。因此,水文孔的花管位置设计及结构十分重要,如果设计位置不当,或者事先对地层中各含水层深度判断不准,就可能使水文孔成为各含水层导水的连通器,不同水压头的含水层通过水文花管互相串通,在地下形成流动,从而对冻结壁正常形成造成很大的隐患,甚至造成永不交圈的窗口。

⑥验收

对实际孔位及冻结管、测温孔、水文孔的深度,最终测斜成果以及冻结管的试压资料,应由有关单位进行验收。对冻结孔最终测斜成果有质疑时,由第三方进行复测。

本章思考题

1. 地下水的类型及存在形式都有哪些?

2. 用图示方法表示上层滞水、潜水和承压水概念。

3. 地下水对施工的影响有哪些? 如何削弱这些影响?

4. 结合水与自由水的区别是什么?

5. 什么是流砂、管涌和突涌? 它们发生的条件是什么?

6. 施工降水有什么作用?

7. 地下水降水方案分为哪几种?

8. 常见的止水方案分为哪几种?

9. 降水设计的全过程流程是什么?

10. 简述地层冻结法止水的原理及优势。

11. 简述注浆止水的原理及应用范围。

12. 简述几种常见地质条件下地下水降水方法。

第7章
CHAPTER 7

暗挖工程施工方法选择与关键技术

暗挖法多应用于第四纪软弱地层,开挖方法有全断面法、台阶法、中洞法、单侧壁导坑法、中隔壁法、双侧壁导坑法等。暗挖法具有灵活多变,对地面既有构筑物、道路和地下综合管廊等建(构)筑物的影响小等优点,是地铁工程常用的施工工法。

7.1 暗挖工程基本作业程序

7.1.1 概述

洞室开挖是地下建筑施工中的一项主导工程,钻爆法是开挖岩石洞室的常规方法,浅埋暗挖法是开挖第四纪土层或土岩混合地层中隧道或地下洞室的常规方法。它们都由开挖、初期支护、运输、二次衬砌四项施工作业组成。这四项施工作业因直接改变着作为劳动对象的围岩(土或岩石),控制和决定着开挖工程的进度和工期,所以,它们又称为基本作业。

顺序完成这四项基本作业后,开挖的洞室就向前推进一段。完成这四项基本作业,即称为一个开挖循环(或掘进循环);每向前推进一段的长度,就叫做一循环开挖进尺,简称循环进尺。

开挖工程中除上述四项基本作业外,还有测量、供气、供水、通风、防尘等。这些作业因不直接改变劳动的对象(围岩),系为基本作业创造正常工作条件或为改善劳动条件,本身占用有效工时不长,所以通常把这些作业称为辅助作业。

浅埋暗挖法的作业内容如图 7-1 所示。

7.1.2 开挖

在交通繁忙的城市道路、铁路或建筑物下修建隧道、仓库、车场等地下结构工程时,由于地面荷载较大,为防止隧道开挖引起地层变形从而影响地面正常活动,可采用超前小导管或管棚等超前支护技术使地下隧道或洞室工程顺利实施。管棚超前支护技术亦适用于地下工程的特殊或困难地段,如软弱土层、极破碎岩体、塌方体及岩堆区等。当遇到流塑状软岩地层或岩溶区严重流泥地段时,管棚结合围岩预注浆可成为有效的施工方法。

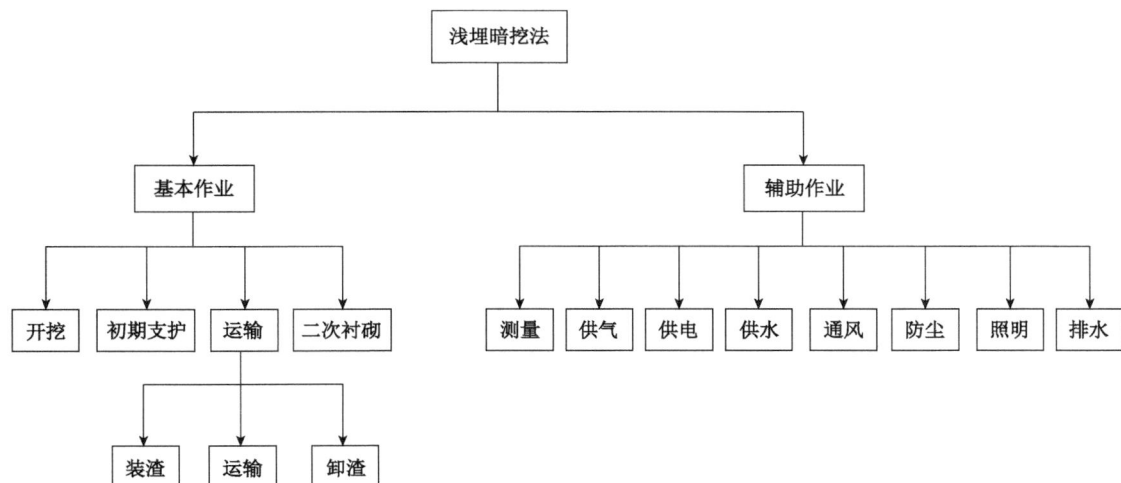

图 7-1 浅埋暗挖法作业内容

1)超前支护打设

为了保证隧道开挖面的稳定,暗挖区间或者暗挖车站开挖之前通常需要施作超前支护,超前小导管与管棚是目前暗挖工程中常用的超前支护方式,超前小导管与管棚的施工方法基本相同,超前小导管较短,可采用撞击或钻机顶入方式,而管棚直径更大、更长,往往需要采用钻孔方式施作。一般施工工序包括开挖工作室、钻孔、安装导管或管棚、钢管内注浆以及掘砌施工等。

(1)开挖工作室

在隧道或洞室的开端开挖工作室,以设立导管推进基底和钻眼施工空间。工作室的开挖尺寸应根据钻机和钢管推进机的规格确定,一般要超出隧道或洞室轮廓线外 0.5 ~ 1.0m。开挖工作室采用普通施工方法,但要加强支护,一般需设受力钢支架。

(2)钻孔

管棚钻孔基本为水平钻进,一般应由高孔位向低孔位顺序进行。孔径根据管棚直径确定,一般比设计的管棚直径大 30 ~ 40mm,以便于顶进;孔眼深度要大于导管总长度。钻机选型由一次钻孔深度和孔径决定,目前国内多采用地质钻机。

架立钻机时,应精确核定孔位,使钻杆轴线与管棚设计轴线吻合以保证钻孔不产生偏移和倾斜。钻孔过程中须及时测斜,钻孔的外插角允许偏差为 0.5% ,若钻孔不合格或遇卡钻、塌孔时,应采用注浆法封堵后重钻。

(3)安装导管或管棚

根据钻孔深度大小可采用相应的安装钢管技术。对于塌孔严重地段,可直接将管棚钢管钻入,使钻孔与安装一次完成。一般对于孔深小于 15m 的短孔,可用人工安装或机械顶进。深孔则用钻机顶进,在顶进过程中,必须用测斜仪严格控制上仰角度。接长管棚钢管时,接头要采用厚壁管箍,上满丝扣,确保连接可靠。

（4）钢管内注浆

钢管就位后,可用水泥砂浆或水泥-水玻璃浆液进行管内注浆填充,一般以浆液注满钢管为止。当围岩或土层松软破碎时,可在管棚钢管上事先钻小孔,使浆液能扩散至钢管周围。为了增加管棚强度,可于钢管内加钢筋笼后再注浆。

管棚钢管内注浆用泵灌注,钻孔封堵口设有进料孔和出气孔,浆液由出气孔流出时,说明管内已注满,应停止压注。

（5）掘砌施工

掘砌施工在管棚注浆结束、浆液初凝具有一定强度后方可进行。用管棚法施工的地下隧道或洞室断面都比较大,所处地段的岩层或土层软弱破碎,多选用单侧壁导坑法或双侧壁导坑法掘进;由机械开挖或人工与机械混合法开挖,以尽量减小对围岩的扰动。目前施工多选用小功率、小尺寸的小型挖掘机或单臂掘进机。开挖时,工作面 1 与 2 的距离应保持在 $4 \sim 6m$,不应过大,工作面 1 与 3 间应大于 $10m$,以确保施工安全,如图 7-2 和图 7-3 所示。

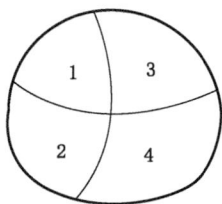

图 7-2　开挖顺序横断面示意图　　　　图 7-3　开挖顺序纵断面示意图

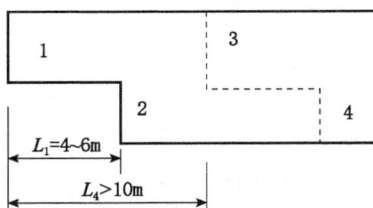

2）正常段开挖

正常段开挖一般采用人工开挖、机械开挖及人工配合机械化开挖等方法。

（1）当开挖断面较小,在进行地层加固后采用全断面施工时,可以采用掘进机开挖或者人工开挖。

（2）当开挖断面较大,可以利用台阶法进行施工,采用人工配合机械化开挖,上台阶采用人工开挖,下台阶采用掘进机开挖、人工修整。

（3）当开挖断面很大,采用分部开挖施工时,各部视具体情况,可采用人工开挖或掘进机开挖、人工修整。

（4）在遇到中硬或坚硬岩石,掘进机或人工开挖方法不能满足要求时,可采用钻爆法开挖。

由于浅埋地下工程上覆层较薄,钻爆法开挖容易引起上方岩土体的坍塌,尤其是城市地下工程,上方岩土体多为人工填土,加之结构上方存在地下管线及地面建筑物等,会给钻爆法施工带来诸多困难,为了确保工程自身的稳定及构筑物免受损害,必须采用控制爆破技术。

3）开挖机械

本节主要介绍机械开挖中重要的施工机械——暗挖台车。

暗挖台车的主要功能如下:

①双臂功能分配如图 7-4 所示。

a)

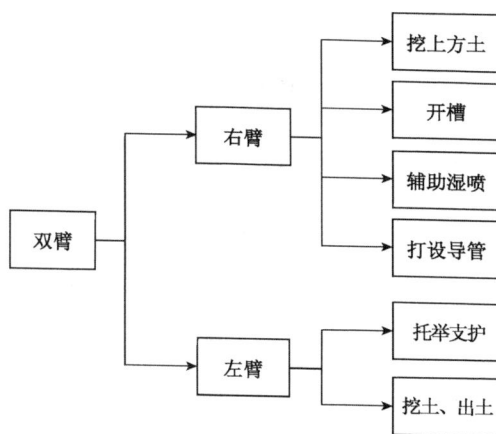

b)

图7-4 暗挖台车双臂功能分配

②功能介绍。

a.挖上方土

用右臂上的铣刨头进行切削。通过铣刨头的上下摆动、大臂的左右与上下摆动、大臂的长度变化等动作实现,如图7-5所示。

a)

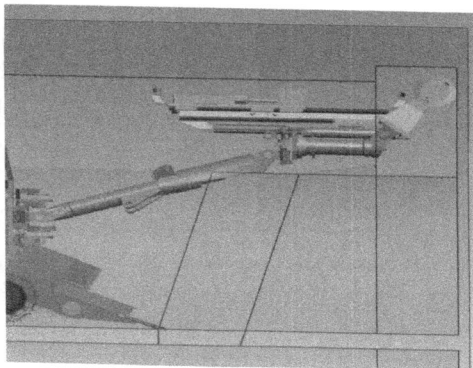

b)

图7-5 暗挖台车开槽作业示意图

大臂通过臂上的自动调平机构,可保证大臂在摆动过程中,铣刨头始终处于垂直向上状态。采用左臂铲斗,对格栅进行托举支护,如图7-6所示。

b.打设导管

用右臂上的导管机打设导管。对于黏土地层,采用静压方式或静压 + 冲击方式;对于砂卵地层,采用旋转 + 冲击的方式,如图7-7所示。

c.挖土、出土

采用左臂可以进行越障挖土,绕过核心土进行开挖。采用刮板式输料机进行出土,如图7-8所示。

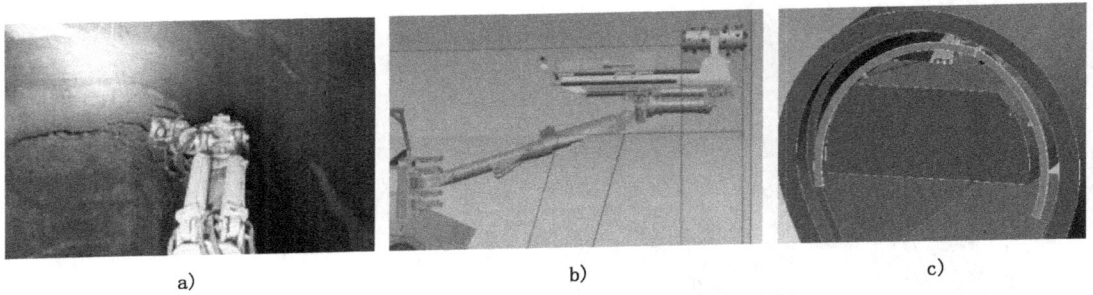

图 7-6　暗挖台车辅助支护与暗挖台车格栅托举示意图

图 7-7　暗挖台车打设导管

图 7-8　暗挖台车挖土、出土

7.1.3　初期支护

（1）初期支护的作用

初期支护主要是为了约束和控制围岩的变形，增强围岩的稳定性，防止塌方，保证施工作业的安全，如图 7-9 所示。

（2）初期支护类型

①按支护原理不同，初期支护可分为两类：第一类支护是以增强围岩自身稳定，加固围岩，充分发挥围岩自身承载能力为目的；第二类支护是用以支承围岩一定范围的松动岩体或可能

塌落的岩土体支撑,如各类柱式、排架、拱形支撑等。

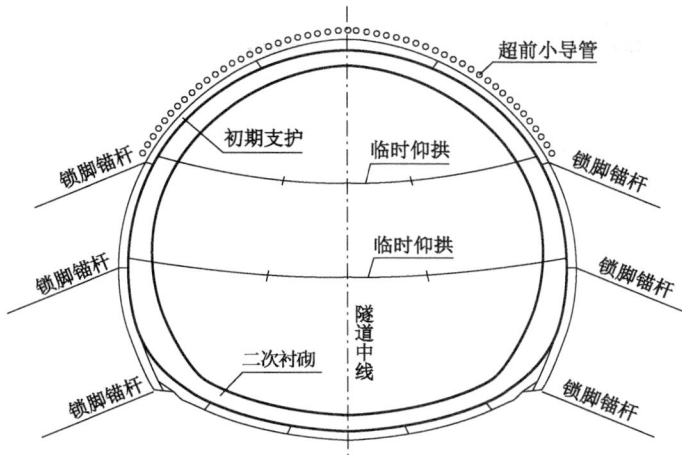

图 7-9 初期支护示意图

②按设置部位不同,初期支护可分为局部支护和沿断面周边支护。前者仅支护围岩的个别部位,后者则是对拱部和侧墙进行支护。

③按变形特征不同,初期支护可分为刚性支护和柔性支护。前者如各类刚性支撑,后者如可缩性支撑、钢筋网喷射混凝土等。为了有效约束围岩变形,支护刚度应与围岩变形性质相适应。

初期支护及临时支护施作情况如图 7-10 所示,喷射混凝土作业如图 7-11 所示。

图 7-10 初期支护及临时支撑施作情况

图 7-11 喷射混凝土作业

7.1.4 运输

隧道施工时,运输作业在一定条件下会成为影响掘进进度的重要因素。运输作业是把开挖的渣土在一定时间内装车,运到洞外,弃渣于指定地点,并把洞内施工所需的机具材料运入洞内指定场所。相关统计数据表明,运输作业在整个隧道作业循环时间中所占比重较大,占 40% ~ 50%。

1)装渣

装渣就是把开挖下来的渣土装入运输车辆,这项工作较费力费时。出渣量应为开挖后的虚渣体积,其计算式为:

$$Z = R\Delta LS \tag{7-1}$$

式中:Z——单循环开挖渣土量(m^3);

　　R——岩体膨胀系数或土体松散系数,见表7-1;

　　Δ——超挖系数,一般可取 1.15 ~ 1.25;

　　L——设计循环进尺(m);

　　S——开挖断面面积(m^2)。

不同围岩松散系数　　　　　　　　　　　　　　　　　　表 7-1

岩体类别	VI		V		IV	III	II	I
土石名称	砂砾	黏性土	砂夹卵石	硬黏土	石质	石质	石质	石质
松胀系数	1.1	1.2	1.1 ~ 1.15	1.2	1.4 ~ 1.6	1.7	1.8	1.85

出渣设备配置数量计算公式如下:

$$N = 7200 \frac{L V_1}{V_2 S t_1} \tag{7-2}$$

式中:N——出渣设备数量(台);

　　L——运输距离(km);

　　V_1——装渣设备铲斗容量(m^3);

　　V_2——运输设备厢斗容量(m^3);

　　S——运输设备速度(km/h);

　　t_1——装载时间(h)。

出渣时间计算公式如下:

$$t = \frac{Z t_1}{3600 V_1} \tag{7-3}$$

式中:t——出渣时间(h);

　　Z——单循环开挖渣土量(m^3);

　　t_1——装载时间(h);

　　V_1——装渣设备铲斗容量(m^3)。

使用漏斗或漏斗棚架出渣时,渣土依靠自重进入运载车内,省力省时,应尽量采用;而人力装渣劳动强度很大,仅在缺乏机械、断面小而无法使用机械装渣时才考虑采用。此外,机械装渣时,也需要人力装渣作为辅助(如机械不能到达的"死角"处需要人力辅助)。

(1)装渣机械

装渣方式与装渣机械类型有关,目前普遍采用的装渣机械有铲斗式、蟹爪式、立爪式装渣机等,如图 7-12 所示。

①铲斗式装渣机

铲斗式装渣机类型和特点见表 7-2。

a)铲斗式装渣机　　　　　　　　b)蟹爪式装渣机　　　　　　　　c)立爪式装渣机

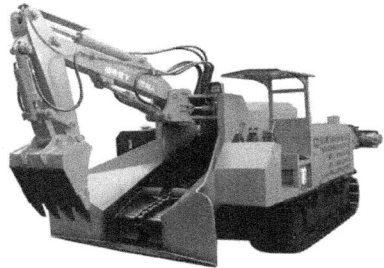

图7-12　运输设备

铲斗式装渣机类型和特点　　　　　　　　　　　　　　表7-2

分　类		特　点
按行走装置	轨道式	装车范围受轨道限制,需配合其他机械或人力积渣,需及时延伸轨道,采用小型斗车运输时,需设置调车设备和合理调车组织,适于中、小型断面
	履带式	装渣机移动灵活,装渣范围大,死角小,不需铺设轨道;若采用有轨运输设备时,需配合转载设备装车,适于中、大型断面
	轮胎式	装渣机移动灵活,装渣范围大,死角小,不需铺设轨道;若采用有轨运输设备时,需配合转载设备装车,适于中、大型断面,但轮胎磨损严重
按卸载方式	正装正卸式	作业较安全,对渣径适应性大,但装车时,装渣机需要移位,才能保证卸载准确,故辅助时间增加;另一方面对净空要求较大,故适用于中型以上的断面
	正装后卸式	卸载时扬斗后卸,故能在小型断面上工作,一般斗容较小,故对渣径有一定的要求,目前在平硐开挖和中、小型洞室中采用较多
	正装侧卸式	卸载方便,装车准确,机身移动少,效率较高,对渣径适应性大,但卸载时高度较大,故适于中、大型断面,最宜配合低车身的大容量自卸车使用
按装车方式	直接装车式	出渣效率受运输车辆容量、调车组织的直接影响,调车耗时多,故对调车要求高
	间接装车式	带有伸臂式胶带装载设备,故能缩短调车时间,出渣效率较高

②蟹爪式装渣机

蟹爪式装渣机属于连续装渣机械,其前端为一倾斜的受料盘,受料盘上装有一对曲轴带动的蟹爪。装渣时整个装渣机低速前进,使受料盘插入岩堆,在两个蟹爪的连续交错耙动下,将岩渣耙入转载的运输机上,由它转运到运输设备内。

由于能实现连续装渣,装渣机上的带式输送机尚可左右回转一定的幅度,可配合大容量运输设备使用,减少调车时间,具有较高的装渣效率。以瑞典生产的8HR型和20HR型蟹爪式装渣机为例,其生产率分别为 $2\sim3m^3/min$ 和 $6m^3/min$。

③立爪式装渣机

立爪式装渣机属于连续装渣机械,其由机体、立爪、刮板或链板输送机三部分组成。安设在机体前端的一对立爪,可在前方及左右两侧方向耙渣,完成喂料动作。然后通过机上的输送机向机后的输送设备装车。

立爪式装渣机的主要优点是机构简单,动作机动灵活,对开挖断面及岩渣块度的适应性较强,尚能开挖水沟和清理底板。但爪齿易于磨损,操作也较复杂。按行走方式不同立爪式装渣机有履带式和轨行式两种,一般轨行式采用较多。以瑞典生产的 9HR 型立爪式装渣机为例,其生产率为 $2m^3/min$。

④装运卸机

装运卸机是能完成装车、运输、卸车作业的多功能联合设备,又可分为两种类型:一种是本身带有铲斗和车厢,铲斗将岩渣装在自带的车厢内,车厢装满后运到卸车厢,这种类型一般称为装运机;另一种是仅有一个大容积的铲斗,铲斗装满后即行走至卸渣点卸渣,这种类型一般称为铲运机。岩石地下工程中以装运机应用较多,铲运机则应用于露天大面积土方及场地平整工程。

装运机多为轮胎式,机动灵活,适用于大断面洞室而运距较短的工程或洞室部位的出渣。运距较长时,也可采用接力装运的方式出渣。

(2)转载设备

这是一种装渣机与运输车辆之间转运输送岩渣的设备,一般为胶带式或链板输送机。设置转载设备能充分发挥装渣机的生产能力,能调节装车长度和装车高度,缩短调车时间,大大提高装车效率。

常用的转载设备如下:

①装渣机带伸臂式转载设备:直接安装在装渣机尾部。

②带式运输机:独立的转载设备,它可与装渣、运输车辆组成作业线。

③胶带转载车:由带式输送机与斗车组成的转载、运输合一的装运设备。胶带机可在斗车平面轨道上移动。使用时编成列车,先装最远的一节斗车,然后依次逐节装满。每一列车的斗车数目,应考虑尽量一次装完一个循环的渣土。这种转载设备具有装满系数高、装渣速度快、编组简单的优点。

2)运输

地下工程的运输方式分为有轨和无轨运输两种。

(1)有轨运输

①斗车

在中小型断面工程中,斗车仍是主要的运输工具。为了提高出渣效率,运输斗车有向大容量、自带转载运输设备、能自动卸车方向发展的趋势。前面介绍的胶带转载车,就是由胶带运输机与容量 $1.8m^3$、底卸式斗车组成的转载运输设备,可编成列车使用。我国某矿巷道开挖工程中使用胶带转载车获得了较高的出渣效率,实际生产率达到 $90\sim100m^3/h$。

目前,国内外还广泛采用一种大容量车厢窄长的梭式斗车,容量为 $3m^3$、$5m^3$、$10m^3$、$12m^3$ 等多种。它的底部装有刮板输送机,装渣可从端部连续装车,直到装满整个车厢,在卸渣点不需其他辅助设备便能自动卸渣,使用时根据出渣数量可只用一台或多台联用。联用时通过各自的输送机接力转载装渣或卸渣,能保证一次开挖的渣土全部装完运走,省去了调车作业,运输效率高。由于它的运行方式像梭子一样,沿单线轨道不掉头地往返于装卸点之间,故称为梭式斗车,简称梭车。

②牵引动力

由于运输斗车的大型化和列车化,对牵引动力也提出了相应的要求。常用机车牵引动力的类型和特点见表7-3。

常用机车牵引动力类型和特点

表7-3

牵引动力类型		特　点
电机车	架线式	需整流及变电设备,需随工作面推进延伸线路,架线时影响其他作业施工,洞室空间利用受到限制,但对洞内空气无污染,不能用于多水地层施工,适于长运距不太大的工程,当前采用较广泛
	电瓶车式	运行较架线式灵活,不需加设动力线路,但需设充电设备,洞内空气无污染,适用于运距不太大的工程,当前采用较广泛
内燃机车		运行灵活,不需变电、充电、架线等附属设备,但废气污染洞内空气,故适用于大型断面、已贯通洞室或通风条件良好的地下工程
无极绳		牵引力及牵引速度受限制,转弯及方向延伸很麻烦,不适应斗车大型化、列车化及快速出渣要求,但设备较简单,可作为一种半机械化运输方式,配合小容量斗车,在中小型工程中使用

③轨道

轨道采用的钢轨类型,应根据牵引机车、斗车荷载来确定。为了提高运输效率,保证运输安全和便于线路维护,钢轨宜选用重型为好。轨道的轨距常用有 600mm、750mm、900mm 三种,根据装渣机或运输车辆型号和规格选用。

根据开挖断面尺寸和运输量大小,运输轨道常用单线、双线或多线等形式。采用双线或多线时,两线间距应保证相邻两列机车或斗车间最少留有 20cm 的错车空隙。运输轨道的铺设以及枕木、道钉、道岔型号、轨道的曲率半径、曲线段外轨的超高等参数,均应按照有关轨道线路的技术规程办理。

④调车

在采用小型斗车运输时,选择合理的调车方法和设备,是保证装渣机连续装渣,提高出渣效率的一个重要因素。合理的调车方法和设备,应符合调车迅速、构造简单、使用灵活、移动轻便的要求。

a. 单轨运输时的调车:基本方法是设置错车道岔或平移式调车器。为便于移动,错车道岔可采用扣道式浮放道岔代替固定道岔。

扣道式浮放道岔系由 20mm 与 10mm 厚的扁铁焊成槽钢形(扣道),再与岔轨、岔尖通过连接板焊成一体。直接将浮放道岔的槽钢扣在线路轨道上,道岔仅比轨面高 20mm。因此,通行车辆容易,使用灵活,不易掉道,且这种道岔轻便、结构简单、坚固耐用。

b. 双轨运输时的调车:当为一台装渣机装渣时,采用浮放调车盘调车。使用时扣放在轨道上并予固定,浮放调车盘随工作面推进而向前移动若为双机装渣时,可采用扣道式斜交道岔调车,用斜交道岔将空重车道连接起来,装渣机可在两股道上装渣作业,道岔每隔30~50m移动一次。

(2)无轨运输

无轨运输的特点是调车灵活,不需敷设轨道,能适于卸渣距离较远的场合。缺点是内燃机进洞废气污染严重,洞内作业要求空间较大,以利调车和装车作业。所以,无轨运输多适于大

175

型洞室开挖工程。

根据地下工程的特点和提高装运效率的需要,用于地下工程的无轨运输车辆,要求车辆容量大,车斗低,便于装卸渣;带有废气净化装置,减少对洞内的污染;能双向行驶,避免在洞内掉头调车;转弯半径小,车斗坚固,轮胎耐磨等。

目前,国外采用一种自卸装渣汽车,前后桥不是通过底盘大梁连在一起的,而是通过中间的一个铰轴连接的。因此,一辆能装 30 ~ 70t 的大型汽车,可以在直径 8m 的范围内回转。斗车位置低,利于装渣是它的另一特点。车上还带有废气净化装置,故很适合于地下工程。

7.1.5 二次衬砌

二次衬砌的模筑混凝土是地下工程永久支护的重要组成部分,衬砌好坏直接影响整个地下工程的质量及其运营使用,因此在施工中必须注意保证衬砌质量,符合设计要求,二次衬砌的施工流程如图 7-13 所示,二次衬砌施作现场及示意如图 7-14 所示。

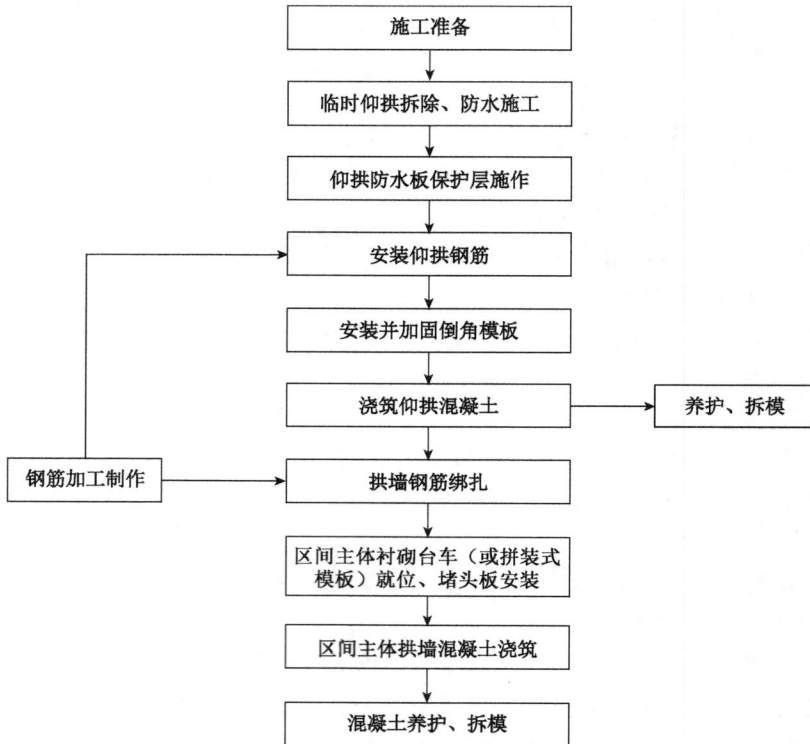

```
            施工准备
               │
       临时仰拱拆除、防水施工
               │
       仰拱防水板保护层施作
               │
          安装仰拱钢筋 ◄──────────┐
               │                  │
       安装并加固倒角模板          │
               │                  │
       浇筑仰拱混凝土 ──► 养护、拆模 │
               │                  │
钢筋加工制作 ──► 拱墙钢筋绑扎        │
               │
区间主体衬砌台车(或拼装式
   模板)就位、堵头板安装
               │
     区间主体拱墙混凝土浇筑
               │
       混凝土养护、拆模
```

图 7-13　二次衬砌的施工流程图

(1)施工准备

初期支护施作完成后,对区间隧道进行背后空洞检测,主要对拱顶和起拱线位置进行连续检测,根据检测结果,如存在空洞情况,需再次注浆,并进行再次检测,直至填充密实。

在二次衬砌施作前应组织测量组对准备施工段落进行贯通测量及净空检查,净空检查要求每 3 ~ 5m 一个断面。对于曲线段可以适当加密检查断面,确保衬砌厚度、隧道净空满足设计要求,如发现侵限现象,应及时进行处理,主要方法如下:

超挖断面应通过补喷混凝土或在二次衬砌施作时一次完成超挖断面处理;侵限断面应详细测量,对侵限位置应有详细记录,按照相关规范要求,对超出的位置及时进行处理,主要通过风镐处理多余部分,如侵限较大应采取换拱的方法处理。

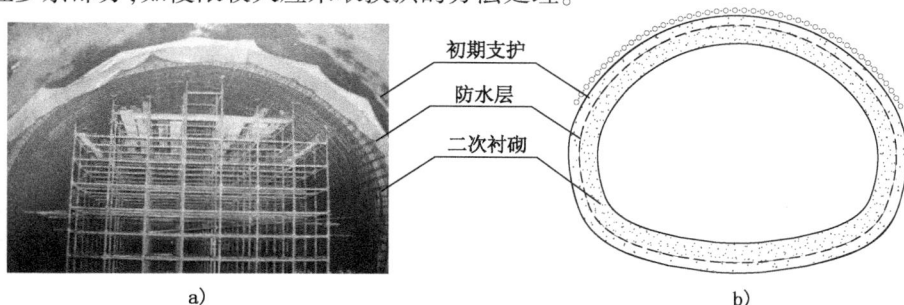

图7-14 二次衬砌施作现场及示意图

(2)基面处理

①铺设防水板的基面应无明水流,否则应进行初期支护背后的注浆或表面刚性封堵处理,待基面上无明水流后才能进行下道工序。

②铺设防水板的基面应基本平整,铺设防水板前应对基面找平处理,清除基面外露钢管、钢筋头。采用水泥砂浆抹面的处理方法,基面应满足如下条件:$D/L \leqslant 1/10$(D:相邻两凸面间凹进去的深度;L:相邻两凸面间距离)。

③变形缝两侧50cm范围内喷射混凝土基面应用砂浆进行全断面找平处理,其平整度应满足背贴式止水带的安装。

④当底板初期支护表面水量较大时,为避免积水将铺设完成的防水板浮起,宜在底板初期支护表面设置临时排水沟引排水。

(3)防水工程

①地下结构防水设计应遵循"以防为主、刚柔结合、多道防线、因地制宜、综合治理"的原则。

②确立钢筋混凝土结构自防水体系,即以结构自防水为根本,采取措施控制结构混凝土裂缝,增强混凝土的抗渗性能;以变形缝、施工缝等接缝防水为重点,辅以柔性外包防水层加强防水。

(4)模板工程

根据隧道断面尺寸、长度和部位不同,隧道的模板可分为拼装式模板和移动式模板台车。

①拼装式模板

模板表面应光滑,在施工之前要均匀涂刷脱模剂,脱模剂采用油脂型脱模剂,以确保模板拆除时不出现黏模现象。

拼装式模板仰拱与边墙施工缝位置为边墙与仰拱相交点,为保护防水板,靠防水板侧仰拱钢筋端头套塑料管。仰拱浇筑时,采用钢模板。模板安装时应做好施工缝处防水板及止水带的保护。

拼装式模板墙架的构造形式应简单、可靠、拆装方便,墙架可与工作平台结合考虑。立墙架应注意测量定位,墙基需清理并检查标高。曲墙式衬砌要注意与仰拱衔接的要求。利用墙架作工作平台时,注意防止墙架走动变形。

拼装式模板铺设在拱架上,拱架可用钢或木材制成,一般分成 2~3 片,便于安装运输,拱架制成设计所需形状,在工点拼装而成,若需加宽净空,则可在拼接处加入适当垫块予以调整。拱脚标高在架立拱架时应预留沉落量。但需在施工中通过测量,根据实际情况加以调整。由于测量误差、架立拱架的误差及施工中的种种原因,有可能在灌注时拱脚内挤,故在架设拱脚时拱脚每侧加宽 5~10cm,拱顶加高 5cm。

拱架或墙架的间距应根据围岩情况、跨度大小及衬砌厚度等因素确定,表 7-4 和表 7-5 可作为参考。跨度大、荷载大时,除减小间距外还应在灌注混凝土时沿拱架径向设置若干临时支撑,保证拱架在受荷后不致产生过大变位。

预留变形量(mm)   表 7-4

围岩级别	I	II	III	IV	V	VI
预留变形量	—	—	20~50	50~80	80~120	现场量测确定

注:本表参考《公路隧道设计规范　第一册　土建工程》(JTG 3370.1—2018)表 8.4.1。

不同围岩拱架径向间距(m)   表 7-5

围岩级别	I	II	III	IV	V	VI
预留变形量	—	—	—	0.8~1.2	0.6~1.0	0.5~0.75(需结合计算确定)

注:本表参考《公路隧道设计规范　第一册　土建工程》(JTG 3370.1—2018)附表 P.0.1。

模板可用木板(常用厚 5~7cm,宽 15cm)或钢板(厚 3.5~5mm)制成。全断面施工时,可采用活动模板。

②移动式模板台车

移动式模板台车主要适用于开挖成型或大断面开挖成型的隧道衬砌施工。其尺寸大小相对固定,可调范围较小,影响其适用性,一般适用于隧道的标准断面,如图 7-15、图 7-16 所示。

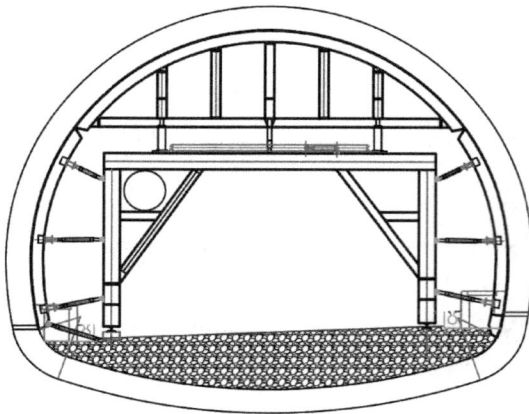

图 7-15　模板台车主视图

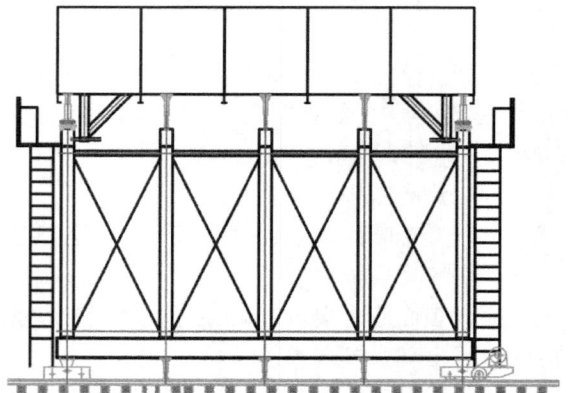

图 7-16　模板台车侧视图

隧道的边墙、拱部模板及支撑体系采用整体模板台车,台车的拱模、侧模、底模均采用液压缸伸缩整体模板,以适用正洞直线和曲线不同断面。为保证台车面板和内支撑系统的强度和刚度,台车面板采用钢板,台车拱模纵梁及行走纵梁上设置活动钢支撑,以防止台车上浮及向内位移,台车的制动设卡轨钳。

在仰拱达到设计强度后,在洞内组装轨行式模板台车,同时进行隧道净空测量,放出中线及控制标高点。台车组装好后,进入已放线的隧道区段,首先对中,然后按设计参数调整高度和宽度,满足净空要求。进入曲线地段后,调整台车支撑系统的液压丝杆,按设计净空调高调宽。台车调整好合格后,方可进行混凝土灌注。

（5）浇筑混凝土

混凝土应按配合比配料,常用机械拌和均匀,城市里一般采用商品混凝土。因隧道施工常在洞口设混凝土搅拌站,或因混凝土不在施工现场拌和,故常用混凝土输送车或其他运输工具运送混凝土,在运输过程中应符合有关要求,如发生离析现象,在灌注前还要进行二次拌和。

灌注混凝土应两边对称分层灌注和捣固,超挖部分亦同时在两侧对称回填,间歇灌注,如间歇超过初凝时间,则应待其硬化再继续灌注,并要处理表面,先铺5cm砂浆后再继续灌注。

衬砌分段灌注的连接处,或两洞口贯通处的衬砌连接,均会出现所谓"死封口",可先留出一正方形缺口,在进行表面凿毛清洗处理之后,将与缺口相同体积的混凝土装入活底木盒,用千斤顶顶入缺口内,待混凝土硬化后,拆除千斤顶及木盒,完成拱顶封口。

先拱后墙法施工,拱与墙连接处也有墙顶封口问题,当墙用干硬性混凝土灌注时,可连续灌满封口,注意捣固密实。当墙用塑性混凝土灌注时,则要先留10~20cm空隙,在完成边墙浇灌后,经过24h再进行封口,封口应尽量采用干硬性混凝土,切实注意捣固密实。

拱脚以上1m范围内,超挖部分用与衬砌同级别混凝土进行回填,以使拱部受力有利。其余超挖空隙可用干砌片石、片石混凝土或同级别混凝土回填,视具体情况而定,干砌片石用于干燥无水及空隙小于30cm处。同级别混凝土回填成本较高。

（6）养护及拆模

与其他混凝土结构一样,灌注完衬砌后需进行养护,通常于10~12h后即应洒水养护,当隧道中湿度较大时也可不洒水,对普通硅酸盐水泥,洒水养护不少于7d,火山灰水泥及矿渣水泥不少于14d。

拆除拱架、墙架、模板应在混凝土达一定强度以后,否则易造成开裂或破坏。拆除时间应符合下列要求:

①不承受荷载的直边墙,混凝土强度达到规定指标,或拆模时混凝土表面及棱角不致损坏时。

②承受有较大围岩压力的拱、墙,一般当封顶或封口混凝土达到设计强度100%时。

③承受围岩压力较小的拱、墙,一般当封顶或封口混凝土达到设计强度70%时。

④围岩较稳定,地压很小的拱圈,一般当封顶或封口混凝土达到设计强度40%时。

目前二次衬砌一般采用整体模板浇筑,拆模时间视具体情况和相关技术规范确定,一定长度范围内顶部预留灌浆孔。

7.2 暗挖隧道施工方法

修建城市地铁时,往往因周围环境等要求必须采用暗挖法施工。浅埋暗挖法是一种综合施工技术,其特点是在开挖中采用多种辅助施工措施加固围岩,合理调动围岩的自承能力,开挖后及时支护,封闭成环,使其与围岩共同作用形成联合支护体系,有效地抑制围岩过大变形。

采用浅埋暗挖法施工时,常见的典型施工方法是台阶法以及适用于特殊地层条件的其他施工方法,如全断面法、单侧壁导坑法、双侧壁导坑法、中隔壁法等。不同施工方法汇总见表7-6。

不同施工方法汇总 表7-6

施工方法	示意图	选择条件比较					
		结构与适用地层	沉降	工期	防水	初期支护拆除量	造价
全断面法		土质稳定、断面较小,跨度≤8m	一般	最短	好	无	低
台阶法		地层较好、软弱围岩、第四纪沉积地层,跨度≤10m	一般	短	好	无	低
环形开挖预留核心土法		一般土质、易坍塌软弱围岩、断面较大,跨度≤12m	一般	短	好	无	低
单侧壁导坑法		断面跨度大、地表沉陷难于控制的软弱松散围岩,跨度≤14m	较大	较短	好	小	一般
中隔壁法(CD法)		跨度大、地层较差、不稳定岩体、地面沉降要求严,跨度≤18m	较大	较短	好	小	偏高
交叉中隔壁法(CRD法)(中隔壁+临时仰拱)		条件同上,跨度≤20m	较小	长	好	大	高
双侧壁导坑法(眼镜工法)		跨度大、沉陷要求严、围岩条件特别差、单侧导坑难控制,小跨度,连续使用可扩大跨度	较大	长	好	大	高

7.2.1 全断面法

地下工程断面采用一次开挖成型(主要是爆破或机械开挖)的施工方法称全断面法,通常应用于山岭隧道,城市隧道应用较少。

1）施工顺序

全断面法主要工序：使用移动式钻孔台车，全断面一次钻孔，并进行装药连线，然后将钻孔台车后退至 200m 以外的安全地点，再起爆，一次爆破成型后，出渣，钻孔台车再推移至开挖面就位，开始下一个钻爆作业循环，或者机械/人工开挖土体围岩。同时，施作初期支护，一定距离后铺设防水层，进行二次模筑衬砌。其开挖初期支护施工工艺流程如图 7-17 所示。

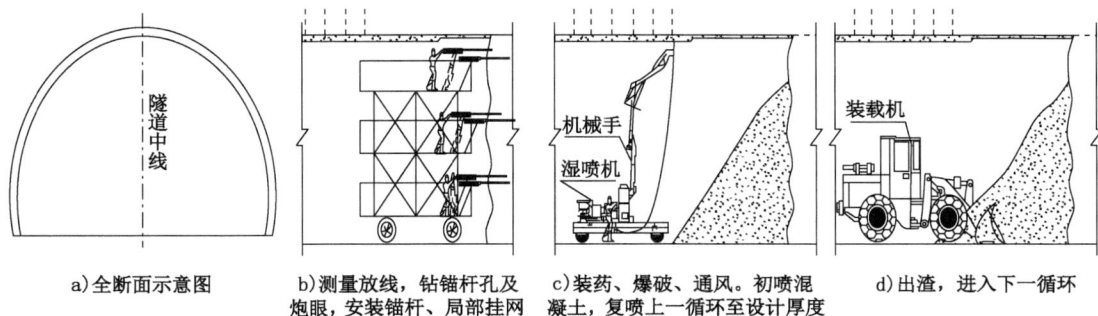

图 7-17　全断面法开挖初期支护施工工艺流程图

- a) 全断面示意图
- b) 测量放线，钻锚杆孔及炮眼，安装锚杆、局部挂网
- c) 装药、爆破、通风。初喷混凝土，复喷上一循环至设计厚度
- d) 出渣，进入下一循环

2）适用范围

全断面法主要适用于Ⅰ～Ⅲ级围岩，当断面在 50m² 以下，隧道又处于Ⅲ级及以上围岩地层时，为了减少对地层的扰动次数，在采取局部注浆等辅助施工措施加固地层后，也可采用全断面法施工。但在第四纪地层中采用此施工方法时，断面一般均在 20m² 以下。山岭隧道及小断面城市地下电力、热力、电信等隧道工程施工多用此法。

3）全断面法的优缺点

（1）优点

①全断面法有较大的作业空间，有利于采用大型机械作业，提高施工速度；工序少，相互干扰少，便于施工组织管理。

②隧道断面一次成型，对围岩的扰动次数少，有利于隧道的围岩稳定。

（2）缺点

①由于开挖面较大，隧道围岩稳定性降低，不利于隧道及结构稳定性控制。

②每次深孔爆破引起的振动较大或一次开挖土体的跨度大，因此要求进行精确的钻爆设计或开挖设计，并且严格控制爆破作业或开挖作业，对施工技术提出了较高的要求。

4）全断面法施工注意事项

（1）加强对开挖面前方工程地质和水文地质的调查，对不良地质情况要及时进行预测预报、分析研究，随时准备采取应急措施（包括改变施工方法），以确保施工安全和工程进度。

（2）各工序机械设备要配套，如钻眼、出渣、运输、衬砌支护等主要机械和相应的辅助机具（钻杆、钻头、调车设备、气腿、凿岩钻架、注油器、集尘器等），在尺寸、性能和生产能力上都要相互配合。各项工作要环环相扣，不得彼此牵制而影响掘进，要充分发挥机械设备的使用效率和各工序之间的协调作用，注意定期维护设备，准备足够的易损零部件，确保各项工作的顺利进行。

（3）加强各种辅助作业和辅助施工方法的设计与施工检查，尤其在软弱破碎围岩地层施工中,应对支护后的围岩变形进行动态量测与监控,并使各种辅助作业的"三管两线"(高压风管、高压水管、通风管、电线、运输线路)保持良好状态。

(4)重视和加强对施工操作人员的技术培训,使其能够熟练掌握各种机械和新技术,不断提高工效,改进施工管理,加快施工速度。

(5)应优先考虑锚杆和喷锚混凝土、挂网等支护形式。

7.2.2 台阶法

台阶法是将结构断面分成两个或几个部分,即分成上下两个工作面或几个工作面,分部开挖。根据地层条件和机械配套情况,台阶法又可分为两台阶法、中隔壁台阶法、长台阶法、短台阶法以及超短台阶法等。该施工方法在浅埋暗挖法中应用最广,可根据工程实际情况、地质条件和机械条件,选择适合的台阶方式。

1)两台阶法

通常在地层条件较好情况下采取此法,可将断面分成上下两个台阶开挖,上台阶长度一般控制在 1~1.5 倍开挖跨度以内,但必须在地层失去自稳能力之前尽快开挖下台阶,支护后形成封闭结构。若地层较差,为了稳定工作面,也可以辅以超前小导管支护等措施。图 7-18 为两台阶法施工示意图。

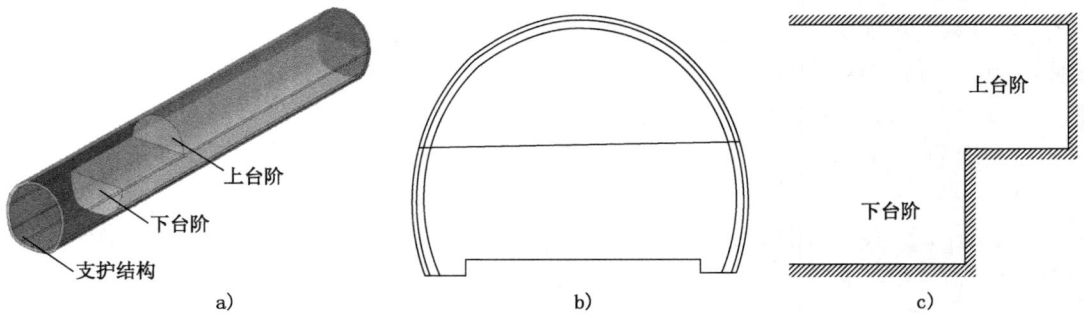

图 7-18 两台阶法施工示意图

通常情况下采用人工与机械混合开挖,即上半断面采用人工开挖、机械出渣,下半断面采用机械开挖、机械出渣。有时为避免上半断面出渣对下半断面的影响,可用皮带运输机将上半断面的渣土送到下半断面的运输车中。

2)短台阶和超短台阶法

大断面隧道施工中也经常采用短台阶法和超短台阶法,短台阶法的长度约 15m。这种方法由于上、下半断面的开挖面接近,两个开挖面作业有干扰,而且存在上半断面出渣打乱开挖循环平衡的问题。超短台阶法的台阶长度 5~8m,适用于膨胀性围岩和土质围岩,须及早封闭断面。在以全断面法为主要方法的硬质围岩中,由于一部分地质条件变化而需要采用分部开挖时,也可用此方法。超短台阶法施工时的上、下半断面的开挖面是同时掘进的,出渣也是同时进行的。

短台阶法与超短台阶法的台阶长度是有限定的,通常台阶长度定为 1 倍开挖跨度,主要是因为地面沉降不容许超过规定的容许值。另外,隧道在施工中纵向产生承载拱,承载拱的跨度约为 1 倍开挖跨度。在 1 倍开挖跨度区段周围地层产生横向和纵向两个承载拱的作用,这对开挖是有利的。而台阶长度超过 1 倍开挖跨度后将失去纵向承载拱受力结构,仅有横向平面承载拱受力结构。上台阶若选用大于 1.5 倍开挖跨度的长台阶,在开挖时纵向变形大,上台阶断面形状不利于受力,而且容易引起周围地层松动,塑性区增大,造成拱脚附近受力大而使其失稳;下台阶开挖时,也容易产生变位叠加而使其失去稳定性。上台阶若过短,小于 1 倍开挖跨度,因洞内纵向破裂面超过工作面,易造成洞顶土体下滑,引起工作面不稳定,所以软弱地层不能采用短台阶法施工。短台阶引起的失稳如图 7-19 所示。

从安全角度考虑,台阶长度定为 1 倍开挖跨度是合理的。

3)台阶法的优缺点

(1)优点

①灵活多变,适用性强。适用软弱围岩、第四纪沉积地层,当遇到地层变化,能够及时更改、变换成其他方法。

图 7-19　短台阶施工引起的工作面失稳

②具有足够的作业空间和较快的施工进度。台阶有利于开挖面的稳定性,尤其是上部开挖支护后,下部作业则较为安全。当地层无水、洞跨小于 10m 时,均可采用该方法。

(2)缺点

台阶法的缺点为上下部作业相互干扰,在施工过程中应注意下部作业时对上部稳定性的影响,还应注意多次台阶开挖会增加围岩被扰动的次数等问题。

4)台阶法施工注意事项

(1)台阶数不宜过多,台阶长度要适当。一般以一个台阶垂直开挖到底,保持平台长 3 ~ 5m 为宜;为便于掌握炮眼深度和减少翻渣工作量,装渣机应紧跟开挖面,减少扒渣距离,提高装渣运输效率。应根据两个条件来确定台阶长度:一是初期支护形成闭合断面的时间要求,围岩的稳定性越差,要求闭合的时间越短;二是上半部断面施工时开挖、支护、出渣等机械设备所需的空间大小。

(2)台阶法开挖宜采用轻型凿岩机打眼施作小导管,当进行深孔注浆或设置管棚时多采用跟管钻机,不宜采用大型凿岩台车。

(3)个别破碎地段可配合喷锚支护和挂钢筋网施工,以防止落石和崩塌。

(4)要解决好上下部断面作业的相互干扰问题,做好作业施工组织、质量监控及安全管理工作。

(5)采用钻爆法开挖岩石隧道时,应采用光面爆破技术和振动量测技术来控制振速,以减少扰动围岩的次数。

7.2.3　中隔壁法与交叉中隔壁法

中隔壁法也称 CD 法,主要适用于地层稳定性较差且地面沉降要求严格的地下工程施工。当 CD 法不能满足要求时,可在 CD 法的基础上加设临时仰拱,即所谓的交叉中隔壁法(CRD 法)。

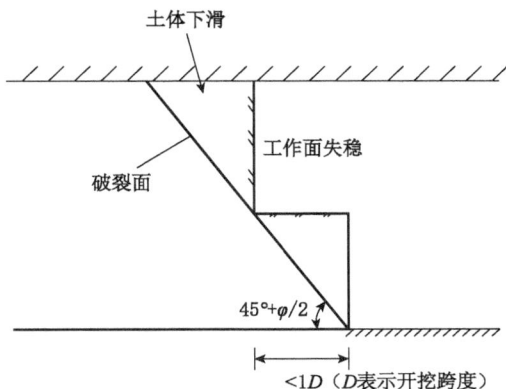

CD 法是 20 世纪 80 年代以来,随着修建城市地下工程的实例日益增多,尤其是浅埋暗挖法的推广应用,在原台阶法的基础上发展起来的一种方法。它有效地解决了将大、中跨的洞室转变为中、小跨的洞室开挖问题。

CRD 法是日本在真米隧道建设中吸取欧洲 CD 法的经验,在东叶高速线习志野台隧道施工中,将原 CD 法先开挖中壁一侧改为两侧交叉开挖、步步封闭成环、改进发展的一种方法。其最大特点是将大断面化成小断面施工,各个局部封闭成环的时间短,控制早期沉降好,每个步序受力体系完整。因此,结构受力均匀,变形小。由于支护刚度大,施工时隧道整体下沉微弱,地层沉降量不大,且易于控制。

(1)CD 法

CD 法多用于Ⅳ级、Ⅴ级、Ⅵ级围岩隧道,尤其适用于地质条件困难,围岩软弱,覆盖层薄,含水率高,基底承载力低等条件。采用 CD 法开挖,可减小大跨度隧道分部开挖跨度和开挖高度,通过增加中隔壁等临时支护构件,确保开挖初期支护快速封闭成环,使分部开挖环环相扣,最后完成全部断面开挖与初期支护。图 7-20 为 CD 法施工示意图。

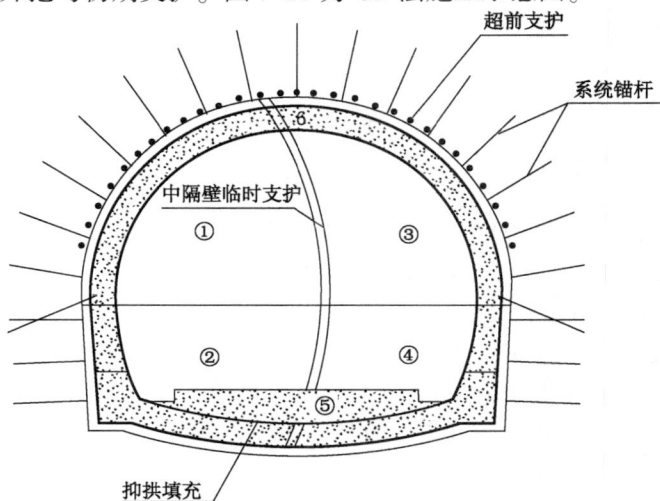

图 7-20　CD 法施工示意图

注:①~④表示开挖分部。

CD 法施工注意事项:

①隧道施工应坚持"短进尺、强支护、早封闭、勤量测"的原则。

②开挖方式宜采用机械辅以人工开挖。

③工序变化处的钢架(或临时钢架)应设锁脚钢管,以确保钢架基础稳定。

④钢架之间纵向连接钢筋应按要求设置,及时施作并连接牢固。

⑤后开挖导洞应滞后于先开挖导洞,距离不小于 15m 为宜。

⑥临时钢架拆除应等洞身主体结构初期支护施作完毕并稳定后,方可进行。

⑦施工中,应按有关规范及标准图的要求,进行监控量测,及时反馈结果,分析洞身结构的稳定性,为支护参数的调整、灌注二次衬砌的时机提供依据。

⑧按设计要求做好隧底地质检测工作,检测结果为软弱围岩及有溶洞、溶沟及溶槽隧底应按要求采取加固措施。

⑨应及时对隧道环境水进行取样化验,对有侵蚀性,但设计无要求的水应立即向相关单位提出变更,采用防侵蚀性混凝土。

（2）CRD 法

CRD 法对于控制地表沉陷有很好的效果,一般用于城市地铁施工中。因为其造价高,故在山岭隧道中较少采用,但是在特殊情况下,也可以采用,如膨胀土地层。CRD 法采用预留核心土的方式,将大断面隧道分成 4 个或更多相对独立的小洞室分部施工。待初期支护结构的拱顶沉降和收敛基本稳定后,自上而下拆除初期支护结构中的临时中隔壁及临时仰拱,施作二次衬砌。CRD 法适用开挖跨度较大,对围岩沉降变形控制严格的地下工程。采用 CRD 法施工,开挖的每一分部都各自封闭成环,兼有台阶法和双侧壁导坑法的优点,有利于围岩稳定,保证施工安全。图 7-21 为 CRD 法模型示意图,图 7-22 为 CRD 法施工断面示意图。

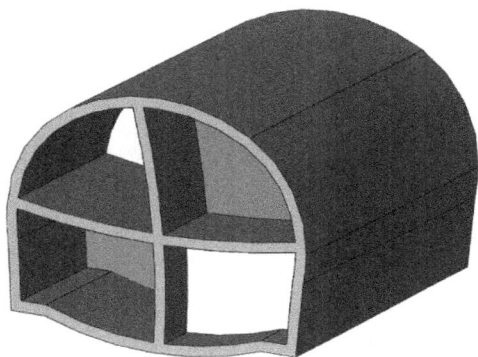

图 7-21　CRD 法模型示意图

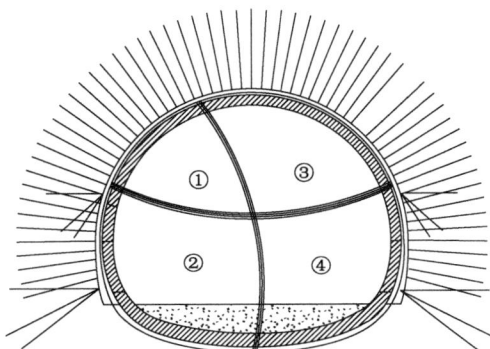

图 7-22　CRD 法施工断面示意图

注:①～④表示开挖分部。

CRD 法施工注意事项:

①CRD 法遵循"小分部、短台阶、短循环、快封闭、勤量测、强支护"的施工原则,自上而下,分块成环,随挖随撑,及时做好初期支护。

②为确保施工安全,①、③部的开挖循环进尺应控制在 1 榀钢架间距（0.6～0.75m）,②、④部的开挖可依据地质情况适当加大,仰拱一次开挖长度依据监控量测结果、地质情况综合确定,一般不宜大于 6m。

③中间支护系统的拆除时间应考虑其对后续工序的影响,通过围岩监控量测进行确定。当围岩变形在设计允许的范围之内,并在严格考证拆除的安全性之后,方可拆除。同时要注意后续作业的及时跟进。

如围岩稳定条件满足设计要求,临时支撑可在仰拱混凝土浇筑前一次性拆除,拆除长度依据仰拱浇筑长度确定（一般为 4～6m）。

中隔壁混凝土拆除时,要防止对初期支护系统形成大的振动和扰动。可采用风镐由上至下逐榀拆除钢支撑之间的混凝土以及临时支护与初期支护连接部位附着在钢架上的混凝土,临时钢构件采用气焊烧断。

（3）CD 法与 CRD 法对比

①开挖顺序。

CD 法与 CRD 法均为先行施工隧道一侧,但二者区别在于 CRD 法受限于地质因素需施工横隔板以将开挖断面化大为小,提早形成封闭结构。

②临时支护。

CD 法是用钢支撑和喷射混凝土的中隔壁分隔开进行开挖,没有临时仰拱;CRD 法用隔壁和临时仰拱把断面上下、左右分割进行开挖,是在地质条件要求分部开挖及时封闭的条件下采用的,有临时仰拱。并在施工过程的每一步,都要求用临时仰拱(横撑)闭合。

7.2.4 双侧壁导坑法

双侧壁导坑法也称眼镜工法,主要适用于围岩较差、大断面隧道,偶尔也应用于地铁区间停车线施工。该法工序复杂,导洞的支护拆除困难,为了稳定开挖工作面,经常和超前预注浆等辅助施工措施配合使用。一般采用人工、机械混合开挖和出渣。

双侧壁导坑法是变大跨度为小跨度的施工方法。其实质是将大跨度分成三个小跨度进行作业。以台阶法为基础,将隧道断面分成三部分,即双侧壁导坑和中部,其双侧壁导坑尺寸以满足机械设备和施工条件为标准加以确定。

施工时,应先开挖两侧的侧壁导洞,在导洞内按正台阶法施工,当隧道跨度较大且地质条件较差时,上台阶也可采用中隔壁法或环形开挖留核心土法施工,并及时施作初期支护结构,在初期支护的保护下,逐层开挖下台阶至基底,并进行仰拱或底板的施工。施工过程中,左右侧壁导洞错距不小于 15m,确定这个数值的前提是,在开挖中引起导洞周边围岩的应力重新分布不影响已完成的导洞。关于上、下台阶之间的距离,可视具体情况,按台阶法确定。图 7-23 为双侧壁导坑法施工模型,图 7-24 为双侧壁导坑法施工断面示意图。

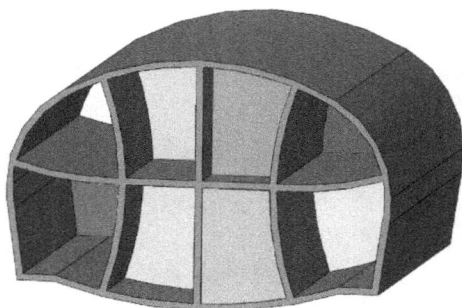

图 7-23 双侧壁导坑法施工模型

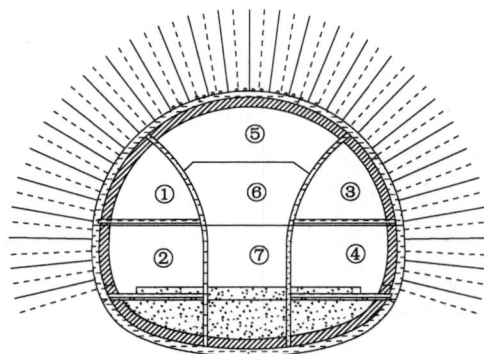

图 7-24 双侧壁导坑法施工断面示意图
注:①～⑦表示开挖分部。

(1)双侧壁导坑法原理

双侧壁导坑法是一项边开挖边支护的施工技术。其原理是利用两个中隔壁把整个隧道大断面分成左中右 3 或 4 个小断面施工,左、右导洞先行,中间断面紧跟其后;初期支护仰拱成环后,拆除两侧导洞临时支撑,形成全断面。两侧导洞皆为倒鹅蛋形,有利于控制拱顶下沉。该方法主要适用于黏性土层、砂层、砂卵层等地层。其主要特点如下:

①将大跨度洞室分割成几个小洞室分部施工,合理转化结构受力工序。

②以岩体力学理论为基础,以监控量测为依据,采用新奥法原理和控制爆破或土方开挖控

制技术,及时喷锚进行初期支护。针对围岩软弱的特点,经监控数据反馈,合理确定工序间的关系。

③利用监控位移反分析法和初期支护的钢筋应力、围岩应力、二次衬砌钢筋应力、二次衬砌接触压应力的量测结果,特别是位移监测结果指导施工。

(2)双侧壁导坑法施工流程

①在开挖前先行施工两侧导洞拱部超前支护,加固围岩。

②在超前支护施工后,视围岩情况,必要时采用上下台阶法依次开挖左侧壁导洞,上台阶超前3~5m。上台阶开挖后,初喷4~6cm厚混凝土,施作边墙径向锚杆,挂钢筋网,安装钢架,打设锁脚锚杆,喷射混凝土至设计厚度。上台阶初期支护完成后,开挖下部台阶,初喷混凝土,施作边墙径向锚杆,接长钢架,挂网,复喷混凝土至设计厚度,完成左侧壁导洞的初期支护封闭成环。

③左侧壁导坑全断面开挖支护不小于15m后,采用相同方法开挖支护右侧壁导坑。

④待双侧壁导坑开挖、支护封闭后,开挖中央核部上半部,预留核心土,环形开挖拱部,初喷混凝土、施作锚杆,连接安装钢架,挂钢筋网,复喷混凝土至设计厚度。拱部钢架拱脚与两侧壁导坑钢架预留节点板牢固拴接。

⑤待拱部初期支护完成后,开挖下部土体,隧道底部支护,使整个断面形成一个封闭环形支护体系。开挖时保护好侧壁导洞内壁及中部临时支撑不被破坏。

⑥二次衬砌紧跟。施工全过程加强监控量测,以便对围岩变形情况有较直观的认识,发现异常,迅速采取加强措施。

(3)双侧壁导坑法优缺点

现场实测表明,双侧壁导坑法所引起的地表沉降仅为短台阶法的1/2。双侧壁导坑法虽然开挖断面分块多、扰动大,初期支护闭合的时间长,但每个分块都是在开挖后立即各自封闭,所以在施工中变形几乎不发展。双侧壁导坑法施工安全,但速度较慢,成本较高。

(4)双侧壁导坑法施工注意事项

①侧壁导洞形状宜近似于椭圆形断面,导洞断面跨度宜为整个断面的1/4~1/3。

②超前支护的小导管、大管棚的打设及注浆极其重要。

③钢架(或临时钢架)应设锁脚钢管,且必须对锁脚钢管注浆,以确保钢架基础稳定。

④检查钢架(或临时钢架)落脚是否落实,如不落实将影响拱架稳定和下沉。

⑤各个洞室开挖后及时施作初期支护及临时支护,并尽早封闭成环。尤其应注意检查初期支护和临时支护接头位置的连接及临时仰拱的设置。

双侧壁导坑法工程实例可扫描二维码查阅。

双侧壁导坑法工程实例

7.3 暗挖车站施工方法

地铁车站常用施工方法见表7-7。

地铁车站常用施工方法 表 7-7

施工方法	示意图	选择条件比较					
		结构与适用地层	沉降	工期	防水	初期支护拆除量	造价
侧洞法	1 3 2	条件同上,小跨度,连续使用可扩大跨度	大	长	差	大	高
中洞法	2 1 2	跨度特大、地层条件差,小跨度,连续使用可扩大跨度	小	长	差	大	较高
柱洞法		条件同上,多层多跨	大	长	差	大	高
洞桩法		条件同上,多层多跨	较大	长	差	较大	高

7.3.1 侧洞法

侧洞法主要用于修建暗挖地铁车站,施工过程中先开挖两侧部分,在侧洞内做梁、柱结构,然后再开挖中间部分,并逐渐将中洞顶部荷载通过侧洞初期支护转移到梁、柱上,在洞顶部荷载转移过程中,受力体系转换稍困难。两侧洞施工时,中洞上方土体经受多次扰动,形成危及中洞的上小下大的梯形、三角形或楔形土体,该土体直接压在中洞上,中洞施工若不够谨慎就可能发生坍塌。

(1)侧洞法施工步序

①施作超前支护,注浆加固地层,先后开挖两侧 1 号洞室,并预留核心土,施作初期支护,两侧同号洞室纵向间距宜 30m 左右。

②继续先后开挖两侧 2 号洞室,施作初期支护,1、2 号洞室纵向间距宜 15m 左右。

③施作超前支护,前后开挖两侧 3 号洞室,施作初期支护,2 号与 3 号洞室纵向间距宜 15m 左右。

④继续先后开挖两侧 4 号洞室,施作初期支护,左侧 3 号与 4 号洞室纵向间距宜 15m 左右,右侧 3 号与 4 号洞室纵向间距宜 15m 左右。

⑤继续先后开挖两侧 5 号洞室,施作初期支护,4 号与 5 号洞室纵向间距宜 15m 左右。

⑥继续先后开挖两侧 6 号洞室,施作初期支护,5 号与 6 号洞室纵向间距宜 15m 左右,如

图 7-25a) 所示。

⑦在临时仰拱上凿洞,施作底梁、中柱与顶梁(含防水),并预留施工缝;对梁进行临时支撑固定,如图 7-25b) 所示。

⑧根据监测情况纵向分段拆除中隔壁和临时支撑,逐步完成侧洞底板防水与二次衬砌,两侧导洞内作业纵向错开间距宜 30m 左右,如图 7-25c) 所示。

⑨根据监测情况纵向分段拆除中隔壁,临时仰拱及临时支撑,逐步完成侧洞防水与二次衬砌,两侧导洞内作业纵向错开间距宜 30m 左右,如图 7-25d) 所示。

⑩中洞上台阶开挖,纵向紧跟施作拱顶初期支护,中隔壁穿孔及时架设顶梁水平钢支撑。

⑪中洞纵向紧随中台阶开挖,凿除顶部中隔壁并施作顶板防水与二次衬砌。

⑫短台阶紧随开挖下台阶土体,穿洞架设临时钢支撑,开挖至基底,封闭初期支护(同时顶板达到强度后可拆除顶部临时支撑)。

⑬紧跟前步初期支护,分段拆除临时中隔壁和施作底板防水与二次衬砌结构;拆除临时钢支撑,完成暗挖段主体结构及站台板(主体结构全部形成之后),如图 7-25e) 所示。

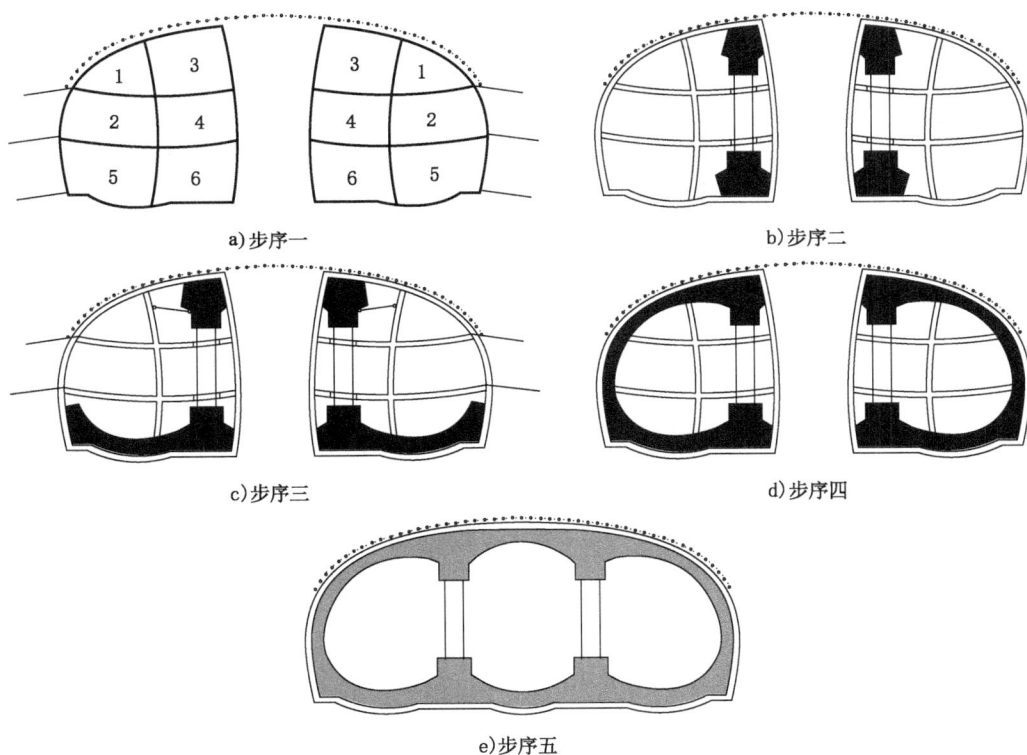

图 7-25 侧洞法施工步序示意图

(2)侧洞法施工注意事项

①侧洞法施工大跨单拱隧道,对围岩扰动较大,易产生较大地面沉降,施工中应根据不同情况,在监控量测信息指导下,采用多种地层加固技术,有效控制地面沉降。

②侧洞施工时应及时施作横向支撑,以平衡侧向压力,保证结构稳定。

③测洞法施工结构内力转化复杂,施工时应建立一套严密的监控量测反馈体系,及时掌握现场施工信息,确保施工安全。

7.3.2　中洞法

中洞法与侧洞法类似,但是中洞法施工是先开挖中间部分,在中洞内施作梁、柱结构,然后再开挖两侧部分,并逐渐将侧洞顶部荷载通过中洞初期支护转移到梁、柱结构上。由于中洞的跨度较大,施工中一般结合 CD 法、CRD 法或眼镜工法等施作。中洞法施工工序复杂,但两侧洞对称施工,较好地解决了侧压力从中洞初期支护转移到梁、柱上时产生的不平衡侧压力问题,施工引起的地面沉降较易控制。该工法多在无水地层相对较好时应用,采用该方法施工,两侧洞的沉降曲线不会在中洞施工的沉降曲线最大点叠加,因此对地面引起的沉降较为均匀。其施工模型如图 7-26 所示,施工断面示意如图 7-27 所示。

图 7-26　中洞法施工模型示意图

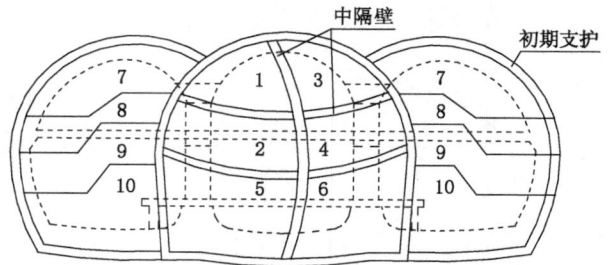

图 7-27　中洞法施工断面示意图
注:1～10 表示开挖分部。

(1)中洞法的优点

①安全性好,在先完成中墙和第一期底板后再进行开挖,可将临时支撑和拱架都支撑于坑道中墙及第一期底板上。

②灵活性好,可因地制宜地选择断面形状和尺寸。

③可操作性强,挖土可用人工采用简便挖掘机具。

④出土效率高,开挖上部断面时的大量石渣可通过上下导洞间一系列漏渣孔装车后从下导洞运出。

⑤工序间干扰较少,完成中洞后,可左右侧同时施工。

⑥造价低、经济性好。中洞法适用于土类-软岩类的地质条件较好且受地下水影响较少的工程项目。

(2)中洞法的施工步序

①施工中洞拱部大管棚,施作中洞左侧拱部小导管,开挖中洞左侧拱部,施工锁脚锚杆并施工初期支护及临时支护。

②开挖中洞左侧中部,施工锁脚锚杆并施工临时支护。

③施作中洞右侧拱部小导管,开挖中洞右侧拱部,施工锁脚锚杆并施工初期支护及临时支护。

④开挖中洞右侧中部,施工锁脚锚杆并施工临时支护。

⑤开挖中洞左侧下部,施工锁脚锚杆并施工初期支护及临时支护。

⑥开挖中洞右侧下部,施工锁脚锚杆并施工初期支护及临时支护,如图7-28a)所示。

⑦铺设中洞底板防水层,施工中洞底板。

⑧施工中洞立柱及柱间纵梁。

⑨施工中洞柱间拱顶部分二次衬砌结构,如图7-28b)所示。

⑩施工侧洞大管棚和小导管,开挖拱部,施工锁脚锚杆并施作初期支护及临时支护。

⑪开挖侧洞中部,施工锁脚锚杆并施作初期支护及临时支护;土块8和土块9间留坡。

⑫开挖侧洞下部,施工锁脚锚杆并施作初期支护及临时支护;土块9和土块10间留坡。如图7-28c)所示。

⑬铺设侧洞防水层,施作侧洞二次衬砌,如图7-28d)所示。

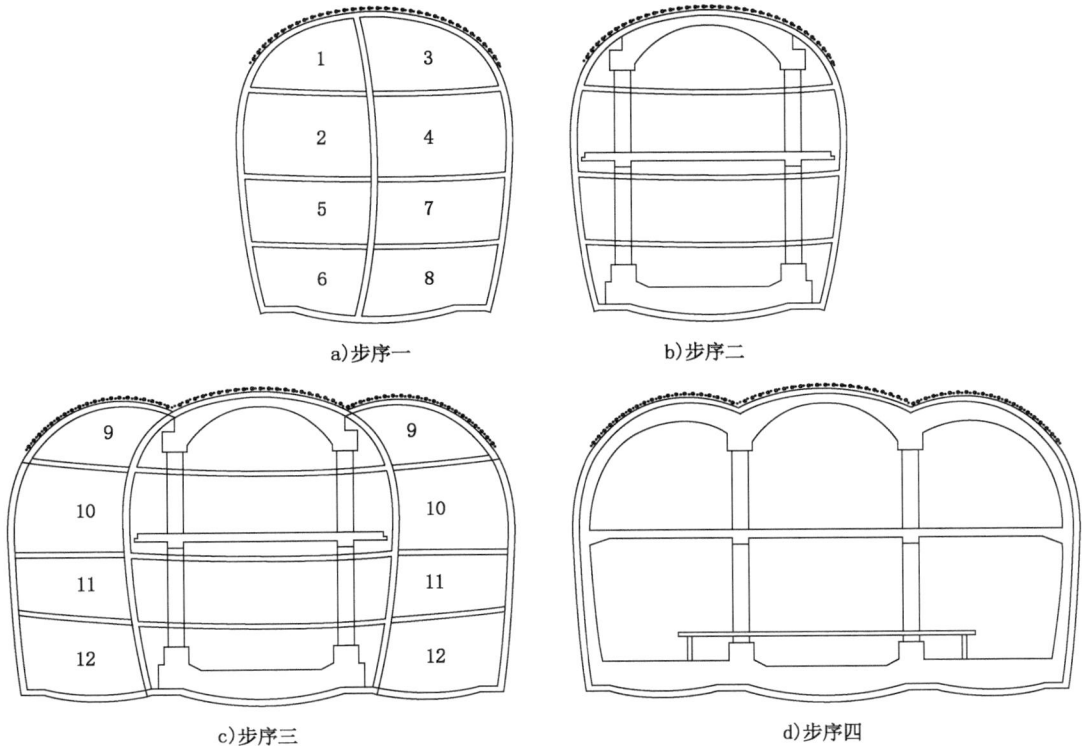

a)步序一　　　　　　　　　　　　b)步序二

c)步序三　　　　　　　　　　　　d)步序四

图7-28　中洞法施工步序示意图

(3)中洞法施工注意事项

①上下导洞距离保持为10~20m为宜。

②要待中洞二次衬砌结构混凝土强度达到设计强度的70%后,再进行两侧洞的施工。

③隧道初期支护及二次衬砌背后均回填注浆,注浆管预埋,注浆压力要适当控制。

④隧道底板的回填层混凝土与仰拱混凝土一起施工。

7.3.3 PBA法

PBA法是在传统浅埋暗挖法的基础上,结合盖挖法的理念发展起来的,由边桩、中桩(柱)、顶纵梁、顶拱共同构成初期受力体系[PBA法的含义是:P-桩(pile)、B-梁(beam)、A-拱(arc)],在顶盖的保护下可以逐层向下开挖土体,然后施作二次衬砌,可采用顺作和逆作以及顺逆结合三种方法施工,最终形成由初期支护和二次衬砌组合而成的永久承载体系。PBA法又可细分为洞桩法和洞柱法。

PBA法首次应用于北京地铁天安门西站的设计与施工,随着在天安门西站的成功应用,PBA法开始在北京各地铁线路中得到应用,如1号线王府井站、4号线宣武门站和黄庄站、10号线苏州街站和劲松站等,目前已经是北京地铁暗挖车站的主要施工工法。

PBA法施工车站的结构形式为直墙多层多跨拱形结构,采用复合衬砌支护形式。拱部初期支护为格栅+喷射混凝土结构,利用大管棚、超前小导管及注浆等辅助措施对前方土体进行预加固、支护,侧墙初期支护为灌注桩(挖孔桩),随着基坑的开挖,桩间可设薄层网喷混凝土,以保证桩间土体的稳定;拱部、侧墙、底板二次衬砌及中楼板均为现浇钢筋混凝土结构,中楼板及底板可以为纵梁体系,也可以采用纵横梁、井字梁体系,中柱多采用钢管柱形式。

中洞法或侧洞法施工地铁车站是将大断面分解为若干个小断面,再分部开挖这些小断面,最终形成大断面,即由小到大的开挖方法,大断面周边的初期支护,是随小断面的开挖逐段形成的。PBA法同中洞法(侧洞法)相比,具有以下特点:

①桩、梁、拱、柱先期形成,首先形成了主受力的空间框架体系,后面的开挖都是在顶盖的保护下进行,支护转换单一,大大减小了对地面沉降的影响,同时节省了大量的坑工。

②PBA法施工灵活,基本不受层数、跨数的影响,底部承载结构可根据地层条件做成底纵梁(条基)或桩基。

③小导洞施工技术成熟、安全可靠,由于各导洞间具有一定距离,故可同步进行导洞施工,施工干扰小,各导洞内的柱、纵梁也可同时作业。

④扣拱后内部一般无须进行地层加固等辅助措施,施工空间开阔,可采用机械开挖,作业效率高,整体施工速度快、精度高,施工中也便于地下水的处理。

⑤直墙式结构内有效净空大,节省了曲墙及仰拱结构工程投入。

1)洞柱法车站施工

(1)小导洞开挖阶段,如图7-29所示。

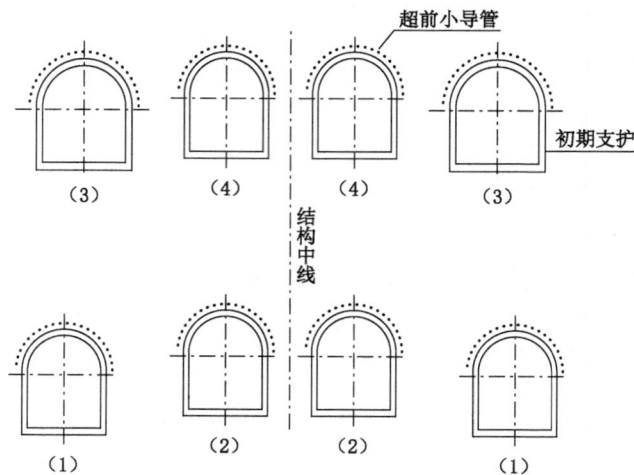

图7-29　小导洞开挖步序示意图

注:(1)~(4)表示开挖分部。

先小导管超前预注浆加固地层,开挖导洞并施作初期支护。小导管超前预注浆是在开挖面前方沿隧道开挖轮廓打入直径为 38~50mm、长度为 2.5~3.5m 的钢管,并通过导管向周边地层注浆,然后再进行开挖的技术。

(2)施作条基、底梁、边桩及回填边桩外混凝土阶段,如图 7-30 所示。

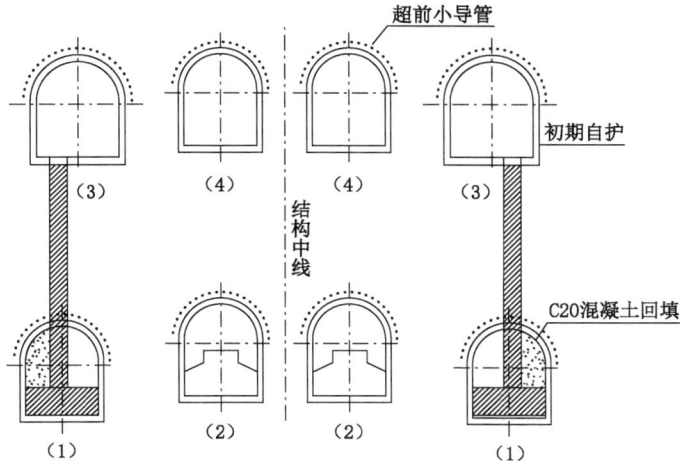

图 7-30 底梁、边桩施工步序示意图

注:(1)~(4)表示开挖分部。

在下侧边导洞内施作条型基础,下侧中导洞内施作底纵梁及部分底板。在小导洞内一般采用人工挖孔,直径一般为 1m,间距为 1.4~1.5m,再回填边桩外侧与导洞间的 C20 混凝土。

(3)冠梁、钢管柱及顶纵梁施工阶段,如图 7-31 所示。

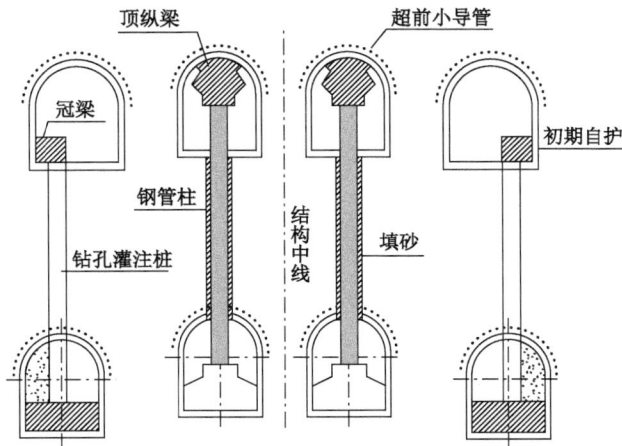

图 7-31 冠梁、钢管柱及顶纵梁施工步序示意图

施作边导洞桩顶冠梁,继而施作中导洞钢管柱及顶纵梁。

(4)上部土体开挖阶段,如图 7-32 所示。

边导洞内架设钢架,钢架背后回填 C20 混凝土。超前预注浆加固地层,先开挖中跨,再对称开挖边跨拱部土体,并立即施作初期支护。

（5）拱部二次衬砌施工阶段，如图7-33所示。

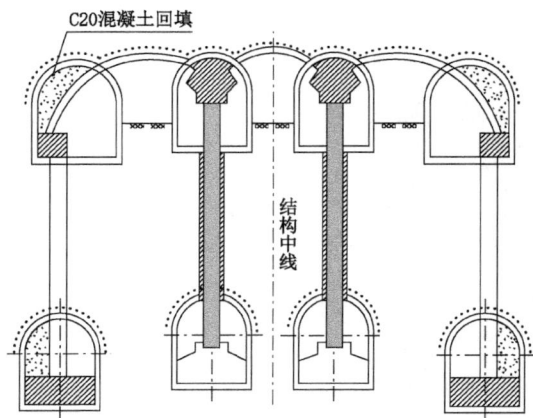

图7-32 上部土体开挖步序示意图

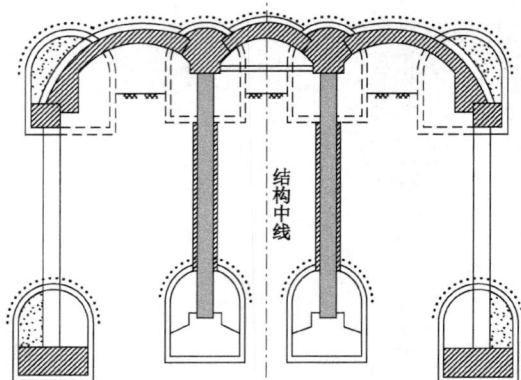

图7-33 拱部二次衬砌施工步序示意图

先施工中跨拱顶二次衬砌，中跨拱顶二次衬砌施工完成后，在顶纵梁之间设置临时拉杆，钢管直径0.325m，管厚8mm，纵向间距3m。施工前先拆除上部中导洞部分侧墙初期支护，再进行二次衬砌施工，然后对称拆除上部边导洞部分初期支护，并立即施作二次衬砌。

（6）中板施工阶段，如图7-34所示。

向下开挖至站厅中板底设计标高，施作模板，浇筑站厅层侧墙、中板结构。

（7）下部土体开挖阶段，如图7-35所示。

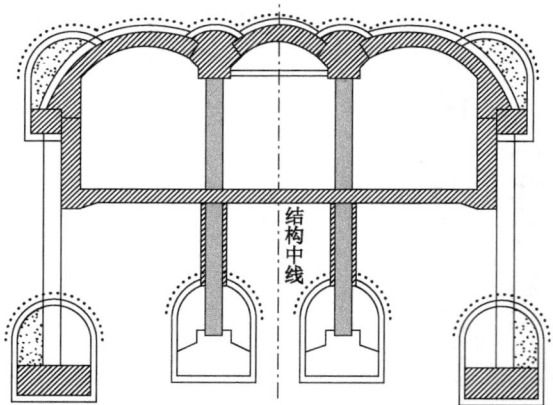

图7-34 中板施工步序示意图

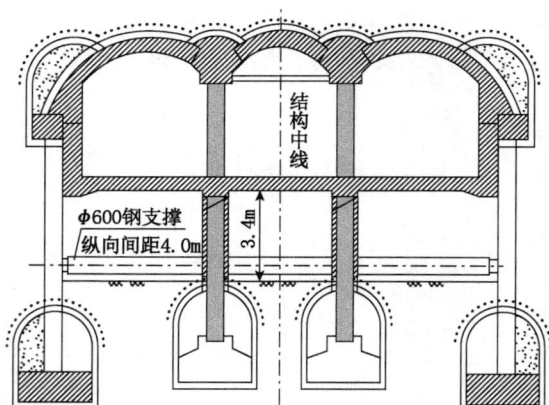

图7-35 下部土体开挖步序示意图

向下开挖至中板下3～4m，架设一道临时钢管支撑。

（8）底板施工阶段，如图7-36所示。

开挖下部土体至底板设计标高，施作底板混凝土及部分边墙结构。

（9）主体结构完成阶段，如图7-37所示。

站台层侧墙施工先拆除钢管横撑，然后浇筑混凝土结构，主体结构完成。

2）洞桩法车站施工

（1）小导洞开挖阶段，如图7-38所示。

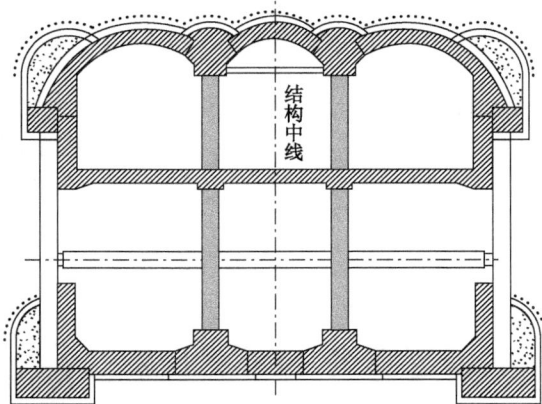

图 7-36　底板施工步序示意图

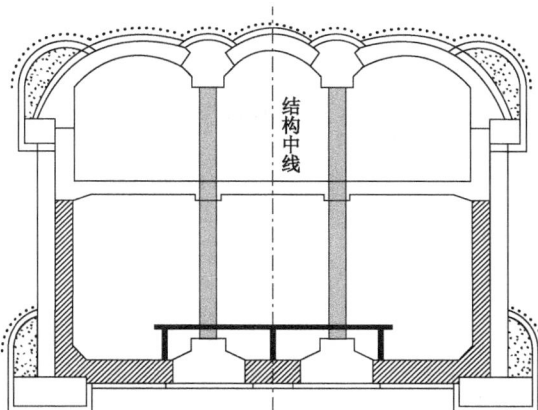

图 7-37　主体结构完成步序示意图

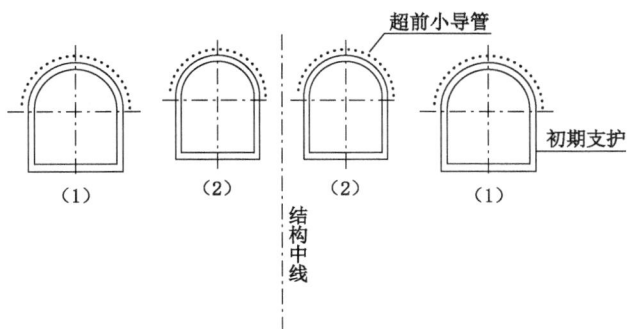

图 7-38　小导洞开挖步序示意图

注:(1) ~ (2) 表示开挖分部。

先小导管超前预注浆加固地层,开挖导洞并施作初期支护。

(2)施作边桩、中桩基础阶段,如图 7-39 所示。

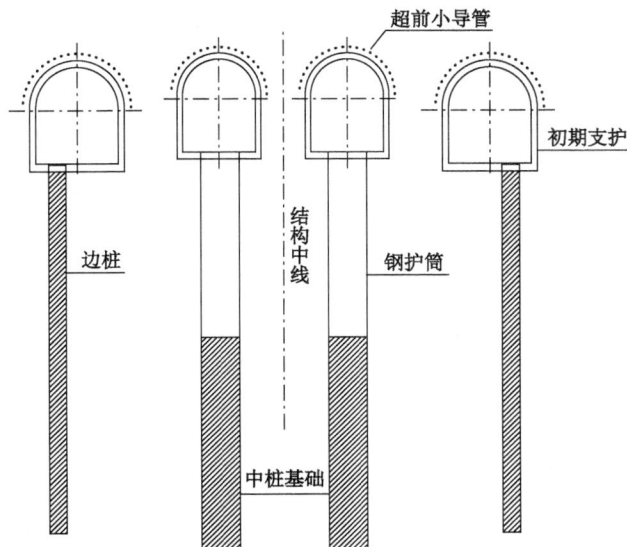

图 7-39　边桩、中桩基础施工示意图

在小导洞内按照设计直径和间距一次性施工钻孔灌注桩及中桩基础。

（3）冠梁、钢管柱及顶纵梁施工阶段，如图 7-40 所示。

施工边冠梁，架立边导洞内主拱格栅钢拱架，并按要求喷射混凝土，混凝土回填边导洞假拱上部空间。施工顶纵梁结构，并预留主拱二次衬砌的钢筋接头，铺设防水层，回填纵梁上部空间。

（4）上部土体开挖阶段，如图 7-41 所示。

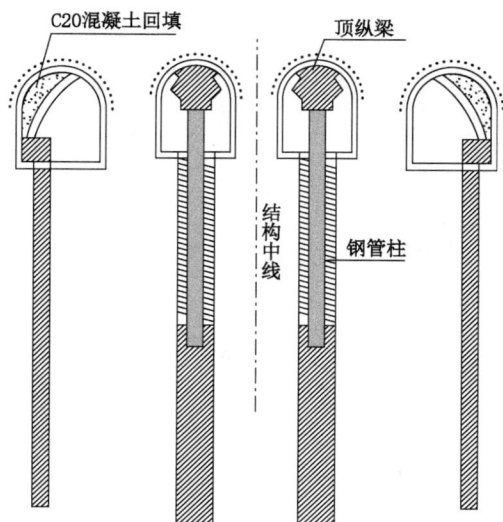

图 7-40　冠梁、钢管柱及顶纵梁施工示意图

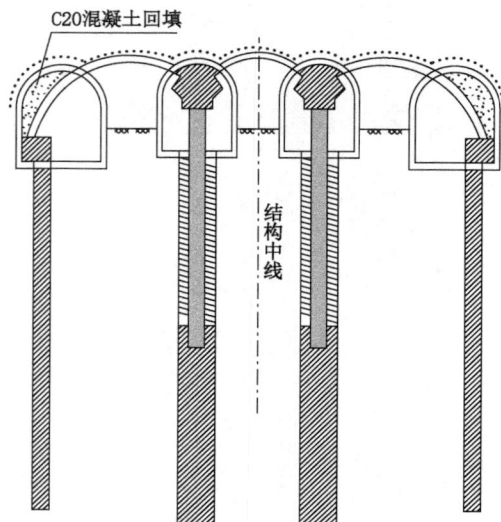

图 7-41　上部土体开挖示意图

超前预注浆加固地层，先开挖中跨，再对称开挖边跨拱部土体，并立即施作导洞间的初期支护。

（5）拱部二次衬砌施工阶段，如图 7-42 所示。

图 7-42　拱部二次衬砌施工示意图

施工拱顶二次衬砌前，先分别拆除上部中导洞部分侧墙初期支护，再立即进行二次衬砌施工，然后对称拆除上部边导洞部分初期支护，并立即二次衬砌施工。

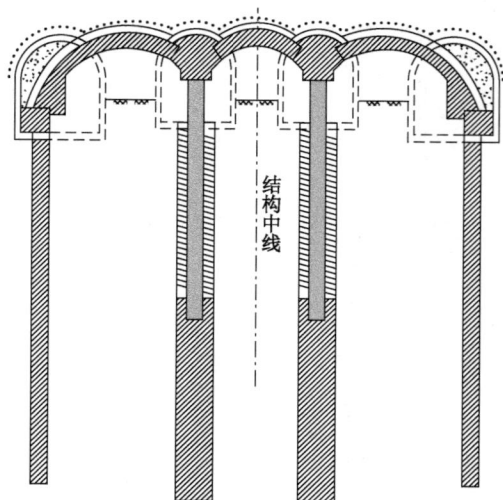

（6）中板施工阶段，如图 7-43 所示。

向下开挖至站厅中板底设计标高，施作模板，浇筑站厅层侧墙、中板结构。

（7）下部土体开挖阶段，如图 7-44 所示。

向下开挖至中板下指定位置，按照一定的纵向间局架设一道临时钢管支撑。

（8）底板施工阶段，如图 7-45 所示。

开挖下部土体至底板设计标高，施作底板、底纵梁及部分边墙结构。

（9）主体结构完成阶段，如图 7-46 所示。

站台层侧墙施工先拆除钢管横撑，然后浇筑混凝土结构，主体结构完成。

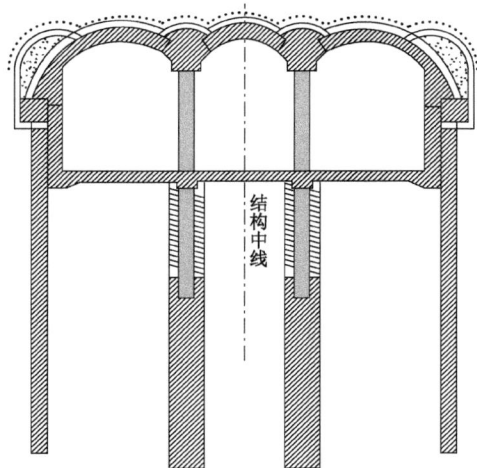

图7-43 中板施工示意图

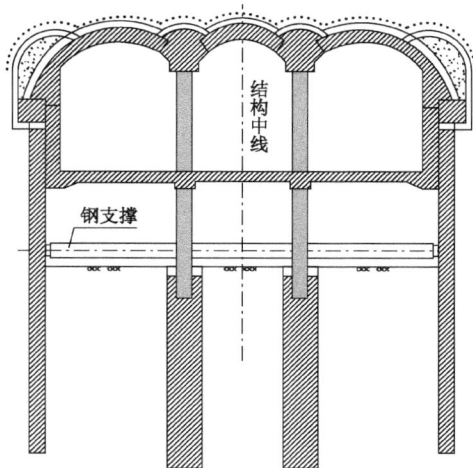

图7-44 下部土体开挖示意图

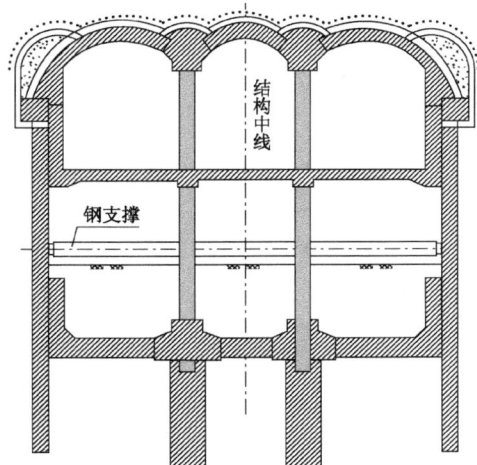

图7-45 底板施工示意图

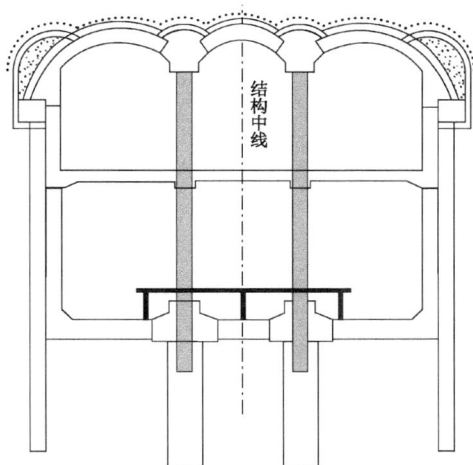

图7-46 主体结构完成

本章思考题

1. 简述浅埋暗挖法施工的基本原理及适用范围。

2. 暗挖法施工基本作业程序包括哪几部分?

3. 暗挖施工中临时支护的作用是什么? 有哪些类型?

4. 常见的暗挖法修建地下工程基本施工方法有哪些? 论述各自的适用范围及优缺点。

5. 对比中隔壁法与交叉中隔壁法有什么异同点?

6. 什么是中洞法? 什么是侧洞法? PBA法与上述两种工法相比,它的优点是什么?

7. 洞桩法与洞柱法有什么区别?

8. 论述PBA法的发展历史及发展趋势,简述PBA法的施工流程及控制要点。

第 8 章
CHAPTER 8

暗挖工程支护与衬砌结构施工技术

8.1 喷射混凝土施工

喷射混凝土是借助喷射机械,利用压缩空气或其他动力,将按一定配合比的水泥、砂、石子及外加剂等拌和料,通过喷管喷射到掌子面上,在很短的时间之内凝结硬化而成型的混凝土补强加固技术。其主要用于煤矿井巷、隧道、高速公路边坡等经锚杆加固后表面的喷射加固。

8.1.1 喷射方式

混凝土的喷射方式可分为干喷、潮喷和湿喷三种,其中湿喷混凝土按其输送方式的不同又可分为风送式、泵送式、抛式和混合式。喷射混凝土的施工工艺系统由供料、供气、供水 3 个子系统组成。这三部分子系统的不同组合方式产生的不同施工工艺和施工技术,对喷射混凝土的质量有着显著的影响,施工费用也各不相同。在干喷法、潮喷法的基础上,通过不断地工程试验研究,完善和发展了新的湿式喷射混凝土施工技术,如水泥裹砂法、纤维喷射混凝土法、双裹并列法、潮料掺浆法等。

1)干喷法

干喷法是将集料、水泥和速凝剂按一定比例干拌均匀,然后装入喷射机,用压缩空气使干集料在软管内呈悬浮状态压送到喷枪,在喷嘴处与高压水混合,以较高速度喷射到掌子面上。干喷法使用的机械结构较简单,机械清洗和故障处理容易。但其缺点是容易产生较大的粉尘,回弹量大,加水是由喷嘴处的阀门控制的,水灰比的控制比较难而且与操作手的熟练程度有关。

(1)干喷法的优点:

①施工工艺流程简单、方便,所需施工设备机具较少,只需强制拌和机和干喷机即可。

②输送距离长,施工布置比较方便、灵活,输送距离可达 300m,垂直距离可达 180m。

③速凝剂可提前在喷射机前加入,拌和较均匀。

④喷射混凝土混合料是在干燥情况下充分拌和,然后通过送料软管靠压缩空气送到专用的喷嘴处,喷嘴内装有多孔集流腔,水在压力下通过多孔集流腔与混合料拌和。

⑤喷射混凝土的运输、搅拌和加水拌和三个工艺程序,均是利用压缩空气通过喷射机使用混凝土以连续高速喷向掌子面,并和掌子面形成整体一次完成。

(2)干喷法的缺点:

①其工作面粉尘量及回弹量较大,工作环境恶劣,喷料时有脉冲现象且均匀度差。

②实际水灰质量比不易准确控制,影响喷射混凝土的质量。

③生产效率相对低。

④由于混凝土的混合料是在干燥状态下拌和的,水则是在喷射过程中加入,所以水灰比的掌握完全凭喷射机操作人员的经验。图8-1是干喷法工艺流程图,图8-2是某型号干喷机实物图。

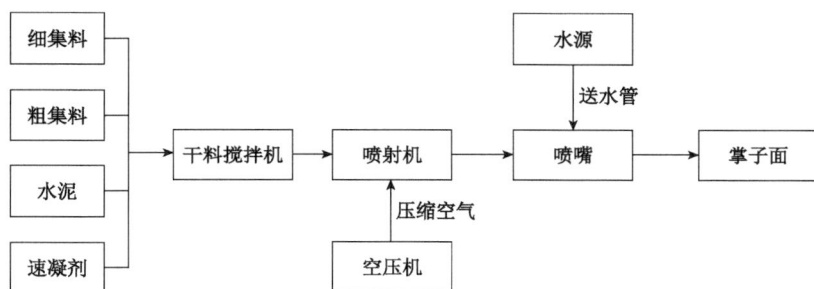

图8-1 干喷法工艺流程图

2)潮喷法

潮喷法是将集料预加少量水,使之呈潮湿状,再加水泥拌和,从而降低上料、拌和和喷射时的粉尘。但大量的水仍是在喷头处加入和喷出的,其喷射工艺流程和使用机械同干喷法。将水灰比在0.25~0.35的混合料和速凝剂按一定比例混合搅拌均匀,利用混凝土喷射机,以压缩空气为动力,经输料管输送至喷嘴处与压力水混合后喷射于掌子面上。潮喷输料管不宜太长,不宜使用早强水泥,但粉尘和回弹率都比干喷法少。目前施工现场较多使用的是潮喷工艺,图8-3是潮喷法工艺流程图。

图8-2 干喷机实物图

潮喷法的技术要求:

①喷射混凝土大堆料要储放于储料棚内,避免露天堆放淋雨及环境污染和倒运材料而引起的泥污染集料,引起堵管和强度降低等现象。

②实验室负责优选喷射混凝土配合比和施工控制。施工中按配合比称料拌和,严格控制

外加剂的掺量,确保喷射混凝土强度符合设计要求。严禁随意增加速凝剂掺量,必须使用合格的水泥。

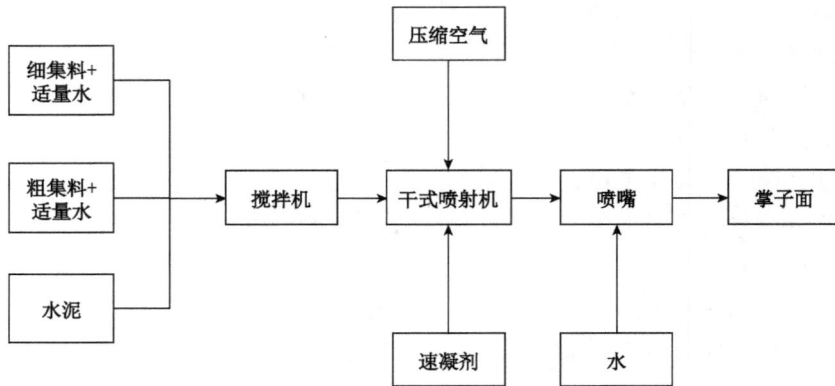

图 8-3　潮喷法工艺流程图

③分层喷射时,后一层喷射在前一层混凝土终凝后进行;若终凝 1h 后再进行喷射时,应先用风水清洗喷层表面。一次喷射厚度可根据喷射部位和设计厚度确定。

④有水地段混凝土喷射时,先从远离出水点处开始,逐渐向涌水点逼近,将散水集中,安设导管,将水引出,再向导管逼近喷射。

3)湿喷法

湿喷是将水泥、砂子、石子、水按一定比例混合后搅拌成混凝土(水灰比一般为 0.5 左右,坍落度 13cm 左右),用泵将搅拌好的混凝土经输料管压送至喷嘴处,与液体速凝剂相混合,借助压风补充的能量将混凝土喷射到掌子面上。湿喷混凝土质量容易控制,喷射过程中的粉尘和回弹量少,是当前发展应用的喷射工艺,但对喷射机械要求高,机械清洗和故障处理较麻烦。湿喷法具有如下施工工艺特性:

①混凝土拌和料搅拌充分,有利水泥充分水化,因而混凝土强度较高。

②水灰比能较准确控制但比干喷法用水量多。

③速凝剂一般不能提前加入,应在喷射机之后方可加入。

④粉尘、回弹量均较低,生产环境状况较好。

⑤湿喷机具设备较复杂,速凝剂加入较困难,湿喷机分为风动、挤压泵、液压活塞泵、螺旋输送泵等。

⑥输料距离和高度远比干喷法要小,喷射系统布置需靠近工作面。

⑦由于混合料事前加水,故施工中途不得停机,停喷后要尽快将设备冲洗干净。

⑧水泥用量相对干喷法要多,一般达 $500kg/m^3$。图 8-4 是湿喷法工艺流程图,图 8-5 是某型号湿喷机实物图。

4)水泥裹砂法

水泥裹砂法所用设备分别由泵送砂浆系统和风送混合料系统两套机械组成。在拌湿的部分砂中投入所需的全部水泥,强制拌和成以砂为核心外裹水泥的球体,再二次加水与减水剂拌和成砂浆;另一部分砂、石与速凝剂按配合比配料,强制拌和成潮湿混合料,然后分别通过砂浆泵及喷射机,将拌和成的砂浆及潮湿混合料由高压胶管送到混合管混合,再由喷口喷出。喷射工艺较干喷法、潮喷法和湿喷法都复杂,是干喷法与湿喷法相结合的喷射工艺。

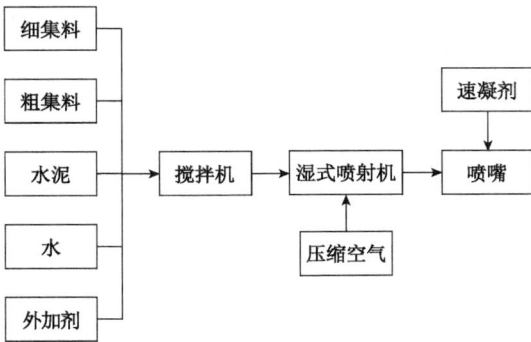

图8-4　湿喷法工艺流程图

图8-5　湿喷机实物图

水泥裹砂喷射混凝土是将喷射集料分两条作业线,喷射混凝土中的砂浆基本上是按湿式拌和与压送,但制造的水泥砂浆与常态水泥砂浆不同,是一种造壳水泥砂浆,其结构合理、强度高,而其他集料基本上是按干式拌和与压送。喷射作业时,将此种造壳砂浆和集料(干燥状态并含速凝剂)经两条管路压送到混合管中混合后通过喷嘴喷出。图8-6是水泥裹砂法工艺流程图。

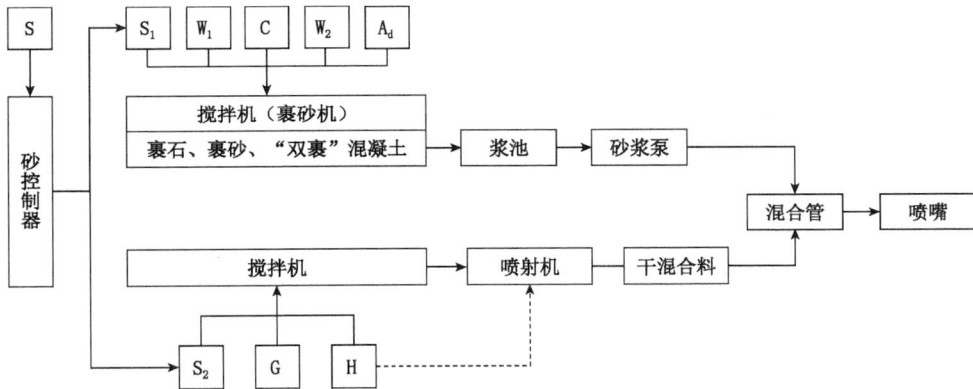

图8-6　水泥裹砂法施工工艺流程图

S_1-水泥裹砂用砂;S_2-干混合料中用砂;W_1-水泥裹砂用水;W_2-调配砂浆用水;A_d-减水剂;H-速凝剂;C-水泥;G-粗集料

5)钢纤维喷射混凝土法

钢纤维喷射混凝土法是指以气压动力高速度喷射到掌子面上含有不连续分布钢纤维的砂浆或混凝土。目前,该法在国外应用较多,它改变了普通混凝土的脆性特点,具有高强度、大变形及破坏后仍存在较高残余强度的特点,使喷射混凝土的韧性、抗弯、抗剪强度、耐用系数和疲劳极限等都得到极大改善。钢纤维喷射混凝土的柔性大大超过了普通喷射混凝土,抗弯强度增加50%~100%,抗剪强度提高30%~50%,韧性提高数倍,在松软、破碎围岩和特殊地下工程中获得越来越广泛的应用。该法利用现有喷射混凝土设备和施工工艺,即在上述干喷法、潮喷法、湿喷法和水泥裹砂法喷射的混凝土中,掺入适量的纤维而形成纤维增强喷射混凝土。

钢纤维喷射混凝土支护及时制止了坍塌,但掺钢纤维也有其难度,如成本高、配料搅拌时易结团、喷射时易堵管和钢纤维回弹易伤人,并且由于钢纤维的锈蚀使混凝土表面出现锈斑等。目前也有采用新型材料超混杂纤维代替钢纤维喷射混凝土的研究,其各项物理性能与掺钢纤维混凝土相当,但喷射效果优于掺钢纤维混凝土,且成本低,经济效益显著,很有推广价值。图8-7为混凝土制品钢纤维。

图8-7　混凝土制品钢纤维

6)双裹并列法

双裹并列法是在水泥裹砂法的基础上发展而来,其施工工艺流程如图8-8所示。在作业方式上虽然它们都是用两条线路输送喷射物料,外观上有些相似,但实质上两者却有着很大的区别。水泥裹砂法只用了设计用砂量的约一半被水泥包裹,另一半的砂子和全部的粗集料(石子)并没有用水泥包裹,形成一条"干路"和一条"湿路",全部喷射混凝土材料只有到混合管中才汇齐,水泥造壳是不全面的和不充分的。双裹并列法虽然也是由两条线路输送料物,但"干混合料"线路的砂、石料也都用水泥包裹,不再是水泥裹砂法的干砂石料,而是"双裹(裹石及裹砂)混合料",另一条"湿路"也不再是水泥砂浆,而是经过水泥包裹处理的高流态混凝土,两条输料线路都有水泥包裹作用,故称"双裹并列法"。

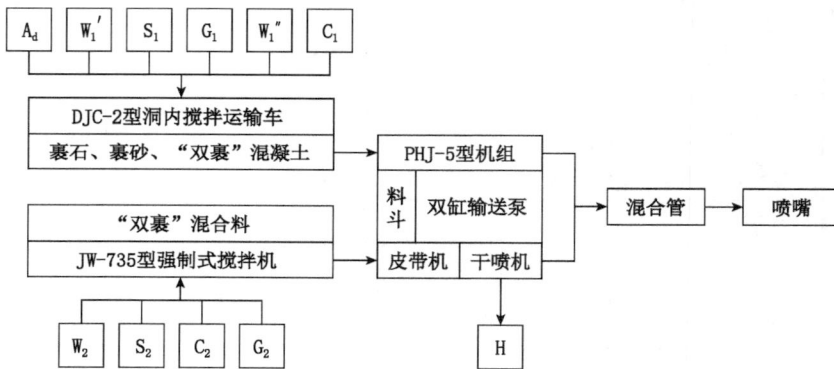

图8-8　双裹并列法施工工艺流程图

注:图中符号同图8-6。

7)潮料掺浆法

潮料掺浆法是在总结国内潮喷法和水泥裹砂法实践经验的基础上发展而成的,其采用传统干喷法的设备和作业方式,但能取得类似于水泥裹砂法的综合效果。其施工工艺流程如图8-9所示。

潮料掺浆法施工工艺优点如下:

①掺浆法的喷射料物也由两条线路输送:一条是全部的砂石料和部分水及水泥通过强制式搅拌机"造壳"的潮料 $W_1/C_1 = 0.20 \sim 0.25$,用干喷机输送;另一条线是高水灰比的水泥净浆(含少量减水剂和增塑掺合料,不含砂石料),用离心式泵压送,在混合管混合后喷射到掌子面上。

②由于两条作业线一条是造壳潮混合料,一条是水泥净浆,全部喷射料物均处于潮湿状态,可以大大减少施工粉尘,亦节省了水泥用量。实测粉尘浓度 $4 \sim 5 \text{mg/m}^3$(只相当干喷法的1/20),水泥节约40%。

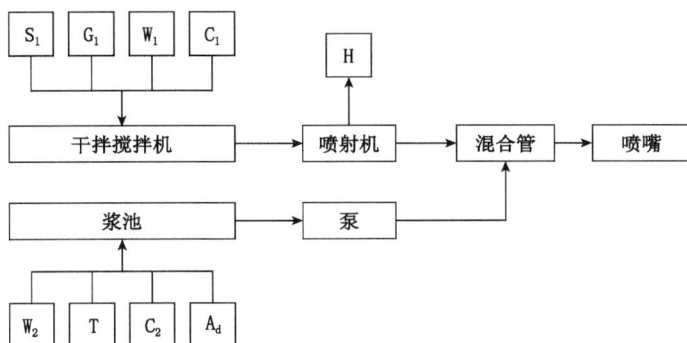

图8-9　潮料掺浆法施工工艺流程图

注：图中符号同图8-6。

③在喷头或混合管处相互掺和的是潮湿造壳混合料及水泥净浆，物料之间更容易糊化融合，同时避免了"干喷法或潮喷法在喷头处加入单纯的高压水冲洗"作用，有利于集料与水泥的黏结及保持良好的稠度，因此掺浆法回弹少，泌水率低，从而强度有显著提高，R28可达30～40MPa。

④所用的设备比水泥裹砂法和双裹并列法都要简单得多，基本上可在干喷法的设备和作业方式上加以改进，施工布置比较灵活，在较狭窄的现场也可以有效的应用。

8.1.2　喷射混凝土原材料配合比及施工设备（可扫描二维码查阅）

喷射混凝土原材料、配合比及施工设备

8.1.3　喷射混凝土作业流程

1）喷射前的准备工作

（1）检查掌子面的轮廓尺寸，清除开挖面浮矸（或浮土）及拱、墙脚堆积的碎石或土，并加以修整，使之符合设计要求。

（2）用高压风吹或水冲洗掌子面（对于遇水易潮解、泥化的岩层则只能用高压风吹净岩面），土体不需要本过程。

（3）埋设标识或利用锚杆及钢架的外露长度来掌握喷层厚度，每层喷射混凝土厚度不大于8cm，一般为3～5cm。

（4）检查机具设备和风、水、电管路并试运转，确保喷射不中断。喷射机应进行空转前和空转中的检查，确保各部件不漏风，作业区应具有良好的通风和足够的照明，输送软管应能承受1.0MPa以上的压力，并有良好的耐磨性能，管内径不小于最大集料粒径的3倍。

（5）混合料应严格计量，容许误差：水泥为±5%，混合料应随拌随喷，不掺速凝剂，存放时间不应超过 2h;掺有速凝剂时,存放时间不应超过 20min,以免影响喷射效果。

2)混凝土喷射机操作流程

(1)开机时应先给风,再给电,当设备运转正常后送料;作业结束时,应先将拌和料输送干净,再停电,最后关风。

(2)作业完毕或因故间断时,喷射机和输料管内的积料,必须及时清除干净。

(3)喷射作业:喷头操作在喷射混凝土作业中是一个重要环节。混凝土的厚度、匀质性、密实程度以及减少回弹量等,都与正确而熟练的喷头操作技术分不开的。

①喷射机安装调试好后,先注水再送风,清通机筒和管路;同时用高压水(或高压风)洗(吹)掌子面。

②喷射手拿起喷头,首先要检查水环眼孔,如果堵塞,用小针疏通,若不疏通,会使射水不匀,喷出的混凝土流束出现灰一条白一条的现象,既影响混凝土质量,也增加回弹量。此外,喷射手还要检查水眼安装是否合适,若安得不正,部分水流不经由水眼而直接进入喷嘴同拌和料混合,会出现沿岩壁淌浆的现象,也会影响混凝土质量。

③喷射时,先注水(喷嘴要朝下,避免水流入输料管内),后送风,然后上料。喷射前,先把喷头处的水阀开动一点,即先给喷头一股水,待混合料送至喷头后,调整水阀就可把水灰比找好(正常工作中,水阀一般不宜经常变动)。调整水阀寻找合适的水灰比时或喷射中供料突然中断时,喷头应对着岩壁底脚,待水灰比正常后,方可把喷头对准要喷射的地点。

④喷头的姿势,首先应保证喷射方向与掌子面垂直,其次要使喷头操作省力、方便和灵活。当喷射侧墙较低部位时,可将输料管夹于腋下,以减轻手腕的负担。当喷射侧墙较高部位时,可将输料管夹于两腿间或担在肩上。喷射拱顶时,除将输料管夹于两腿间外,喷头应靠近喷射手头部,这样在垂直地向岩面喷射时,可避免回弹物的直接射击,目前的机械喷射手已经可以灵活掌握了。

⑤输料管宜顺直放置或以尽可能大的半径弯曲。

⑥连续上料,保持机筒内料满。在料斗口设置 15mm 孔径的筛网,避免超径集料进入机内。

⑦严格控制加水量。当看到喷射混凝土成团,发亮,表面呈现湿润暗灰黑色光泽,无干斑,不流淌,表面平整且无异常回弹和粉尘,说明加水量合适。若有干斑,回弹和粉尘大,则是加水量偏小;若流淌,则是加水量过大。

⑧视岩面潮湿程度酌情调整水灰比。岩面干燥,水灰比可稍大一点,岩面较湿,水灰比要小一点。

⑨喷射要分段、分片进行。喷射时自下而上,即先墙脚后墙顶,先拱脚后拱顶,避免死角,料束呈螺旋旋转轨迹运动,一圈压半圈,纵向按蛇形喷射,每次蛇形喷射长度为 50mm。喷射第二行时,依顺序由第一行终点上方开始,行间搭接 2~3cm。一次喷至以不坠落时的临界状态或所需厚度时,再向前方移动,一般喷厚不应小于 3~5cm。厚度可采用标桩法或针探法控制。全片喷完一层后再喷第二层,两层喷射时间间隔 20~30min。喷射前个别掌子面有坑洼的,应先喷坑洼再找平。

⑩喷嘴口至掌子面以 0.6~1.0m 为宜,喷嘴以垂直于掌子面为最佳。合适的喷射距离和喷射角度可使回弹率最低。这个参数与喷嘴处的喷射压力密切相关。

⑪喷射机的出料量宜选用:喷边墙 $4m^3/h$,喷拱部 $3m^3/h$。与之相匹配的工作风压为:喷边墙 $0.15 \sim 0.18MPa$,喷拱部 $0.12 \sim 0.15MPa$。

⑫喷射完毕,闭紧水阀门,喷头出口朝低处放置,以免水阀漏水倒流入输料管内。

⑬短时中断喷射作业时,可以随时停机、停风,无须清理。混合料和速凝剂可以滞留在料斗中,但一定要关闭供水阀门。长时间停顿或每班工作结束时,首先要停止加料,待搅拌机料斗排空后加入一定数量不含水泥的纯砂石,并加大向料斗的喷水量,保持机组运转,直至料腔中的物料排完为止,而后停机。停机后,应将输料管中的残料吹出去,当没有物料从喷头喷出时,再关闭喷头水阀,最后关闭总进风管路阀门。

3)施工中减少粉尘、回弹的参数分析以及工艺优化措施

喷射混凝土是一项对技术性和责任心要求都很强的工作,只有严格执行操作规程,在技术上精益求精,才能保证喷射混凝土质量,减少回弹和粉尘。

(1)喷射风压

喷射混凝土一般是借助压缩空气来输送喷射料的,因此,风压是否合适,对喷射混凝土质量有很大影响,同时对回弹和粉尘浓度影响也较大。试验证明,混合料的水平输送或垂直输送距离、喷射机生产率以及混合料的干湿度等是影响风压的主要因素。对于转子式喷射机,其风压和喷射料水平输送长度的关系可用下式表示:

干喷时工作压力 $P = 0.1 + 0.0013 \times$ 输料管长度(MPa);

湿喷时工作压力 $P = 0.155 + 0.00195 \times$ 输料管长度(MPa);

当输料管长度为 20m 时,工作压力 P 约为 $0.19MPa$。

(2)喷射水压

喷射混凝土的水由喷嘴处加入,喷射料与水混合时间极短,为 $0.77 \sim 0.17s$,经测定,此处料流速度为 $137m/s$。如何在这么短的时间内使水和喷射料尽可能充分混合,这与喷射水压关系极大,而且喷射水压与输料风压要有合适的匹配,若喷射水压低于输料风压,则会发生因堵塞水环、孔眼不出水或干湿不均现象,一般喷射水压应高于输料风压。但对比试验发现,喷射水压过大,湿化效果反而变差,水料分离现象趋于严重。这是由于较高的水压把拌和料从管内壁四周向中心挤压,造成料流中心的干燥区变大的缘故。试验表明,喷射水压与输料风压之比在 $1.35 \sim 2.00$ 之间湿化效果最好。考虑到设备的原因,一般喷射水压为 $0.30MPa$,与风压之比为 $1.50 \sim 1.67$。

(3)喷射距离

喷射混凝土时,混合料在反复连续撞击过程中逐渐压密成为具有一定强度的结构,因此,撞击动能宜尽可能大。但是,喷射混凝土的物料撞击属于弹塑性碰撞,在撞击中虽有部分形变,但仍然会发生分离和回弹,因此,随着撞击动能的增大,回弹也相应增加。

对各种岩土体,最优的喷射距离是不同的,而且与掌子面部位有关。黏土地层试验证明,喷射距离与回弹率的关系如图 8-10 所示。

从图 8-10 中可以看出,喷嘴与掌子面的最优距离应在 $0.8m$ 左右。

(4)喷射角度

适宜的喷射角度应保持喷射能量损失较小和回弹量较小,如图 8-11 所示。

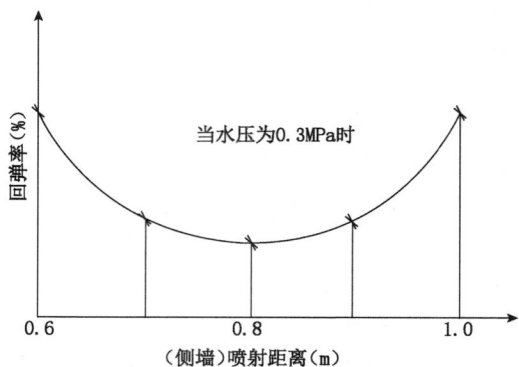

图 8-10　喷射距离与回弹率的关系

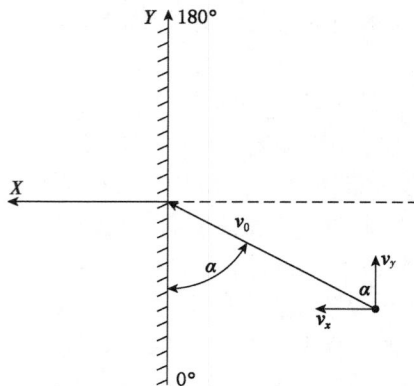

图 8-11　喷射角度与能量损失的关系

当质量为 m 的喷射料以初速度 v_0 射向掌子面时,其在 X、Y 轴方向的速度分量为:

$$\begin{cases} v_x = v_0 \sin\alpha \\ v_y = v_0 \cos\alpha \end{cases} \tag{8-1}$$

撞击动能为:

$$\begin{cases} E_{动x} = \dfrac{1}{2} m v_x^2 = \dfrac{1}{2} m (v_0 \sin\alpha)^2 \\ E_{动y} = \dfrac{1}{2} m v_y^2 = \dfrac{1}{2} m (v_0 \cos\alpha)^2 \end{cases} \tag{8-2}$$

式中:$E_{动y}$——损失动能。

当 $\alpha = 90°$ 时,损失动能为零,即 $E_{动x} = \dfrac{1}{2} m v_x^2$,$E_{动y} = 0$。但是,实际操作中很难也不可能保证喷嘴与掌子面始终为 90°,更不可能保证所有物料颗粒和掌子面垂直,因此,为了尽可能减少动能损失,又具备操作性,应选定一种较适宜的角度范围。从动能损失来看,当 $\alpha < 45°$ 时,$v_x < v_y$,动能损失超过 50%,回弹率大于 50%,故 α 角的变化范围应在 60°~120°之间比较合理。

经实际喷射观察,喷射料流的扩散角为 5°左右,可将喷射料流近似视为圆锥体(简称"喷射圆锥体")。此外,假定掌子面完全光滑,喷射后反射角和入射角相同,回弹料流也可假定为圆锥体(简称"回弹圆锥体"),在喷射时,为了利用喷射能量将大部分回弹物料撞回掌子面,减少回弹率,应使喷射圆锥体尽可能覆盖回弹圆锥体,这就要求喷射角 α 越接近 90°越好,若要保证覆盖率在 80% 以上,则喷射角应在 80°以上。

考虑到实际操作的可能性和使动能损失率尽可能小,选取角度在 75°~105°范围内变化,则此时动能损失率可按下式计算:

$$E_S = \frac{E_{动y}}{E_{动x}} \leqslant \frac{\dfrac{1}{2} m v_0^2 \cos 75°}{\dfrac{1}{2} m v_0^2} \approx 7\% \tag{8-3}$$

(5)影响回弹的主要因素

①喷射角度:喷射料流与掌子面垂直时回弹最少,若喷嘴与掌子面夹角不垂直,小于 70°或大于 110°时,回弹量急剧增加。

②喷射风压:风压过大和过小都会使回弹增加,必须根据喷射料的状态和输送距离,通过试验确定适宜的风压。

③水与喷射料的拌和程度:干喷法时,如果水与喷射料拌和不均匀,喷射出来的物料离析严重,造成大量回弹。

④喷射料中砂、石集料表面状况:采用干喷工艺时,粗集料表面在搅拌过程中很难包裹上水泥粉,喷射到掌子面时,黏结效果差,回弹严重,特别是刚开始喷射,掌子面上尚未黏附一层砂浆塑性层时,回弹更突出,所以选用潮喷二次搅拌可以大幅度减少回弹。

(6)影响粉尘的主要因素

①水与混合料拌和不均匀。普通喷嘴的拢料管长度仅为 60 ~ 100cm,当水从喷嘴处加入时,高速运动的料流在 0.01 ~ 0.17s 时离开喷嘴,水与干料极难拌和均匀,大量的水泥颗粒仍处于干燥状态,加上压缩空气在出口处体积剧烈膨胀,从而产生大量粉尘。

②风压。当风压过高时,物料分离严重,粉尘明显增加。

③回弹。当喷射到掌子面上的物料回弹而下掉时,粉尘也随之产生,喷嘴距喷射面距离超过 1.0m 时,回弹量增大,粉尘浓度也增加,喷射拱顶时粉尘浓度比喷射侧墙时大。

(7)降尘减弹的工艺优化措施

根据上述试验与分析,回弹、粉尘等影响因素与操作规程和操作水平有很大关系,这些可通过制订合理的操作制度和提高操作水平得到解决,另外一些重要因素,如水与喷射料的拌和程度等则必须通过改进喷射工艺才能有效解决。目前国内也正是沿着这个思路进行研究和发展的,例如由干喷法派生出来的潮喷法和水泥裹砂法,现在已得到广泛应用。近年来,全湿喷工艺快速应用和发展,对提高喷射混凝土的质量,降低粉尘浓度和回弹量,起到了重要作用。

(8)严格控制速凝剂的掺量和均匀性

一般利用石膏来调整水泥的凝结时间,掺入速凝剂后其水化生成物 NaOH 与起调凝作用的石膏反应,使石膏丧失调凝作用,大大缩短了凝结时间,但此时形成的水泥石多为结构疏松的铝酸盐,因此,掺加速凝剂后,虽然使混凝土迅速凝结和具有强度,但后期强度损失较大,一般 28d 强度损失 25% 左右。若掺量过大,强度损失甚至超过 50%,因此必须杜绝靠增加速凝剂掺量来减少回弹的错误观念和做法。而且,速凝剂掺加不匀将导致喷射混凝土强度的波动较大,给支护结构留下隐患。

8.1.4 特殊条件下喷射混凝土施工

1)喷射混凝土冬期施工

当工地昼夜平均气温连续 5d 低于 5℃ 或最低气温低于 0℃ 的喷射混凝土施工,称为冬期施工,在低温下进行喷射混凝土作业,混凝土的凝结时间会显著延长,使一次喷射厚度变薄,回弹增加,同时,混凝土在低温下硬化,强度增长缓慢。为了保证施工的效果,应注意以下几点:

(1)当气温低于 0℃ 时,应确保喷料和水温高于 5℃,混合料最好先放入洞内一昼夜后再拌和。

(2)必要时加入防冻剂(一般用食盐),这时水灰比在 0.4 ~ 0.45 之间,水泥用量大于 400 ~ 500kg/m³。

（3）当喷射混凝土后，其强度未达到 5MPa 之前，最好不要受冻。

2）钢纤维、聚丙烯纤维喷射混凝土施工

在普通喷射混凝土的组成成分中掺入适量富有延性的纤维，可以改变喷射混凝土的力学性能，使喷射混凝土结构的抗裂能力、耐冲击能力、抗拉强度、抗挠强度、抗剪强度、耐冻融性、耐磨耗性等得到相应提高。

（1）钢纤维喷射混凝土施工注意事项

①钢纤维的长度、直径直接影响喷射混凝土结构的性能。一般钢纤维的长度应大于粗集料最大尺寸的 2/3，通常为 20 ~ 30mm，等效直径为 0.35 ~ 0.71mm，其长径比以 50 ~ 60 最佳。

②钢纤维的掺入率直接影响喷射混凝土的回弹率，钢纤维掺入率以 0.8% ~ 1.0% 为佳，即 50 ~ 80kg/m³。其掺入量还与纤维长度（L）有关，L 不小于 20mm 时，掺入量大于 65kg/m³；L 在 20 ~ 40mm 范围时，掺入量大于 50kg/m³；L 大于 40mm 时，掺入量大于 40kg/m³。

③水灰比一般比普通混凝土要大，通常为 0.4 ~ 0.6。

④由于钢纤维的形状特殊，在包装内易打结，因此，施工前使用 2cm 方格孔筛过筛后才能拌和在混凝土中。同时，由于钢纤维的掺入，降低了喷射混凝土的流动性，为避免出现堵塞，可通过增加水泥用量、减小集料最大直径、增加集料中含砂率（以 60% ~ 80% 为宜）、减小压送距离、使喷射压力保持均匀等办法来改善喷射效果。

（2）聚丙烯纤维喷射混凝土施工

聚丙烯纤维在混凝土的碱性环境下非常稳定，熔点较高，表面憎水，具有 100% 的湿强保持率，质量轻，加工性能良好。使用聚丙烯纤维大大提高了混凝土的力学性能，并可替代钢纤维的功能，可阻止和控制混凝土中的龟裂发展，减少塑性收缩和延缓裂缝出现，提高了混凝土的抗渗性，并且具有增强抗弯强度、疲劳极限、抗冲击强度、剪切强度、抗磨损力，无磁、防锈、防酸碱、安全、易操作、不磨损喷射机、减少回弹率（资料显示可以从 25% 降至 5% 左右）等优点，每立方米混凝土内加入 0.9kg 左右的纤维网，可使渗水性降低 70% 左右，混凝土寿命可增加 1 倍以上，提高抗磨损为 50% 左右。其缺点是用强制式搅拌机拌和，时间最少需 4 ~ 5min 才能均匀弯曲排列在喷射混凝土料中，采用干喷纤维混合料时，会出现少量纤维被分离成轻的、可到处飘移的单独纤维，被气流吹出后形成"天女散花"。试验证明，最大损失纤维量小于 5%，影响不大。

①聚丙烯纤维网掺量与混凝土力学性能之间关系及掺量确定

针对湿式喷射混凝土的特点要求，选择粗集料最大粒径分别为 10mm 和 31.5mm 两种系列进行混凝土性能试验，主要力学性能结果见表 8-1。

聚丙烯纤维网混凝土性能比较 表 8-1

集料最大粒径（mm）	纤维体积掺量（%）	劈裂抗拉强度提高（%）	弯曲强度提高值（%）	抗拉强度提高值（%）	抗渗强度提高值（%）	抗冻质量损失值（%）	抗冻强度损失值（%）	抗高温强度损失值（%）
10	0.1 0.2	51 56.2	73 92.9	6.7 8.6	55.6 100	1.1 0.6	1.9 0.6	5.1 6.9
31.5	0.1 0.2	37.2 41.8	24 28.4	3.5 6.3	62.5 100			

a. 粗集料粒径越小，聚丙烯纤维网添加在喷射混凝土中效果更好。

b. 抗压强度。随着掺量的增加，混凝土抗压强度增大，当体积掺入量为 0.2% 时，混凝土抗压强度最大；掺入量继续增大后，抗压强度增加不再明显。

c. 抗拉和抗弯强度。混凝土劈裂抗拉强度随纤维掺量增加而增加，特别是少量掺入后效果更明显，掺入体积为 0.1% 时，两系列试验强度分别增加了 51% 和 37.2%；掺入体积为 0.2% 时，两系列试验强度分别增加了 56.2% 和 41.8%。混凝土抗弯强度随纤维掺量增加而增加，掺入体积为 0.1% 时，两系列试验强度分别增加了 73% 和 24%，掺入体积为 0.2% 时，两系列试验强度分别增加了 92.9% 和 28.4%。试验梁在承受静态弯曲荷载时，初裂荷载随纤维体积率的增加而增加 50% 以上，破坏荷载增加 23% 以上。

d. 抗渗透性。掺入聚丙烯纤维网的混凝土，由于大大减少了因塑性收缩、干燥收缩而引起的原生裂纹和次生裂纹的数量，从而提高了其抗渗透能力。随着纤维掺入量的增加，混凝土抗渗透能力增加明显，特别是体积掺量为 0.1%~0.2% 时，效果更明显。

e. 弯曲疲劳性能在等应力比的条件下，随纤维量的增加，循环应变增值和疲劳损伤均有较明显的改善。

②聚丙烯纤维网喷射混凝土配合比的确定

a. 聚丙烯纤维网掺量。根据纤维混凝土掺量与性能关系及性价比，较为合理的聚丙烯纤维网体积掺量应在 0.1%~0.2% 之间。

b. 胶集比水泥与集料之比为 14~15，混凝土水泥用量为 350~400kg/m³。

c. 砂率。一般选用的砂率为 40%~50%。

d. 水灰比。应控制在 0.4~0.53 之间。

③聚丙烯纤维网喷射混凝土的喷射工艺

a. 开机前检查准备工作是否充分，风压系统是否稳定，电源供应是否有保障，人员是否到位。

b. 施喷前，先空载运转，检查管路是否畅通，湿式喷射机是否处于正常状态，进料口钢质栅网是否安装妥当，喷射前，用高压风将掌子面上的粉尘吹去并清除已松动的围岩，用喷射机在工作面上喷适量的水，维持一定湿度，提高岩面黏附力。量测掌子面围岩的基本尺寸，要求隧洞外轮廓光顺。

c. 遵循先进料后湿式喷射的原则，并使受料口处混凝土混合物始终高于搅拌池。

d. 改进喷嘴，用硬质聚乙烯管（直径 1000~1200mm）替代原钢质喷嘴，以增强喷嘴对混合物的聚焦能力，并减轻喷射手的负重，提高操作的灵活性。

e. 分两层喷射。第一层喷射 50mm 左右，待硬化且强度达到 5~8MPa 后，在设计确定的断面位置埋设量测组件第二层喷射 80mm 左右，每层厚度不宜大于 80mm，直至达到设计厚度。

f. 喷嘴至工作面的距离一般为 0.8~1.0m，喷射角度控制在 80°~90°。若掌子面被格栅和钢筋网覆盖时，可将喷嘴稍加倾斜，但不得小于 70°。如果喷嘴和掌子面的角度太小，会形成混凝土物料在掌子面上的滚动，产生出凹凸不平的波形喷面，增加回弹量，影响喷射混凝土的质量。喷嘴处的风压一般控制在 0.3~0.5MPa，喷嘴应按螺旋形轨迹移动，每 2000~3000mm 为一喷射区，采用由下而上的喷射方式施喷，喷嘴与岩面的间距控制在 700~1200mm，并视聚焦和回弹情况适当调整。第一层喷射时，以扫描喷射为主，并对突出岩石的根部进行填充式喷射，第二层喷射时以画圈喷射为主，即自下而上以直径 300mm 画圈喷射，一次喷足所需厚度。

g. 风压的确定,根据混合料聚焦情况、回弹量、围岩的渗漏水情况以及喷射机喷射能力的大小,调整喷射风压,一般控制在 0.3～0.5MPa 之间。若风压过大,粗集料碰到围岩后会回弹,风压过小,喷射动能小,粗集料不能冲入砂浆层而脱落,都将导致回弹增大。按混凝土回弹量小、表面湿润有光泽、易黏着为度来掌握风压大小。要求喷射司机和喷射手配合好,根据喷射手反馈的信息,及时调整风压和计量泵,控制好速凝剂的掺量。

h. 为提高工效和保证质量,喷射作业应分片进行,小片一般长 2m、宽 1.5m。

i. 钢架应全部被喷射混凝土所覆盖,并有不小于 2cm 的保护厚度。

j. 靠近工作面的钢架不易喷射密实,漏喷严重,应将喷枪靠近工作面。

3)砂层地段喷射混凝土施工

在砂层地段喷射混凝土时,由于砂层易脱落,砂层与喷射混凝土不易黏结而增加了施工难度。为此,施工时应采取以下措施:

(1)喷射混凝土之前应紧贴砂层铺挂细钢筋网,并用粗钢筋环向压紧。

(2)在正式喷射混凝土前,先喷一层加大速凝剂掺量的水泥砂浆,并适当减小喷射机的工作风压,使水泥砂浆形成一薄壳后再正常喷射混凝土。为了防止喷层与砂层之间存在间隙,需在适当位置预留注浆管,在喷层背后填充注浆,以减少地面沉降。

4)有水地段喷射混凝土施工

在有水地段进行喷射混凝土施工时应采取以下措施,以确保喷射混凝土的质量:

(1)改变混凝土配合比,增加水泥用量,先喷水灰比为 0.2～0.3 的混合料,待其与涌水融合后,再逐渐加大混合料的水灰比进行喷射。

(2)喷射时,先从远离出水点开始,逐渐向涌水点逼近,将散水集中,然后安设导管将水引出,再在导管附近喷射混凝土。

(3)当涌水范围较大时,应设树枝状排水盲沟后再喷射混凝土。

(4)当涌水严重时,可设置泄水孔,即在不同出水点钻孔,设滤水导管,边排水边喷射混凝土。

8.1.5 喷射混凝土性能指标

1)强度

(1)抗压强度

喷射混凝土抗压强度是评定喷射混凝土质量的主要指标。在高速喷射时,其拌和物受到压力和速度的连续冲击,使混凝土连续得到压密,因而无须振捣也有较高的抗压强度。其强度发展的特点为:早期强度明显提高,1h 即有强度,8h 强度可达 2.00MPa,1d 强度达到 6～15MPa;但掺入速凝剂后,喷射混凝土后期强度较不掺速凝剂的降低 10%～30%,见表 8-2 和表 8-3。

喷射混凝土早期抗压强度 表 8-2

配合比	速凝剂掺量	抗压强度(MPa)					
水泥:砂:石子	(%)	2h	4h	8h	16h	24h	48h
1:1.5:2.5	2	0.30	0.5	1.9	4.5	7.4	22.1

配合比	速凝剂掺量	抗压强度（MPa）					
水泥:砂:石子	（%）	2h	4h	8h	16h	24h	48h
1:1.5:2.0	2	0.09	0.5	2.0	5.3	7.5	20.8
1:2.5:2.5	2	0.10	0.4	1.1	4.0	5.7	16.8

注:速凝剂为红星Ⅰ型,水泥为PO32.5级。

喷射混凝土后期抗压强度　　　　　　　　　　表8-3

配 合 比	速凝剂掺量	抗压强度	抗压强度相对值
水泥:砂:石子	（%）	（MPa）	（%）
1:2.0:2.0	0	31.2	100
1:2.0:2.0	2.5	22.9	73
1:2.0:2.0	3	25.2	80
1:2.0:2.0	2.8	26.7	85
1:1.5:1.5	3	24.5	78

注:速凝剂为红星Ⅰ型,水泥为PO32.5级。

（2）抗拉强度

喷射混凝土用于隧道工程和水工建筑,抗拉强度也是一个重要指标。喷射混凝土的抗拉强度与衬砌的支护能力有很大的关系,因为在薄层喷射混凝土衬砌时,在衬砌突出部位易产生拉应力。喷射混凝土的抗拉强度为其抗压强度的 $1/23 \sim 1/16$。为提高其抗拉强度,可采用掺入纤维的喷射混凝土。

喷射混凝土抗拉强度随抗压强度的提高而提高。因此提高抗压强度的各项措施,基本上也适用于抗拉强度。采用粒径较小的集料,用碎石配制喷射混凝土拌和料,采用铁铝酸四钙含量高而铝酸三钙含量低的水泥和掺用适宜的减水剂都有利于提高喷射混凝土的抗拉强度。

（3）抗弯强度

抗弯强度与抗压强度的关系同普通混凝土相似,即为抗压强度的15%~20%。

（4）抗剪强度

地下工程喷射混凝土薄衬砌中,常出现剪切破坏,因而在设计中应考虑喷射混凝土的抗剪强度。但目前国内外实测资料不多,试验方法又不统一,难于进行综合分析。

（5）黏结强度

喷射混凝土用于地下工程支护和建筑结构补强加固时,为了使喷射混凝土与基层共同工作,其黏结强度非常重要,喷射混凝土黏结强度与基层化学成分、粗糙程度、结晶状态、界面润湿、养护情况等有关。

（6）弹性模量

喷射混凝土的弹性模量随原材料配合比、施工工艺等的不同有较大差异。混凝土强度、表观密度越大,喷射混凝土弹性模量越高;集料弹性模量越大喷射混凝土弹性模量也越高,且潮湿喷射混凝土试件的弹性模量较干燥的高。

2）变形

（1）收缩变形

喷射混凝土的硬化过程常伴随着体积变化。最大的变形是当喷射混凝土在大气中或湿度不足的介质中硬化时所产生的体积减小，这种变形被称为喷射混凝土的收缩。喷射混凝土在水中或潮湿条件下硬化时，其体积可能不会减小，在一些情况下甚至其体积稍有膨胀。同普通混凝土一样，喷射混凝土的收缩也是由其硬化过程中的物理化学反应以及混凝土的湿度变化引起的。

喷射混凝土的收缩变形主要包括干缩和热缩。干缩主要由水灰比决定，较高的含水率会出现较大的收缩，而粗集料则能限制收缩的发展。因此，采用尺寸较大与级配良好的粗集料，可以减少收缩。热缩是由水泥水化过程中的热升值所决定的。采用水泥含量高、速凝剂含量高或采用速凝快硬水泥的喷射混凝土热缩较大，厚层结构比含热量少的薄层结构热缩要大。

许多因素影响着喷射混凝土的收缩值，主要因素有速凝剂和养护条件。有关试验表明：在同样的自然条件养护下，掺加占水泥重 $3\% \sim 4\%$ 的速凝剂喷射混凝土的最终收缩率要比不掺速凝剂的高 80%；喷射混凝土在潮湿条件下养护时间越长，则收缩量越小。

（2）徐变变形

喷射混凝土的徐变变形是其在恒定荷载长期作用下变形随时间增长的性能。一般认为，徐变变形取决于水泥石的塑性变形及混凝土基本组成材料的状态。影响混凝土徐变的因素比影响收缩的因素还多，并且多数因素无论对徐变或对收缩是相类似的。如水泥品种与用量、水灰比、粗集料的种类、混凝土的密实度、加荷龄期、周围介质、混凝土本身的温湿度及混凝土的相对应力值均影响混凝土的徐变变形。

3）耐久性

（1）抗渗性

喷射混凝土的抗渗性主要取决于孔隙率和孔隙结构。喷射混凝土的水泥用量高，水灰比小，砂率高，使用集料粒径也较小，因而喷射混凝土的抗渗性能较好。但应注意的是，如喷射混凝土配合比不当，水灰比控制不好，施工中回弹较大，掌子面上有渗水等，喷射混凝土就难以达到稳定的抗渗指标。

（2）抗冻性

喷射混凝土的抗冻性是指在饱和水状态下抵抗反复冻结和融化的性质，一般情况下，喷射混凝土的抗冻性能均较好。这是因为在喷射施工过程中，混凝土拌和物会自动带入一定量的空气，空气含量一般在 $2.5\% \sim 5.3\%$，且气泡一般呈独立非贯通状态，因而可以减少水的冻结压力对混凝土的破坏。坚硬的集料、较小的水灰比、较多的空气含量和适宜的气泡组织等，都有利于提高喷射混凝土的抗冻性。相反，采用软弱的、多孔易吸水的集料，密实性差的或混入回弹料并出现蜂窝、夹层及养护不当而造成早期脱水的喷射混凝土，都不可能具有良好的抗冻性。

8.1.6　喷射混凝土质量检查和控制

（1）在喷射过程中用倒插针法或激光断面测定仪及时检查喷射混凝土上的厚度，并检查喷层表面是否密实和平整，否则，应及时进行处理。

（2）当喷射混凝土达到一定强度后，用锤凿法检查是否有空鼓、脱壳等，必要时应钻孔进行注浆填充。

（3）在喷射过程中，宜经常进行粉尘和回弹的测试，及时调整风压，确保喷射质量。需特别注意的是，一些施工单位为了减少粉尘和回弹量，用模灌混凝土作为喷射混凝土使用，这实质上完全改变了喷射混凝土的特性和功能，大大降低和破坏了围岩的承载能力，进而造成支护压坏、变位增大，严重影响了喷射混凝土质量。

（4）及时制作喷射混凝土试件，进行强度力学试验，平均强度不应低于设计要求。

8.2 锚杆施工

锚杆作为一种有效的暗挖施工支护方式，由于其对围岩的强化作用，可明显提高围岩的稳定性，加之具有支护成本较低、速度快、劳动强度较轻、明显改善作业环境和安全生产条件等优点，在暗挖施工中得到了广泛应用。20世纪60年代末期，随着新奥法的发展，锚杆的使用范围不断扩大。全长黏结式锚杆的出现，使其不仅可用于硬岩，也适用于破碎岩体及膨胀岩体等，但对成孔困难的软岩、土砂地层，就必须选用其他类型的锚杆。由于浅埋暗挖法施工的地下工程多处于土质沙砾软岩中，采用全长黏结式锚杆有一定限制，因该类围岩自稳时间短，要求锚杆尽快产生强度，所以通常采用自进式锚杆。

8.2.1 锚杆的构造及作用

1）锚杆的构造

锚杆是一种将拉力传至稳定岩层或土层的结构体系，主要由锚头、自由段和锚固段组成，如图8-12所示。

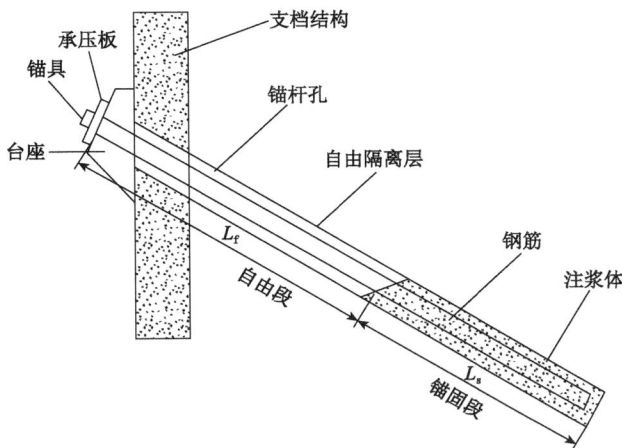

图8-12 锚杆构造示意图
L_f-自由段长度；L_s-锚固段长度

（1）锚头。锚杆外端用于锚固或锁定锚杆拉力的部件,由垫墩、垫板、锚具、保护帽和外端锚筋组成。

（2）锚固段。锚杆远端将拉力传递给稳定地层的部分,锚固深度和长度应按照实际情况计算获取,要求能够承受最大设计拉力。

（3）自由段。将锚头拉力传至锚固段的中间区段,由锚拉筋、防腐构造组成。

2）锚杆的作用

锚杆按作用机理不同,分为以下三种:

（1）挤压加固作用。锚杆受力后,在周围一定范围内形成压缩区。将锚杆以适当的方式排列,使相邻锚杆各自形成的压缩区相互重叠形成压缩带。压缩带内的松动地层通过锚杆加固,整体性增强,承载能力提高。

（2）悬吊作用。锚杆穿过软弱、松动、不稳定的岩土体,锚固在深部稳定的岩土体上,提供足够的拉力,克服滑落岩土体的自重和下滑力,防止洞壁滑移、塌落。

（3）组合梁或组合拱作用。其作用内容与悬吊作用相同。

8.2.2　锚杆类型

锚杆的种类,根据施工方法、锚固方式及材质的不同,可以有很多类型,本节主要针对浅埋暗挖法的要求,介绍以下几种典型的锚杆。

（1）摩擦式锚杆(管缝式锚杆)

摩擦式锚杆是由薄钢板卷成的中空有缝的杆体和托盘(或称垫板)组成,其支护原理先进,结构简单,安装方便,锚固力大,承载及时,支护应变能力强,适用于各类围岩的支护。多用于有水地质,既做锚杆,又可排水,便于喷射混凝土,如图8-13所示。

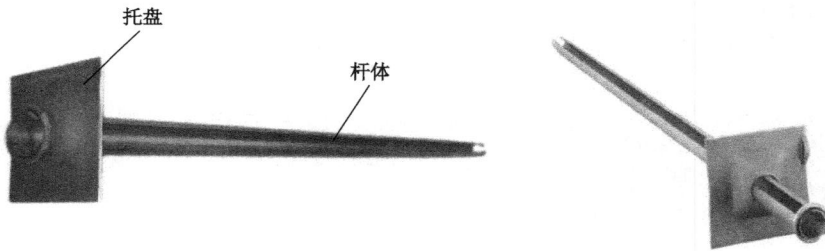

图8-13　摩擦式锚杆(管缝式锚杆)

（2）水泥砂浆锚杆

水泥砂浆锚杆是指使用水泥砂浆作为锚固剂的锚杆。此类锚杆安装简便,成本较低廉,但是初期锚固力较弱,多用于岩石构造较完整的边坡保护或者临时锚固的区域。

①组成:水泥砂浆锚杆由水泥砂浆(黏结剂)、杆体、托盘(垫板)和螺母组成,如图8-14所示。

②工作原理:借助水泥砂浆凝结固化后的强度,将杆体与钻孔壁牢牢连接在一起,让杆体牵制围岩的变形,以达到增强围岩稳定性和减少围岩变形的目的。

③性能特点:水泥砂浆锚杆具有较高的锚固力,抗冲击和振动性能好,对围岩的适应性强。同时构造简单,加工、安装方便,价格便宜,是目前广泛使用的一种锚杆。但此种锚杆不能对围

岩施加主动支护力(没有预锚力),只能在围岩产生变形后才受力;其次,易于造成砂浆空洞、不密实等问题,杆体与钻孔难于对中,安装后不能立即承载。

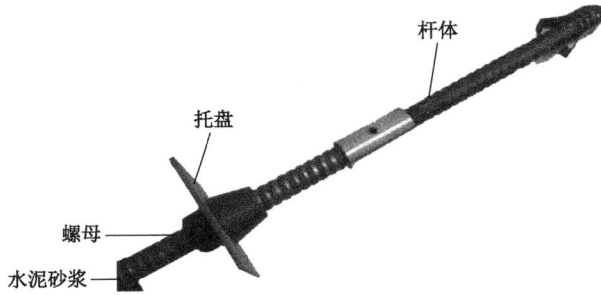

图 8-14 普通水泥砂浆锚杆

在普通水泥砂浆锚杆基础上,形成了早强砂浆锚杆,它具有早期强度高、承载快、安装较方便等优点,可以弥补普通水泥砂浆锚杆早期强度低、承载慢的不足。尤其是在软弱、破碎、自稳时间短的围岩中,使用早强水泥砂浆锚杆能显出其一定的优越性,如图 8-15 所示。

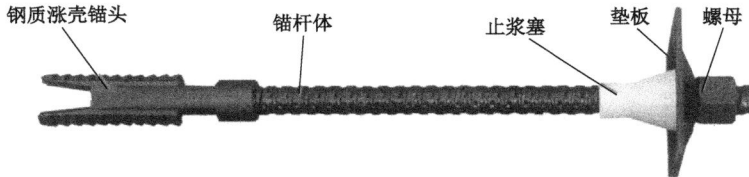

图 8-15 早强砂浆锚杆

(3)树脂内锚头锚杆

树脂内锚头锚杆由药包式高分子合成树脂(通用型不饱和聚酯树脂)为黏结的锚固剂、内端具有反麻花头的杆体以及垫板、螺母组成,如图 8-16 所示。

图 8-16 树脂内锚头锚杆

①工作原理:当药包式高分子合成树脂锚固剂被麻花状杆体端搅破后,锚固剂中的不饱和聚酯树脂、加速剂和固化剂,在高速旋转的杆体搅拌下,发生化学反应,一般在 1min 左右,很快固化,把锚杆麻花状内端与岩体钻孔孔壁紧密地黏结在一起,形成高锚固力的内锚头。通过垫板的安装和拧紧螺母,对围岩起到支护作用。

②性能特点:树脂内锚头锚杆具有承载快、锚固力久、安全可靠、施工操作简便、适用范围广等优点。在直径 8~42mm 钻孔、杆体直径 16~18mm、锚固长度为 200mm 的情况下,1h 的锚固力可达 60~80kN,且控制围岩位移和抗振动性能好,可以对围岩施加预压应力。树脂锚固剂可工业化生产,但成本较高,储存期较短,对运输有一定要求,以及存在毒性和老化等问题。

（4）楔缝式内锚头锚杆

楔缝式锚头锚杆具有楔缝式点锚系统,一般与锚固剂共用起到永久支护的作用,如图8-17所示。

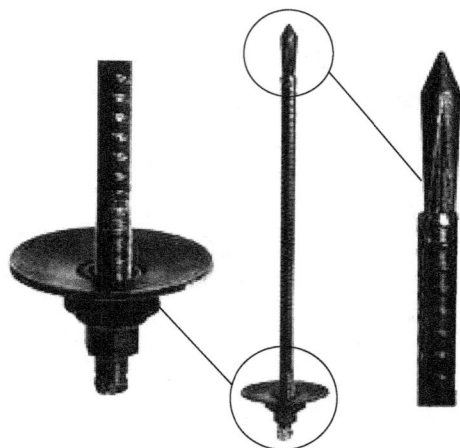

图8-17　楔缝式内锚头锚杆

①工作原理:在楔缝式锚杆末端,锻造一个十字形的缝隙,用来插入楔子,另一端配套托盘、垫圈、螺母。钻孔后,安装楔子到楔缝中,驱动螺母和螺纹杆确保楔子抵触到钻孔末端,然后用钻机冲击锚杆外端,楔子胀开楔缝,这样就在岩石和锚杆之间产生一个锚固力。

②楔缝锚杆特性:

a. 楔缝系统提供点锚。

b. 与锚固剂共用起到永久支护的作用。

c. 尖端可以轻易打开锚固剂,加快安装。

d. 与球垫共同使用,可以提供最优锚固角,用于倾斜岩层。

（5）胀壳式钢绞线预应力锚杆

胀壳式钢绞线预应力锚杆主要由机械胀壳式内锚头、锚杆体(钢绞线索)、星形锚具、外锚头以及灌注的黏结材料组成。适用于各类围岩,尤其是大跨度、高边墙、高边坡的抢修和加固。

①工作原理:利用胀壳内锚头对钻孔岩壁自行锚固,具有越拉越紧的特性,采用双作用千斤顶对钢绞线提供设计的预拉力,然后锁定外锚头,对围岩提供法向预压力,形成预应力双锥体,每个应力双锥重叠,形成预应力锚杆(索)岩体拱或岩体墙的承载结构。

②性能特点:在中等硬度以上的围岩中,具有施工工序紧凑、简单,安装方便迅速,能立即起作用的大型预应力锚杆。可以在较小的施工现场中作业,是我国水电、铁道、煤炭、交通等有关部门,抢修地下工程、加固高边坡,大坝以及大跨度、高边墙地下空间的设计、施工中的有力支护手段。其预应力一般为600kN。内锚头是机加工,比较复杂,价格较高,在软弱围岩中不能使用,施工中要及时注浆,否则易于损失预应力。

（6）自进式锚杆

自进式锚杆是一种集钻进、注浆、锚固功能为一体的锚杆,能够保证在复杂地层(即破碎岩石地层和松散土层以及需要套管护壁钻进的地层)的锚固效果,自进式锚杆具有可靠、高效,简便的特点。适用于不易成孔的软弱地层,解决塌孔和插不进锚杆的难题,但造价较高,如图8-18所示。

自进式锚杆相比其他类锚杆有着独特的优势:自进式锚杆钻进、注浆、锚固一体化,安装快捷简便,且不需要单独安装锚杆,也不需要套管护壁;底部返浆结构可优化注浆效果,改善围岩;有多种不同形式的钻头适用于不同地层;中空杆体既用于钻进冲洗又用于锚固注浆,并且自进式锚杆杆体可任意切割和连接;

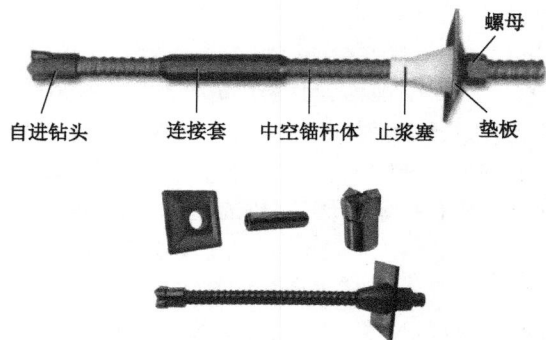

图8-18　自进式锚杆

在狭窄的工作场地,自进式锚杆使用起来比其他锚杆更加方便。

8.2.3　锚杆施工

锚杆施工应在初喷混凝土(一般厚度3~5cm)后尽早进行,锚杆一般沿隧道径向布设,当遇到层状岩体时,其布设方向尽量与岩层主要结构面成正交。对于黏结型锚杆,管杆周围至少应有10~20cm树枝状砂浆和地层交连,在锚杆成孔过程中,要求不破坏孔壁周围原岩的力学性质。

1)施工前准备

(1)检查锚杆的原材料、规格、品种、各部件质量及技术性能是否符合设计要求。

(2)检查锚杆自身的直径以及锚杆孔径和位置是否符合设计要求,在钻孔前应做出标记。一般情况下,锚杆孔位偏差不得超过±150mm。

(3)根据锚杆类型和围岩情况以及孔径、孔深等参数选择钻孔机具。一般采用带分离杆的手持式凿岩机冲击锚杆钻入,有条件时也可采用跟管钻孔台车或专用锚杆钻机进行钻孔、安装、注浆三位一体的工作,土质地层则应采用电钻钻孔。

2)施工作业程序

(1)成孔

成孔是锚杆施工的必须手段,其目的是埋设锚杆到预定的深度。宜采用功率较大且穿透力强的钻机施工,成孔采用回转或冲击+回转钻进,必要时跟管钻进,全孔取芯。

①钻孔方法

采用合适的钻头开孔,给水回转钻进,送水或泥浆清出残渣。当钻至预定深度后,要检验孔底的岩芯残留,保证清孔质量,降低沉渣。在成孔过程中,若出现水或泥浆漏失现象,必须采用跟管钻进的方法进行处理,直至上述现象消失为止。图8-19为锚杆钻孔作业。

图8-19　锚杆钻孔作业

②钻孔精度

a.水平方向距离误差不大于50mm,垂直方向孔距误差不大于100mm。

b.底部的偏斜尺寸不大于锚杆长度的3%。

c.锚孔的深度大于设计的锚杆长度0.3~0.5m。

（2）清孔

根据施工现场的地质情况进行清孔,如果地下水多,则为湿孔,此刻用清水将孔清洗干净(清洗干净的判断标准是:流出清水为止);若所钻的孔没有或少有地下水,可采用空气压缩机风管清洗,将残留在基坑内部的残渣清理出孔内。

（3）杆体安放

锚杆经检验合格后方可安放孔内,安放锚杆注意事项如下:

①对锚杆进行质量检查,清除污垢,将锈蚀严重或有伤痕的锚杆剔除。

②采用人工推放法进行,当锚杆在推放过程中受阻,不得以冲撞或扭转的方法强行下入,需做修孔或清孔处理。

③管缝式锚杆需采用机械式推入安装。

（4）注浆材料及其施工

按照注浆材料及配合比进行锚杆的注浆锚固工作。

①按照水灰比加入定量的水,开动搅拌机,逐渐加入水泥和细砂,搅拌 3min 后加入早强剂和膨胀剂,再搅拌 2min 即可泵送注浆,在注浆过程中应不停搅拌。

②水泥浆用泵通过耐压胶管注入锚孔内,注浆管经中间钢管注入,泵的操作压力不大于1.2MPa;耐压胶管距离孔底部 150mm 左右,并每隔 2m 用胶袋或铁丝与锚体相连;注浆结束后拔除耐压胶管。

③采用密封胶圈止浆,胶圈安放在非锚固段的底部,同时接出回浆管。

8.3 钢拱架及钢筋网施工

在围岩软弱破碎较严重、自稳性差的隧道地段（如Ⅳ、Ⅴ、Ⅵ级围岩）,隧道开挖后要求早期支护必须具有较大的刚度,以阻止围岩过度变形和承受部分松弛荷载。钢拱架整体刚度较大,可以提供较大的早期支护刚度。通过与锚杆、钢筋网、喷射混凝土合理组合,构成联合支护,增强支护功能的有效性,且受力条件较好,对隧道断面适应性好。

钢拱架是在喷、锚、网支护中作为加强承载能力的构件,当喷、锚、网支护所组成的初期支护结构不能及时安全地承受开挖所引起的土体压力,地层不能自稳,顶部锚杆又无法及时施作,工作面必须采取超前支护时,必须设置钢拱架。钢拱架只能在开挖超前支护中先承受松动围岩的压力,钢拱架架立后必须在最短时间内喷射混凝土覆盖,使喷射混凝土和钢拱架共同受力,尽快提高承载能力,使承载力的增长速度大于土体压力的增长速度,做到安全施工,钢拱架一般与超前支护配合。

目前常用的有型钢拱架（工字钢）和格栅钢拱架两种。

8.3.1 型钢拱架

（1）型钢拱架施工特点

型钢拱架应安设在隧道横向竖直平面内,其垂直度允许误差为 ±2°,拱脚应有一定的埋置深度,并必须落到原状围岩上,才能保证拱脚的稳定(即沉降值很少)。一般可以采取垫大型块石、垫钢板、纵向加托梁或锁脚锚杆等措施。型钢拱架的截面高度应与喷射混凝土厚度相适应,一般为 10 ~ 20cm,且要有保护层,应在初喷混凝土后安装型钢拱架,初喷混凝土厚度为 3 ~ 5cm。型钢拱架应尽可能地与锚杆露头及钢筋网焊接,以增强其联合支护的效应。可缩性型钢拱架的可缩性节点不宜过早喷射混凝土,应待其收缩合拢后,再补喷混凝土。喷射混凝土时,应注意使型钢拱架与岩面之间的间隙喷射饱满并达到密实;喷射混凝土应分层、分次、分段喷射完成,复喷混凝土应在量测基础上进行,即符合"勤量测"的基本原则,以保证喷射混凝土的复喷适时、有效等。

(2)型钢拱架优缺点

①型钢拱架的整体刚度较大,可以提供较大的早期支护强度。

②型钢拱架可以很好地与锚杆、钢筋网、喷射混凝土相结合,构成联合支护,增强支护的有效性,且受力条件较好。

③型钢拱架的安装架设方便。

④型钢拱架对开挖面尺寸的精度要求比较严格,消耗钢材较多,价格较贵;型钢和钢轨加工的钢架,喷混凝土后,在其表面易于产生裂缝;大跨度断面支护时,在受力和施工工艺上存在一些缺点。

(3)型钢拱架的制作要点

①型钢拱架外轮廓线尺寸等于开挖外轮廓线尺寸减去型钢拱架与围岩间预留的 5 ~ 10cm 空隙。

②型钢拱架分节长度宜小于 4m。

③型钢钢拱架在胎膜内焊接时,应控制其变形。

④型钢拱架制好后应进行试拼,检查型钢拱架尺寸、轮廓是否合格。

(4)型钢拱架的安设

型钢拱架应按设计位置安设,型钢拱架之间必须采用钢筋纵向连接,拱脚必须放在特制的基础上或原状围岩上,型钢拱架与围岩之间应尽量接近,预留 2 ~ 3cm 间隙作为保护层。在安设过程中,当型钢拱架与围岩之间有较大的间隙时,应设垫块垫紧。型钢拱架应垂直于隧道中线,上、下、左、右偏差应小于 ±5cm,型钢拱架倾斜度应小于 ±2°;当拱脚标高不准确时,不得用渣土回填,而应设置钢板调整,使拱脚位于设计标高位置,型钢拱架的安设应在开挖后 2h 内完成;拱脚应设在低于上半断面底线以下 15 ~ 20cm 处,当承载力不足时,型钢拱架应向围岩方向加大接触面积。为方便安设,每个型钢拱架一般应分为 2 ~ 6 节,并保证接头的刚度,节数应与断面大小及开挖方法相适应。每个型钢拱架之间应在纵向设置不小于 ϕ22mm 的钢拉杆连接。

8.3.2 格栅钢拱架

(1)格栅钢拱架的施工特点

在软弱地层,尤其是大跨度地下洞室,钢拱架支护逐渐趋向格栅钢拱架的形式,型钢拱架一般只用于小型断面或辅助工程。格栅钢拱架与型钢拱架相比,具有以下特点:

①格栅钢拱架是由钢筋焊接而成的,取料方便,截面形状可以改变,可以根据不同的跨度

设计成三肢或四肢组成的三角形或四边形截面,因为钢筋是通用料,施工现场备料简单,不会积压和浪费,这是型钢拱架无法比拟的。

②因格栅钢拱架一般采用 $\phi 22$ 及 $\phi 12$、$\phi 6$ 锰钢筋加工而成,其容许抗拉强度可提高至 240MPa,远大于型钢拱架强度(160MPa)。在承载力不变的条件下,格栅钢拱架断面质量可以减轻,节省钢材,也利于安装,其加工工艺也比较简单,易保证施工质量。

③格栅钢拱架和喷射混凝土结合较好,可形成钢筋混凝土结构体系,喷射混凝土时回弹量也相应减少,喷混凝土的黏结力高于型钢拱架,有利于共同承载。

从以往应用实例对比可以看出,格栅钢拱架和喷射混凝土形成拱壳,而型钢拱架全部剥离出来,扭曲折断。

④格栅钢拱架的弹性模量主要由喷射混凝土控制,喷射混凝土强度由弱变强,具备了先柔后刚的特点,受力后能很快和围岩的刚度匹配,形成共同承载作用体系,而型钢的刚度远大于围岩的刚度,不利于形成共同承载作用体系。

⑤从喷射混凝土工艺来看,型钢背后和地层之间很难用喷射混凝土密贴,造成型钢面和地层之间接触不良,对防水、防腐非常不利,如图8-20所示。

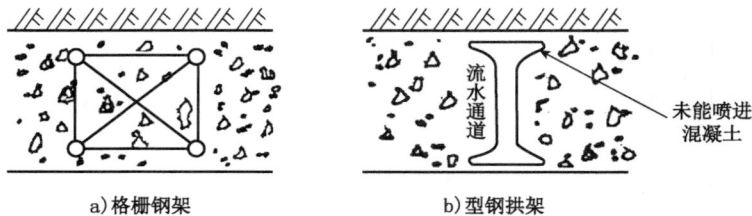

图8-20　两种钢架与围岩结合

⑥格栅钢拱架安装方便,便于工人用力,处处都有抓力点。

⑦格栅钢拱架能和锚杆及超前支护小导管形成整体结构,尤其是超前小导管,能从格栅钢拱架的中间穿过,便于施工处理,而型钢的腹板位置阻挡了小导管穿过,通常的做法是在其腹板挖孔洞,严重影响型钢拱架受力,若放在型钢上部,则产生严重超挖。

(2)格栅钢拱架加工制作

格栅钢拱架在加工厂制作,各段之间采用连接钢板、螺栓连接。格栅钢拱架加工、安装应符合下列要求:

①钢筋的加工焊接应符合钢筋焊接的相关规定。

②沿格栅钢拱架周边轮廓拼装偏差应不大于±30mm。

③螺栓孔眼中心间距公差不超过±0.5mm。

④格栅钢拱架平放时,平面翘曲不大于±20mm,倾斜度不大于2°,格栅钢拱架任何部位偏离铅垂面不大于50mm。

⑤格栅钢拱架应架设在与隧道轴线垂直的平面内,允许偏差为:横向±30mm,纵向±50mm,标高±30mm,垂直度5‰。

⑥根据设计要求,格栅钢拱架保护层厚度为40mm,其背后应保证喷射混凝土密实。

⑦格栅钢拱架安设完成后,纵向必须连接牢固。

（3）格栅钢拱架安装

①测量定位

土方开挖完毕，初喷混凝土后，即进行格栅钢拱架的安装，格栅钢拱架定位采用中线高程法，根据激光指向仪定出隧道的中线，依据中线对称量取格栅钢拱架端头的肢距，使其符合设计数值，同时采用水准仪测量格栅钢拱架的拱顶、拱脚、仰拱底等控制点的高程，调整格栅钢拱架使其符合设计要求。

格栅钢拱架安装必须保证格栅平面与隧道中心线垂直，格栅的竖向垂直度采用垂球测量，纵向测量采用等距法。在隧道初期支护左右墙壁每 10m 做一处里程标记，架立格栅钢拱架时，从左右墙壁里程标量取相同的距离。

②安装

钢拱架与初喷混凝土之间紧贴，调整好格栅钢拱架位置后，在两榀之间设 $\phi22$ 纵向连接钢筋，环向间距 1000mm。相邻两片格栅之间先用螺栓固定，然后将格栅间的连接角钢焊牢。钢筋网绑在格栅钢拱架及连接筋上，采用绑丝固定。

（4）格栅钢拱架临时钢支撑

在开挖过程中，隧道增设临时钢支撑，以保证隧道开挖安全，控制地表沉降，钢支撑采用 Ⅰ22a，间距与格栅钢拱架相同（@500mm），与格栅钢拱架连接采用钢板螺栓连接。

8.3.3　钢筋网施工

为了提高喷射混凝土的整体性、受力均匀性，提高其抵抗振动和冲切破坏的能力，防止围岩局部块体的掉落，通常在喷射混凝土中沿地下工程环向和纵向布置钢筋网，也有单纯为了防止喷射混凝土收缩开裂而布置的钢丝网。

（1）钢筋网施工要点

①钢筋网或钢丝网应根据被支护围岩面的实际起伏形状铺设。宜在喷射了一层混凝土之后再铺设，间隙不小于 3~5cm，钢筋网保护层厚度不小于 3cm，有水部位厚度不小于 4cm。

②钢筋网或钢丝网应与锚杆或专为架设的锚钉连接焊固。锚钉锚固深度不得小于 20cm，牢固程度以喷射混凝土时不产生颤动为原则。

③开始喷射时，应减少喷头至掌子面之间的距离，并调节喷射角度，使钢筋网背阴面也能塞满混凝土。

④喷射过程中，要随时注意清除脱落于钢筋网上的混凝土，以保证喷混凝土质量。

（2）钢筋网施工优缺点

①提高抗震、抗裂性能。钢筋焊接网的纵筋与横筋形成网状结构，因此与混凝土黏结锚固好，承受的荷载能均匀扩散分布，明显提高钢筋混凝土结构的抗震、抗裂性能。

②降低工程成本。相对于钢拱架，钢筋网可节省较多的钢材，节约成本。

③耐久性。密实的混凝土有较高的强度，同时由于钢筋被混凝土包裹，不易锈蚀，维修费用少。

④钢筋网的缺点：在结构稳定性上，没有钢拱架稳定，自重大，混凝土抗拉强度较低。

（3）钢筋网的制作

钢筋网一般在施工前预先做好后运到工作面铺设。具体制作方法：用 $\phi4mm$ 或 $\phi6mm$ 圆钢筋事先点焊加工成尺寸 150mm×2m。若需要双层铺设时,可将两层交错排列而形成 75mm×75mm 网格。

(4)钢筋网的铺设

①钢筋网应与锚杆、钢架或其他锚固装置连接牢固。

②片状钢筋网的搭接长度不小于 200mm。

③钢筋网必须使用喷射混凝土覆盖,且厚度至少有 20mm,如图 8-21 所示。

图 8-21　钢筋网现场铺设

8.4　防水施工

结构防水层施工是一项关键技术,其防水效果已经成为工程质量的重要考核指标和技术经济效益的重要体现。

8.4.1　防水施工原则

采用浅埋暗挖法修建地下工程时,不论结构物多么复杂,均应采用复合式衬砌结构,以提高其防水、防裂性能。实践证明,其他结构形式很难保证防水、防裂效果。复合式衬砌是在地下工程开挖后,先用喷、锚、网、钢拱架作为初期支护,待围岩及初期支护结构基本稳定后再施作内层二次衬砌——现浇模筑混凝土或钢筋混凝土,并在两层结构之间铺设防水隔离层。根据我国防水材料、施工技术和管理水平现状,为保证地下工程不漏不渗,在制订防水方案时,通常遵循"多道防水原则",一般设三道防水线。

第一道防水线——初期支护为喷射防水混凝土,并在初期支护后进行注浆填充。

第二道防水线——初期支护与二次模筑衬砌之间设置封闭的防水隔离层。

第三道防水线——二次模筑防水混凝土衬砌,并对变形缝及施工缝等做专门防水处理。

其中第二道防水线是主体,本节着重介绍这一道防水线,即防水隔离层的施工。

8.4.2　复合式初砌防水机理及防水层结构设计

防水层多用不透水、表面光滑的塑料卷材,因而它能起到隔离及润滑作用,防止二次衬砌混凝土开裂,保护和发挥二次衬砌的防水作用。模筑防水混凝土在硬化过程中内部存在着温度应力、收缩应力等,使防水混凝土产生变形,但由于初期支护喷射混凝土表面粗糙、凹凸不平,对模筑防水混凝土有着相当大的约束力,能阻止其变形。于是就产生了拉应力,当此拉应力大于模筑混凝土的抗拉强度时,混凝土被拉裂,尤其是在起拱线应力集中区更容易产生裂缝。因而采用不透水、表面光滑的塑料卷材在初期支护及二次衬砌间做隔离层,消除或减弱了初期支护对二次衬砌的约束,使二次模筑衬砌混凝土自由变形,其所产生的拉应力小于混凝土的抗拉强度,从而防止了模筑混凝土上产生裂缝,保证了其防水性能。

8.4.3　防水结构类型

采用暗挖法修建的地下工程,尤其是地铁工程等,多处于松软地层中,且一般都置于地下水面之下,水不能自留排出,必须用水泵将地下水排至下水道管。这样,不仅消耗电能,而且由于常年抽取地下水,土体易变形,从而导致地面沉降和结构失稳。因此,采用浅埋暗挖法的地下工程,特别是城市地下工程宜采用全封闭防水结构,如图8-22a)所示。

对于地面以上的山岭铁路、公路隧道等地下工程及容许有少量地下水流出的地层(如固结好的沙砾地层),由于其纵断面可以设计成"人"字形或单坡"一"字形,地下水可自行排出或排入集水坑,然后再抽出,也可采用排水型结构,如图8-22b)所示。

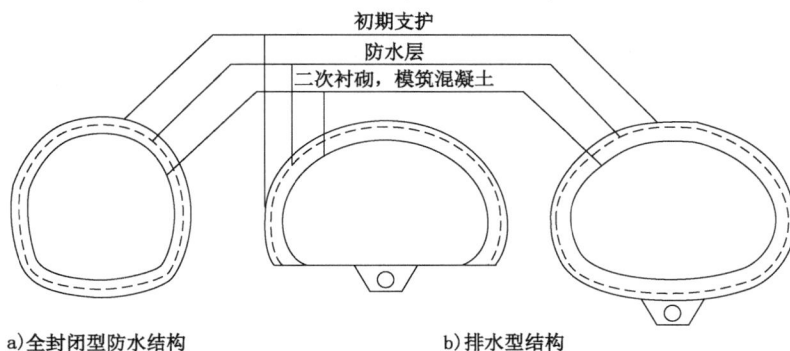

a)全封闭型防水结构　　　　　　　　　b)排水型结构

图8-22　防水结构类型

防水层结构有两种形式:一种是单层防水板(膜)铺设于初期支护喷射混凝土上,主要用于无水地段,其作用以防开裂为主,排水为辅;另一种是双层结构,先铺一层柔软且具有相当强度的泡沫塑料衬垫,用作缓冲层,以克服喷射混凝土表面粗糙、凹凸不平而易损防水板(膜)的缺点,然后在其上铺设防水板(膜),用于防水要求高的地下工程及有水地段。

8.4.4　防水材料的选择

防水材料品种较多,地下工程常用的防水材料大致有防水卷材(板、膜)、防水涂料和防水剂三大类。采用浅埋暗挖法施工和复合式初砌结构时,防水板(膜)应用较多,其主要原因是防水板(膜)系工厂定型产品,具有厚薄均匀、质量好、施工方便、对环境无污染等优点,而涂料及防水剂系在现场用机械喷涂或人工涂刷,涂层厚薄难以控制,施工不方便,而且对环境有污染。

(1)防水板(膜)材料应满足的条件

①在二次模筑衬砌混凝土灌注前,防水板(膜)能承受机械作用而不损伤。

②具有较好的耐久性、韧性、延伸性。

③防水板(膜)间接缝严密可靠。

(2)防水板(膜)的种类

①聚氯乙烯(PVC)复合防水板

PVC复合防水板施工比较方便,可热熔焊接,也可黏结(黏结时要求基面平整,黏合液烘干后加压固定,现场适用性一般),可直接铺挂在初期支护喷射混凝土表面,也可在初期支护喷射混凝土上先铺挂无纺布作为防水缓冲层,再铺设防水板。PVC复合防水板抗拉强度大于20MPa,延伸率大于25%,是一种防水效果较好的材料,早期应用较多,现在应用逐渐减少,其主要原因是存在板幅小(1m)、接缝多、板间接缝采用热熔焊(焊缝严密性差)、防水可靠性低、焊接时产生有害致命气体、密度大等缺点,已逐渐被其他材料替代。

②高密度聚乙烯(HDPE)防水卷材

HDPE防水卷材的抗拉强度及延伸率等技术指标较高,具有优良的耐环境应力开裂性能、较大的使用温度范围和较长的使用寿命、无毒无害,已推广应用到城市地下工程。

③高压聚乙烯(LDPE)防水膜

LDPE防水膜的特点是抗拉强度大、延伸率大、比较柔软,易于施工,在目前所应用的塑料防水卷材中价格较低,其缺点是燃烧速度较快、不耐阳光照射,但因用于地下,无紫外线照射而不易老化,因而得到广泛使用。

④乙烯-醋酸乙烯共聚物(EVA)防水膜

EVA防水膜的特点是抗拉强度及抗裂强度较大,比重小,具有突出的柔软性和延伸率,易于施工,是复合式衬砌防水隔离层的理想材料,日本等国家多用此做防水层,我国目前也正在推广使用。

⑤聚乙烯-醋酸乙烯与沥青共聚物(ECB)防水板

ECB防水板厚1.0~2.0mm,在奥地利、瑞士、意大利及韩国等地下工程中有过应用,其特点是抗拉强度和延伸率大,抗冲击能力优于EVA和LDPE,在有振动、扭曲等复杂环境中也能实现坚固的防水目的,但施工难度较大,造价较高。

上述几种防水材料的主要性能指标见表8-4。

常用防水层主要技术指标 表8-4

序号	项目名称	单位	材料名称				
			LDPE	EVA	HDPE	ECB	PVC
1	密度	g/cm³	≥0.91	0.93	≥0.94	≥0.99	1.35~1.45
2	拉伸强度	MPa	纵向13.80	纵向19.5	纵向18.9	纵向19	4.91~12
			横向14.20	横向21.6	横向18	横向17.3	

序号	项目名称	单位	材料名称				
			LDPE	EVA	HDPE	ECB	PVC
3	断裂延伸率	%	纵向548	纵向676	纵向896	纵向748	150~250
			横向606	横向728	横向900	横向766	
4	直角撕裂强度	N/mm	纵向72.9	纵向83.1	纵向188	纵向81	19.6~40
			横向58.8	横向75.1	横向117	横向77.8	
5	耐酸碱性	—	稳定	稳定	稳定	稳定	稳定
6	维卡软化温度	℃	70	—	≥90	—	—
7	脆化温度	℃	-60	—	-60	—	-45
8	厚度×幅宽	mm×mm	0.80×2100	0.65×4000	0.80×2103	1.2×1580	1.0×1000
9	材料利用率	—	中	中	高	中	低

通过上述比较,结合我国国情,采用浅埋暗挖修建地下工程时宜采用 LDPE 防水膜和 EVA 防水膜做防水层,厚度 0.8mm,这样能做到防水可靠、施工方便、造价适中。

(3)缓冲层材料的选择

为了防止喷射混凝土基面粗糙、凹凸不平而损伤防水板(膜),需要先在喷射混凝土上铺设一缓冲层。同时,缓冲层也是疏水层,对个别渗漏水点进行疏导,流入预留排水道中。目前可选择的缓冲层材料有两种:一种是无纺布,另一种是聚乙烯泡沫塑料垫衬。

无纺布又称土工布,系用合成纤维材料经热压针刺无纺工艺制成的土木工程用卷材。合成纤维的主要原料有聚丙烯、聚酯、聚酰胺等,厚度 3~5mm,幅宽 2m,按单位面积质量有 300g/m^3、400g/m^3、500g/m^3、600g/m^3 等。

聚乙烯(PE)泡沫塑料垫衬是由化学交联、化学发泡制成的闭孔泡沫塑料材料,具有良好的弹性,易于铺设,且价格较无纺布低。因此,多选择作为缓冲材料。

8.4.5 防水隔离层施工

1)喷射混凝土基面处理

由于喷射混凝土基面粗糙、凹凸不平,以及锚杆头外露等,因而对铺设防水层质量影响很大。为此,对喷射混凝土基面必须进行处理。

(1)喷射混凝土及底板

①喷射混凝土平整度要求:$D/L \leq 1/10$(L 为喷射混凝土相邻两凸面间的距离,D 为喷射混凝土相邻两凸面间凹进去的深度),否则要进行基面处理,如图 8-23 所示。

②基面不得有钢筋、凸出的管件等尖锐凸出物,否则要进行割除,并在割除部位用砂浆抹成圆曲面,以免防水层被扎破。

③隧道断面变化或转弯时的阴角应抹成 $R \geq 5cm$ 的圆弧。

④底板基面要求平整,无明显凹凸起伏。

⑤喷射混凝土强度要求达到设计强度。

⑥防水层施工时,基面不得有明水,如有明水,应采取措施堵截或引排。

（2）处理要点

①有凸出的钢筋、铁丝时，应按图 8-24 所示施工顺序处理。

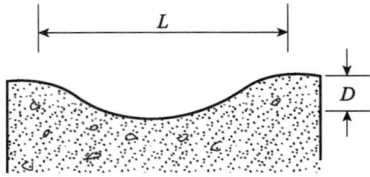

图 8-23　喷射混凝土基面处理要求

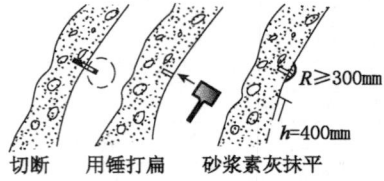

图 8-24　处理钢筋、铁丝外露示意图
h-砂浆高度

②当有钢管凸出时，则应按图 8-25 所示施工顺序处理。

③当金属锚杆端部外露较长时，则应从螺帽开始留 5mm 切断后，再用砂浆进行覆盖处理，按图 8-26 所示要求施工。

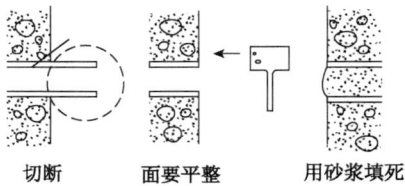

图 8-25　处理钢管外露示意图

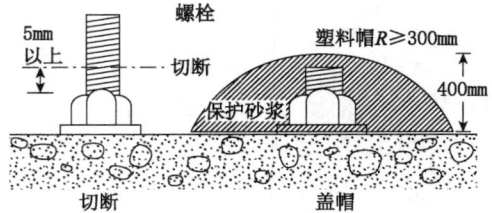

图 8-26　处理金属锚杆外露示意图

2）防水层施工工艺

（1）PE 泡沫垫衬的施工

在喷射混凝土隧道拱顶部正确标出隧道纵向的中心线，再使 PE 泡沫塑料垫的横向中心线与喷射混凝土上的这一标志相重合，从拱顶部开始向两侧垂直铺设，用塑料胀管、木螺丝、射钉枪和塑料垫片将 PE 泡沫卷材固定在符合基面要求的混凝土上，有时局部也可用热风塑料焊枪将 PE 泡沫塑料垫衬热粘在基面上，翘边处及其他必要点用射钉枪按上述方法加以固定。PE 泡沫塑料垫衬卷材间的接缝用热风塑料焊枪进行焊接。

（2）热塑性塑料圆垫片的施工

热塑性塑料圆垫片是隧道复合式衬砌塑料网垫片防水层施工的必要部件，用塑料管和木螺丝、射钉枪和射钉将它覆盖在 PE 泡沫垫衬上，每隔 50～150cm 按梅花形布设，其构造如图 8-27 所示。

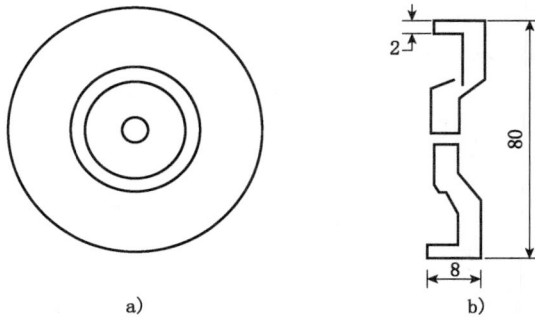

图 8-27　热塑性塑料垫片构造示意图（尺寸单位：mm）

采用塑料胀管和木螺丝的固定方法简单,价格低,且较易控制螺钉头不超出塑料圆垫片平面。

(3)EVA、LDPE 或 ECB 的铺设

裁剪卷材时要考虑到卷材必须搭接在底板上,且离边墙的距离要大于 30cm,先在隧道拱顶部的 PE 泡沫塑料垫衬上正确标出隧道纵向中心线,使防水膜的横向中心线与这一标志相重合,再将拱顶部与塑料圆垫片热熔焊接,与 PE 泡沫塑料垫衬一样,从拱顶开始向两侧下垂铺设,边铺边与圆垫片热熔焊接。铺设时要注意与喷射混凝土凹凸不平处密贴,且不可拉得太紧,一定要注意留出搭接余量,EVA 膜和 LDPE 膜在与圆垫片用压焊器对准圆垫片所在位置进行热合,一般十余秒即可(注意压焊器与 LDPE 膜之间应垫一小块 0.8 ~ 1mm 厚的聚四氟乙烯)。

用塑料热合机焊接材质较好的防水膜时,还可采用反弯法进行施工,即先将两层膜对接,然后热合焊接。当双焊缝经检查合格后,将其弯向一侧点焊在卷材上,这样可避免焊缝剥离,其做法如图 8-28 和图 8-29 所示。

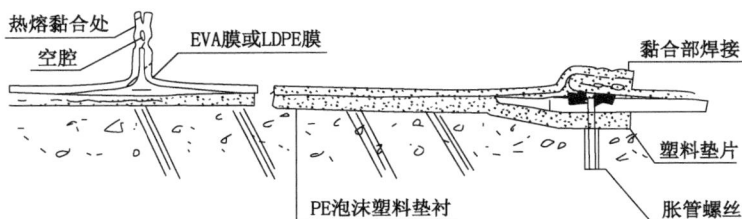

图 8-28 焊接部位示意图

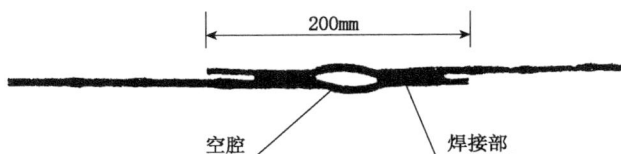

图 8-29 焊接示意图

3)焊接质量的检查

防水膜间用热合机进行焊接,接缝为双焊缝,中间留出空腔以便充气检查。

检查方法用 5 号注射针和压力表相接,用打气筒(脚踏式或手动式皆可)进行充气,充气时检查孔会鼓起,当压强达 0.1 ~ 0.15MPa 时,停止充气,如保持该压强时间不少于 1min,说明焊接良好;如压强下降,证明有未焊好之处,用肥皂水涂在焊接缝上,在产生气泡的地方重新焊接。可采用热风焊枪和电烙铁等补焊,直到不漏气为止。检查数量为每焊接 1000m 抽检 2 处焊缝,为切实保证质量,每天每台热合机焊接均应取一个试样,注明取样位置、焊接操作者和焊接日期。

4)防水层的保护

防水层施工完毕后,必须注意严加保护,否则极易损坏,导致防水工程质量下降乃至完全失效。

(1)当底板防水层做好后,要及时施作防水混凝土保护层对防水板进行保护。

（2）在没有保护层处（如拱顶、侧墙）绑扎钢筋时不得扎穿防水层，焊接钢筋时必须在此周围用石棉水泥板遮挡，以免溅出火花烧坏防水层。

（3）在灌注二次衬砌混凝土时，振捣器不得接触防水层，以免破坏防水层、振捣器对防水层的破坏不易被发现，也无法修补，故二次衬砌混凝土施工时要特别注意。

（4）不得穿带钉子的鞋在防水层上走动。

（5）对现场施工人员加强防水层保护意识教育。

5）防水层破损的检查与修补

防水层破损有时难以避免，例如正在进行中的塑料热合机突然停电不能前进，那么停机时就会将防水层烧坏。

因此，在防水层上检查出的破损之处，必须立即做出明显的记号，以便把所有的破损处修补好，修补后一般采用真空法检查，具体要求如下：

（1）修补范围不能太小，离破损孔边沿不得小于7cm。

（2）修补范围要剪成圆角，不要剪成正方形、长方形、三角形等。

8.4.6　施工中缝隙的防水处理方法

为适应结构收缩变形、基础不均匀沉降而设置的变形缝及混凝土裂缝，是地下水渗出的通道，会直接影响结构物的防水质量，必须认真防治。

（1）施工缝防水处理方法

施工缝是在施工过程中由于不连续浇筑而留下的两层混凝土之间的缝隙。

①水平施工缝的处理

水平施工缝处理方法的原理是：使两层黏结密实或延长渗水路线，阻挡压力水的渗透。施工缝的断面可做成不同形状，常有企口缝、平口缝和钢板止水片等，其结构形式如图8-30所示。在企口式施工缝中，由于凹平缝使用效果差，一般不容许使用。

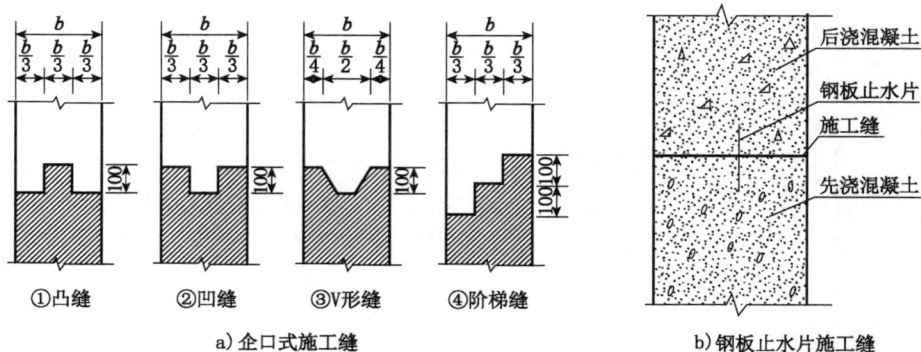

①凸缝　②凹缝　③V形缝　④阶梯缝

a）企口式施工缝　　　　　b）钢板止水片施工缝

图8-30　水平施工缝的结构形式（尺寸单位：mm）

无论采用何种形式的施工缝，浇筑混凝土前均需对表面清理浮浆、浮灰及杂物，凿毛，冲洗表面，保持基面湿润。

对防水要求较高的水平施工缝，可采用防水砂浆表面封堵或加贴防水卷材等措施。

②垂直施工缝的处理

垂直施工缝应尽量和变形(沉降、伸缩)缝一致,当必须留施工缝时,可按伸缩缝的办法处理。

(2)混凝土裂缝防水处理方法

在灌注二次模筑混凝土时,由于其内部产生温度应力、衬砌变形或不均匀沉降,往往导致混凝土裂缝。混凝土裂缝也是地下水渗漏的主要通道,是防水处理的关键部位。混凝土裂缝防水处理主要有排堵结合式和注浆封堵式两种。

①排堵结合式

在边墙部位产生混凝土裂缝时,可先沿裂缝凿开 5cm×5cm 的 U 形槽,然后用塑料半圆管、环氧树脂、PVC 防水板、水泥砂浆等填满,使其形成内部排水、外部封堵的防水结构,如图 8-31 所示。

②注浆封堵式

先沿裂缝凿开 5cm×10cm 的 V 形槽,然后用速凝砂浆封堵。在封填速凝砂浆时,按设计要求埋入注浆管,待砂浆强度达到要求后,压注化学浆液进行封堵,如图 8-32 所示。

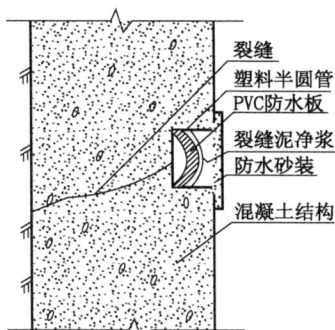

图 8-31 排堵结合式裂缝防水处理

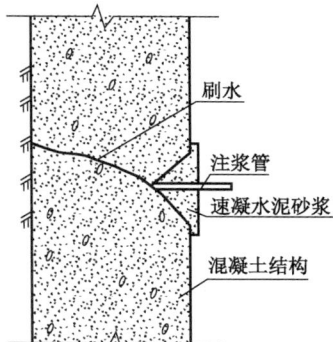

图 8-32 注浆封堵式裂缝防水处理

排堵结合式和注浆封堵式防水处理方法也可应用于垂直施工缝的防水处理。

(3)变形缝(沉降、伸缩)的防水处理方法

以往变形缝的防水多用设置橡胶或塑料止水带的方法,但由于施工中安装止水带位置不当或"走形"、止水带材料选择不当等原因,防水效果不甚理想。近年来,在地铁施工中采用改进的处理方法,效果很好。

①防水方案及防水材料

根据"堵排结合,刚柔结合,多道防线,综合治理"的原则,采用剔缝→设引水槽→高效防水砂浆抹面→弹性防水材料嵌缝→对缝两边混凝土凿毛→粘贴涂有聚氨酯水涂料涤纶布(一层,使其呈 Ω 形,并涂厚 2mm 的聚氨酯防水涂料)的方案。

上述方案中防水材料主要有三种:一是高效防水砂浆,二是弹性防水嵌缝材料,三是 Ω 形防水涤纶布,这三种材料的选择直接影响其防水效果。实践证明,高效防水砂浆可用 JC-505 无机铝盐水泥防水剂加硅酸钠配制而成,弹性防水嵌缝材料可选用 SGJ-851 型中档聚硫密封胶,Ω 形防水涤纶布则以用焦油聚氨酯防水涂料效果较佳。当然,随着新型防水材料的不断出现,也可选用更可靠、更经济的材料。

②施工程序及关键点

a. 剔槽。沿变形缝剔槽,槽宽 3～4cm,深约 10cm,呈 U 形。为提高防水效果,保证弹性防水材料与混凝土的黏结强度,必须将两侧混凝土剔除新茬。

b. 设引水槽。引水槽采用厚 0.5mm 镀锌铁皮制作,做成 U 形,槽深 30mm,安装时紧卡在槽壁上,为使其排水顺畅,要保持一定坡度。如北京地铁安定门车站横断面宽约 20m,考虑到向两侧排水,以车站中心线为界,向两侧坡度为 2‰引水槽固定采用高效速凝防水砂浆。

③抹压高效防水砂浆

将按一定比例配制成的高效防水砂浆用力抹压在引水槽外,厚 15mm,铁皮槽两边砂浆尤其要密实,做到无渗漏和印水。

④弹性防水材料嵌缝

因双组分聚硫橡胶嵌缝要求基面干净、干燥,故在填胶前要用汽油喷灯烤干或用电热吹风机吹干,然后用射胶枪或用抹子向缝中填压,并立即用硬纸壳托板支住(下用竹片支撑)。为了保证双组分聚硫橡胶防水效果,其厚度应不小于 15mm,宽度与剔凿的变形缝相等,为使其左右双向受力,槽底面要贴隔离纸(可采用胶贴牛皮纸)。

⑤粘贴涂有聚氨酯涂料涤纶布的口形止水带

先对变形缝两侧各 60mm 范围内混凝土基面打毛,必须剔出新茬,清洗干净之后用喷灯烤干或用电热吹风机吹干,再在混凝土新茬上涂刷聚氨酯涂料,并立即将已涂有聚氨酯涂料的涤纶布粘贴上,用手压紧。注意使涤纶布中间下垂 15～20mm,涤纶布粘贴完后,立即涂刷一层聚氨酯涂料(厚 1mm)。12h 后再涂第二层,使其总厚度达到 2mm。

⑥压水试验

根据工程具体情况,必要时可进行压水试验,也可用肉眼观察处理后的变形缝有无渗漏水、引水槽至排水管是否顺畅。

上述处理变形缝渗漏水的原则也可用于处理漏水严重的施工缝或裂缝,总之,复合式衬砌结构是浅埋暗挖法施工设计中最优的支护结构形式,从受力、防裂、防水以及施工所必需的程序考虑,都需要这种结构形式。

8.5 仰拱施工

采用暗挖法施工时,为了避免出现软弱围岩开挖所造成的底部塑性区上鼓现象,必须采取尽早修筑初期支护仰拱的做法,使支护结构及时封闭成环。当结构断面较大、埋置深度很浅而采用分部开挖时,每部开挖后应及时设置临时仰拱,使初期支护及早封闭成环,可以抑制开挖断面底部的位移,从而提高施工阶段的稳定性,改善结构受力状况,减少对底部围岩的扰动,并可大大减少其施工对地面的影响。

图 8-33a)为因未设仰拱而造成拱脚位移和底部上鼓,对围岩影响范围较大;图 8-33b)为设置仰拱后,可控制拱脚位移和克服地层上鼓现象,从而大大缩小了对围岩的扰动范围。因此,及时进行仰拱封闭的施工非常重要。

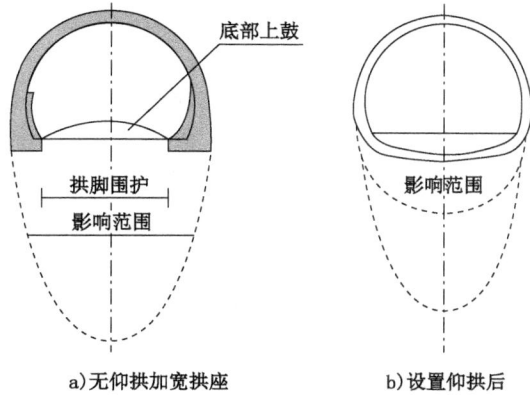

a)无仰拱加宽拱座　　　　　b)设置仰拱后

图8-33　设置仰拱对底部围岩的影响

8.5.1　仰拱修筑顺序

理论和实践均证明,仰拱只有和上部初期支护形成封闭结构后,才能发挥其应有的作用。另外,仰拱修筑顺序和支护结构闭合时间对支护尽快发挥作用影响很大。因此,初期支护的施作顺序是:从上向下先开挖上半断面,初期支护也应紧跟从上向下进行施作,临时仰拱多放在隧道断面中部的拱脚附近,初期支护正式仰拱则在断面最大部位。

如采用分块开挖正台阶法施工,施作临时仰拱的时间应以尽快闭合为原则,一般情况下,应在24h内施作临时仰拱,形成初期支护闭合结构,再进行落底下半断面开挖时,纵面落底长度一般为1～2榀钢拱架长度,初期支护正式仰供也应及时封闭,这对保证工程的稳定是十分有利的,而对二次模筑衬砌仰拱的施工,由于不受力的影响,可以根据施作要求先做或后做均可,但一般也是铺底和仰拱先施作,并超前50～100m,然后进行边、墙、拱模筑衬砌的施作。

8.5.2　初期支护仰拱施工

当地层较好、断面不大时,可采用扩大拱脚和施作锁脚锚管的办法代替临时仰拱的施作。若通过变形量测检验其变形较大,可改用临时仰拱(图8-34)。临时仰拱一般使用型钢加工,在钢支撑拱脚上焊100mm×100mm×10mm角钢,让仰拱与其顶紧(不焊接、不栓接),然后喷射混凝土。

如果断面较大,采用正台阶法施工时,由于分层较多,初期支护封闭时间和长度应尽量减少,为了确保安全,在上台阶可跳段设临时仰拱,跳段间距3～4m,要快速施作初期支护仰拱,当仰拱钢拱架和边墙钢拱架拼装成完整封闭结构后,应立即喷射

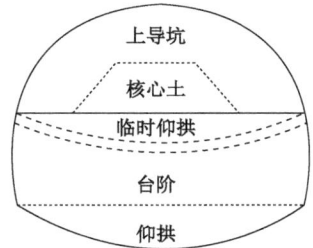

图8-34　临时仰拱封闭

混凝土,待8h后铺渣土至轨道标高,以保护仰拱结构。根据施作安排及实际情况,若用装渣机进行装卸作业,一般要在两天后才能在已施作的仰拱上作业,这样才不会压坏仰拱结构。

8.5.3　二次模筑仰拱衬砌施工

二次模筑衬砌施工在浅埋暗挖中不需要紧跟,该层结构主要是为了防水和承受可能产生

的地震或特殊荷载,从防止衬砌开裂出发,必须在隧道初期贯通且贯通测量无问题后,方可施工,所以该项施工是调节性工序。但二次衬砌施工次序必须遵守从下向上施作的原则,决不容许采用先拱后墙再施作仰拱的错误方法,仰拱及边墙底超前施工长度一般为模板台车长度的3～4倍,在该区段应认真清理,清洗好初期支护的仰拱及洞周表面之后,再进行无钉铺设防水层作业。最后,才能进行二次仰拱模筑衬砌的施工。该工序要求严格、认真、准确,它是灌注墙拱混凝土等关键工序的先导工序,如图8-35所示。

图8-35　仰拱二次衬砌混凝土

8.6　二次衬砌模筑混凝土施工

在隧道及地下工程中,常用的衬砌形式主要有整体式衬砌、复合式衬砌及锚喷衬砌。整体式衬砌即为永久性的隧道模筑混凝土衬砌,常用于传统的矿山法施工。复合式衬砌由初期支护和二次衬砌组成,初期支护是帮助围岩达到施工期间的初步稳定,二次衬砌则是提供安全储备或承受后期围岩压力。初期支护按主要承载结构设计与施工,二次衬砌在Ⅲ级及以上围岩时按安全储备设计,在Ⅲ级及以下围岩时,则按承受后期围岩压力结构设计与施工,并均应满足构造要求。锚喷衬砌的设计基本同复合式衬砌中的初期支护的设计,只是增加一定的安全储备量(主要适用于Ⅱ级及以上围岩条件)。

由于地质条件复杂多变,尤其是在稳定性很差的Ⅴ～Ⅵ级围岩中,单用工程类比法进行设计和施工,不能保证衬砌结构的可靠性和合理性。按照现代支护理论和新奥法施工原则,作为安全储备的二次支护是在围岩或围岩加初期支护稳定后及时施作的,此时隧道已成型。因此,二次支护多采用顺作法,即按由下到上、先墙后拱的顺序连续灌注。在隧道纵向需要分段支护,分段长度一般为9～12m。二次衬砌多采用模筑混凝土作为内层衬砌结构。由于时间因素影响很大,二次衬砌和仰拱的施作直接关系到衬砌结构的安全,过早施作会使二次衬砌承受较大的围岩压力,拖后施作会不利于初期支护的稳定。因此,在施工中通过监控量测,掌握围岩与支护结构的变化规律,及时调整支护与衬砌设计参数,并确定二次衬砌和仰拱的施作时间,使衬砌结构安全可靠。

8.6.1 二次衬砌混凝土施工主要技术要求

二次衬砌混凝土施工除应遵守《地下铁道工程施工质量验收标准》(GB/T 50299—2018)有关规定外,尚应符合下列要求:

混凝土混合料必须同时输入搅拌机,采用搅拌车及泵车输送混凝土时,要求在输送混凝土过程中不得停拌,自进入搅拌机至卸出的时间不得超过混凝土初凝时间的1/2;初期支护基本稳定后,应及时施作二次衬砌。

8.6.2 二次衬砌的施作时间

根据国家标准《岩土锚杆与喷射混凝土支护工程技术规范》(GB 50086—2015)的规定,二次衬砌应为围岩和锚喷支护变形基本稳定后施作。主要条件是:位移速率有明显减缓的趋势;拱角附近水平收敛量小于0.2mm/d;已产生的位移占总位移量的80%以上。其位移与位移速率是以采用机械式收敛计实测数据为依据的。从安全方面考虑,水平位移与拱顶下沉速率是指至少7d的平均量,总位移值可由回归分析计算求得。自稳性很差的围岩,可能在较长的时间达不到上述基本稳定的条件,喷射混凝土将会出现大量明显裂缝,而支护能力难以加强,此时则应及早施作仰拱,以改变围岩变形条件。若围岩仍不能稳定,应提前施作二次衬砌,以提供支护抗力,避免初期支护坍塌。如二次衬砌仅作为防水层的不承重结构,其自重轻,无论单、双线隧道,当混凝土强度达到2.5MPa时,即可拆模。

8.6.3 二次衬砌混凝土施工要点

(1)泵送混凝土施工的技术要求

泵送混凝土的坍落度,振捣时通常应为8~12cm,不振捣时通常应为15~21cm。管径分别为100mm、125mm、150mm时,其最小水泥用量分别为280kg/m³、290kg/m³、300kg/m³。管径分别为100mm、125mm、150mm时,其石子粒径分别小于或等于20mm、25mm、40mm,泵送物含气量应以5%左右为宜。

(2)普通防水混凝土施工的技术要求

采用的强度等级不应低于P.O32.5;水泥量不得少于280kg/m³(无外掺料);水灰比不应大于0.6,灰砂比不应小于1:2:8;细集料宜用中砂,其砂率应比普通混凝土高5%~8%;混凝土中粒径在0.16mm以下砂的质量,应占集料总质量的5%左右。

(3)泵送防水混凝土施工的技术要求

泵送防水混凝土施工除应按前述泵送混凝土施工技术要进行外,尚应满足下列要求:采用的强度等级不应低于P.O32.5;水泥量不得少于36kg/m³(无外掺料);骨灰比宜采用5:1,灰砂比不应小于1:2.8(冬期施工时,应适当降低水灰比);砂率应比普通混凝土高5%左右;每方混凝土中,粒径在0.315mm以下砂不得少于400kg;外加剂应选用减水缓凝剂,其掺量应冬夏有别,冬期施工时应掺用加气剂。

8.6.4 初期支护和二次衬砌间空隙处理

(1)混凝土自重及收缩

因混凝土收缩而产生空洞,除延长早期养护,也可控制通过混凝土的水胶比,或者添加减水剂、适量的膨胀剂及外掺料,从而减小收缩。

(2)防水层铺设不规范

铺设防水卷材时应事先计算好富余量,选用合适卷材或防水板,避免其过度沉落,悬吊点应设置密集并与钢钉连接良好。

(3)混凝土施工不当

加强对空洞部位二次衬砌混凝土强度检测,在衬砌混凝土达到设计强度后,进行衬砌拱顶注浆填充。

8.6.5　防止和减少二次衬砌开裂的主要措施

(1)由于混凝土收缩和水泥水化发热,混凝土灌注后温度上升,经 3~5d 后温度下降等,衬砌受拉超过混凝土极限强度后而出现裂缝。在混凝土中添加减水剂、膨胀剂可以减少单位水泥和水的用量,因膨胀剂可以使混凝土压密实,从而减少混凝土的收缩应变等。

(2)初期支护与二次衬砌间设置隔离层或低标号砂浆后,可减少对二次衬砌的约束。设置防水隔离层,可以使衬砌支护与一次衬砌之间不传递切向力,因此对防止二次衬砌开裂有很大的作用。但在铺设防水隔离层之前,应用喷射混凝土或水泥砂浆将初期支护表面大致整平,以改善二次衬砌的受力条件。但是防水隔离层造价较高,应进行技术经济比较。

(3)改进混凝土的灌注工艺和提高施工技术水平,并加强混凝土振捣和养护,精心施工,可以提高混凝土衬砌的施工质量。可在易开裂部位加设少量钢筋,使混凝土裂缝分散而裂缝宽度不超过允许值。在改进混凝土施工工艺的同时,可放慢灌注速度,并在两侧边墙对称分层灌注混凝土,到拱脚处停止 1h 左右,待边墙混凝土衬砌下沉稳定后,再灌注拱部混凝土衬砌。

(4)二次模筑混凝土衬砌环节不宜过长,以免混凝土硬化收缩使衬砌产生裂缝(模板台车长度一般为 6~12m)。当混凝土灌注速度过快时,沉降不均匀易产生裂缝,拱脚附近裂缝更多。

(5)在衬砌内或易开裂部位布置少量钢筋,可减少裂缝的产生,并使裂缝分布较均匀而裂缝宽度不超过允许值等。

8.6.6　二次衬砌有害裂缝的处理方法

隧道二次衬砌结构漏水或影响使用的裂缝应用水泥砂浆、丙烯酸、环氧树脂或砂浆等嵌缝和补强,根据其裂缝宽度大小,采用不同材料嵌缝。对于细小裂缝,用丙烯酸、水泥浆或环氧树脂等涂刷和嵌缝效果较理想;对于较大裂缝,用水泥砂浆或膨胀水泥砂浆嵌缝较合适;对大裂缝(缝宽大于 5mm),宜用环氧树脂砂浆,或采用压浆、钢筋网喷混凝土等进行补强。

8.7　超前支护施作

在浅埋、软弱地层中施工时,当围岩自稳时间短,不能保证安全地完成初期支护时,为确保施工安全,加快施工进度,必须在开挖前对工作面前方的围岩进行超前支护,然后才能进行开挖作业。超前支护有多种方法,如插刀盾构、麦塞尔板(顶板法)、超前预切槽、超前长管棚、超前锚杆、超前小导管、插板、排钉等,施工时应根据实际情况选择。

8.7.1 超前锚杆和超前小导管

采用浅埋暗挖法施工时,当围岩自稳时间在 12 ~ 24h 之间,通常采用超前锚杆或超前小导管支护。若结构跨度较小,常采用超前锚杆支护;若结构跨度较大(跨度≥6m)或锚杆成孔较差,可采用超前小导管支护。采用超前小导管支护时,为提高支护效果,须配合钢拱架支护。

(1)超前锚杆和超前小导管的布设

①超前锚杆的布设

超前锚杆的布设有以下两种形式:

a. 以钢拱架为支点的全长黏结砂浆超前锚杆。超前锚杆的尾部是以钢拱架为支点,在钢拱架腹部穿过,锚杆长度一般为短台阶的高度加 1m,总长度多为 3.5 ~ 4.0m。

b. 迈式注浆(或不注浆)自进式超前锚杆。该类型锚杆是一种将钻进、注浆、锚固等功能合为一体的锚杆,在成孔不好的地层,如回填土、砂土、砂砾石、黏土等松软地层中应用效果最好。因钻杆就是锚杆,不需先钻孔后放锚杆,所以操作简单,能节省 25% 的工作量,是一种较理想的锚杆形式。

②超前小导管布设

在软弱、破碎地层中凿孔后易塌孔,且使用超前锚杆比较困难,或者结构断面较大时,应采取超前小导管支护,并必须配合钢拱架使用。

超前小导管一般用直径 30 ~ 50mm 的焊接钢管或无缝钢管制作而成,为便于打入地层,前端常做成尖靴状,后端焊一圈 $\phi8$ 钢筋加固。

小导管间距一般为 40cm,外插角为 10° ~ 15°。外插角不宜过大,以减少超挖。管子打入 3.3m,外露 20cm。

(2)超前锚杆和超前小导管支护的施工

超前锚杆和超前小导管的施工一般采用钻孔打入法,其安设方法及步骤如下:

①用 YT-28 型风钻或专用液压台车打孔,然后用吹管,将孔内岩粉吹出成孔。

②插入锚杆或小导管,插入有困难时,可用带冲击锤的 YT-28 型风钻顶入或直接用重锤打入。有钢拱架时,小导管及锚杆插入须从其腹部穿过。

③用吹风管将导管内砂石吹出或用掏钩钩出。

④导管周围和工作面裂隙用塑胶泥封堵,或在导管周围和工作面喷 8 ~ 10cm 厚混凝土封闭。

⑤超前锚杆灌浆可使用牛角泵、注浆泵或早强药包。

(3)超前锚杆和超前小导管施工的注意事项

①保证整体稳定

超前支护的作用是防止开挖面顶部坍塌,在相邻已施工的初期支护抑制了围岩的有害变形时,超前支护才能承受纵向"次生拱"的压力。因此,要求初期支护能可靠地承受超前支护端部传来的荷载,并能保证整体稳定。特别要注意距掌子面 1 ~ 1.5 倍洞径范围内初期支护变形和收敛情况,如有问题,应及时采取加固措施,否则会造成此范围内的整体坍塌。

②采用控制开挖技术

如果放炮后超前支护的顶部被掏空,将会大大削弱其超前支护的效果。因此,在开挖时应注意控制成型质量,防止超挖,使超前支护能起到应有的作用。

③选择合理的开挖方法

掌子面前方的正面坍塌往往会导致超前支护失效。在选择开挖方法时应尽量降低开挖高度,如采用环状开挖或上半断面开挖并预留核心土等方法,以保证掌子面的稳定。

④喷射混凝土抵紧掌子面

当使用钢拱架支护时,由于掌子面不整齐,在掌子面的顶部和钢拱架之间总有一定的空隙,应先喷射一层混凝土,至少应喷平钢拱架外缘,这样可以加强超前支护的作用。

8.7.2 长管棚超前支护

长管棚超前支护作为地下工程的辅助施工方法,是为了在恶劣和特殊地质条件下安全开挖,预先提供增强地层承载力的临时支护方法,对控制塌方和抑制地面沉降有明显的效果,它是防止地中和地面结构物开裂、倒塌的有效方法之一。由于其施工精度要求高、要求专用设备、造价高、速度慢、纵向搭接设置第二排管棚难度大等原因,只在特殊地段、通过距离不长的不良地层或不稳定地层处开挖洞门时采用。长管棚的设置主要有钻孔引入法和导管直接打入法等,一般采用钻孔引入法。根据地层成孔的难易程度,可选择不同的成孔机械,当地层允许先钻孔后排管时,可采用普通的地质钻机、液压钻孔台车、锚杆钻机等钻进设备;当成孔困难时,必须采用跟管钻机,边钻孔,边打入导管,这种钻机效率高,但价格较高。直接将管棚打入地层的方法多用于处理塌方和山岭隧道通过松散软弱地层,且要求精度不高的地段。当存在空洞或孤石,导向难以控制时,多配合采取注浆的方法进行地层加固。

1)长管棚的布设

长管棚一般是沿地下工程断面周边的一部分或全部,以一定的间距环向布设,以形成管棚群。沿周边布设的长度及形状主要取决于地形、地层、地中或地面及周围建(构)筑的状况。通常采用以下几种形状:

①扇形布设。用于隧道断面内地层比较稳定,但拱部附近的地层不稳定的场合。

②半圆形布设。用于隧道下半部地层稳定,但拱线以上的地层不稳定的场合。此外,即使地层比较稳定,但地面周围有结构物且埋深很小时也多采用此种布设。

③门形布设。隧道除了底部外,布置成半圆一侧壁的门形。隧道基础稳定,但断面内地层和上部地层不稳定时采用。

④全周布设。用于软弱地层或膨胀性、挤压性围岩等级较低的场合,但不提倡采用。用垂直底部和边墙锚杆注浆取代,效果更好。

⑤上部一侧布设。隧道一侧有公路、铁路、重要结构物等需要防护,或斜坡地形可能形成偏压时采用。

⑥上部双层布设。用于隧道上部有重要设施,拱部地层是崩塌性的、不稳定的,或地铁车站等大断面隧道施工,或突破河海底段施工时采用。

⑦"一"字形布设。在铁路、公路正下方施工,或在某些结构物下方施工时采用。

2）长管棚施工长度的确定

长管棚长度的确定,应视隧道所处地形、地质情况,以及地面、地中建(构)筑物状况而定。特别是在预计地质条件比较复杂的情况下,应该沿隧道轴向进行试验钻孔,取得更详细的数据,以决定管棚的施工区长度,从确保管棚施工质量考虑,管棚长度一般为 10～35m。

3）长管棚超前支护施工

长管棚超前支护的施工工艺流程:设置管棚基地→水平钻孔→压入钢管(必须严格向钢管内或管周围土体注浆)→管棚支护条件下进行开挖。

如果隧道内的岩土层结构松软,或有破碎带,或自承力很低,可再提高管棚的支承力及侧墙的承载力,包括在管棚间的缝隙打上顶板铆钉或扇状铆钉,底板钻进灌浆孔、隧道侧墙下钻进微型桩。

（1）设置管棚基地

长管棚超前支护段处于工程洞口端时,可以在洞口外设置管棚基地。长管棚超前支护段处于隧道中部时,可开挖竖井,设置竖井管棚基地;也可在隧道内通过扩大断面来设置隧道内管棚基地。当没有跟管钻机时,不提倡在洞内施作管棚,因为这样做需要扩大洞室,对稳定地层不利,且工期长、造价高。

（2）钻水平孔

①钻孔前的准备

钻孔一般使用装有硬质合金钻头的钢管,按常规水平钻孔方法钻进,钻到设计长度后,接好的钢管要一边移动,一边插入。为了确保钻孔质量,提高钻进速度,钻孔前须做好以下准备工作:

a.设置隔墙。

在管棚起始端,为了确保钢管的位置,并防止浆液溢出,要利用喷射混凝土设置具有抵抗注浆压力的隔墙,厚度一般为 15～40cm。

b.设置标准拱架。

为了控制钻杆及钢管的挠曲和移动,保证钻孔精度,应设置标准拱架,并用小模板模筑混凝土成型,预留钻孔套管,以便支撑钢管。为了防止打入钢管时产生振动,拱架应固定。拱架通常采用 150mm×150mm×7mm×10mmH 型钢加工制作,在距离隔墙 20～30cm 处设置一榀,以后每隔 2.5m 架设一榀,共 2～3 榀。

设置好标准拱架后,可采用枕木(150mm×150mm×4m 或 150mm× 150mm×2m)制作管棚脚手架,用以安设钻机。

c.安置水平钻机。

水平钻机和注浆机械应牢固地固定在脚手架上。

d.配置其他附属设备。

为了确保安全快速施工,还应配置注浆设备、电气设备、给风设备、给水集尘设备等。

②水平钻孔

钻孔开始前,把钢管放在标准拱架上,测定钻孔地点和钻机的中心,使两点一致。为了防止钻孔中心振动,钢管应用 U 形螺栓与拱架稍加固定,以防止弯曲。水平钻孔应选择与地质条件相适应、弯曲小的有效方法,通常采用的方法有如下几种:

a. 一般钻孔法。

钢管前端装钻头,用接头与钢管连接,从钻孔中把压缩空气和水送到岩芯套筒内,并转动岩芯套筒,则硬质合金钻头切削围岩,土、砂和水从管的外围排出。这种方法可在用较小半径的钢管打入时采用,但在软弱土层中,由于送水会使管周围岩变差(钢管插入后要用压浆补强),因此,可用水泥浆代替水、泥水、膨润土等,这样既可防止围岩破坏及软化,还可防止钻孔扩大、弯曲,是比较有效的方法。

b. 无水钻孔法。

为了提高施工精度,防止送水扰动周围地层,可采用无水钻孔法。该法是把螺旋钻头插入钢管内,用液压千斤顶顶入,顶入困难时,可用螺旋头先行钻孔再插入钢管,土、砂则由螺旋钻头通过管内排出。这种方法适用于 $\phi200mm$ 以上的大直径钢管,具有弯曲小、对地层扰动小等优点,对软弱土层及均匀土层尤为适用,而对砂砾层及硬度大的地层则比较困难。

c. 跟管钻进法。

为了解决破碎地层在钻进时孔壁不稳定的问题,可采用跟管钻进法,即钻杆前进时,把套管拖拉进去。钻头可采用张开、缩回方式,当钻头直径错位张开时,钻孔直径增大,以保证套管跟进,实现跟管钻进,保护孔壁;当钻头反转,钻头缩回时,可使组合锚具从套管中退出。该钻机要求大扭矩(回转扭矩 $4000 \sim 16000N \cdot m$)、大功率(每次冲击功 $400 \sim 800N \cdot m$),能轻易钻进孔深 50m 的卵砾石层,钻孔直径 $89 \sim 250mm$。主臂盘可 $360°$ 回转,主臂架可提供大功率传递动力,供给力最大 40kN,提拔力最大 78kN。采用履带式自行,高压水泵应提供 $P = 600N$、200L/min 注浆量,以满足钻孔排渣及洗孔,该钻机应配有液动锤。

d. 特殊地层钻孔处理方法。

在砂砾层、孤石、破碎带中钻孔,管前端应装上特殊的铠装硬质合金钻头,边回转边钻进。同时,在管内前端装上"十"字形钻头,接上钻杆,钻杆内用压缩空气代替水,旋转钢管和钻杆,并高速打击进行钻孔。管内的渣粉可通过钢管内径与钻杆之间的空隙,从出渣孔与空气一起排出。

当钻孔遇到的地层发生变化,要调整钻孔方法和工具,此时可采用先用小钻头钻进,后用大钻头扩孔的办法,比如打设 $\phi114.3mm$ 钢管时,可用 $\phi84mm$ 岩芯套管安装上硬质合金钻头先行钻孔,然后把套管退出数米,再插入带有 $\phi16mm$ 钻头的 $\phi114.3mm$ 钢管无水钻进。有孤石时,可按最小限度送水钻孔,管内土、砂用硬质合金钻头粉碎后排出。

③防止钻孔弯曲的措施

为了防止钻孔弯曲,应每隔 5m(视情况可调整,一般为 $2 \sim 6m$)对正在钻进的钻孔及插入的钢管的弯曲及其趋势进行孔弯曲测定检查。弯曲趋势加大时,应加以修正。在某些地层中,当长度超过 30m 后修正就很困难,应及早发现,采取相应措施。防止钻孔弯曲的措施如下:

a. 钻孔前使钻孔准确定位。

b. 准确测定标准拱架和钻孔位置。

c. 钻进过程中防止拱架上钢管振动。

d. 注意钻进过程中对扭矩、油压、回转等参数的控制。

(3)打入钢管及注浆

钢管的打入随钻孔同步进行,并按设计要求接长,接头应采用厚壁管箍,上满丝扣,确保连接可靠。钢管打入后,应及时隔孔向钢管内及周围压注水泥浆或水泥砂浆,使钢管与周围岩体密实,并增加钢管的刚度。注浆次序:先采用后退式注浆向管周与地层的空隙内压注水泥浆液(水:水泥＝1:1),当沿全管周边灌注完毕,再用1:1水泥砂浆向钢管内填充。

(4)钢管支撑条件下的开挖

注浆加固围岩后即可开挖,随着开挖面向前掘进,需要用钢支撑来支撑钢管,以防止钢管下落,钢管与支撑间有空隙时应该用楔块楔紧。

钢管棚辅助工法是以防塌为主要目的,对控制地面沉降并不利,因为它提早扰动了地层,且管周的注浆效果也很难控制,同时,由于钻孔精度的原因,往往造成大量超挖,所以,选用时应慎重。

本章思考题

1. 什么是浅埋暗挖法施工中的初期支护?都有哪些组合形式?

2. 用于喷射混凝土的外加剂有哪些?并简述它们的作用。

3. 简述喷射混凝土作业的流程。

4. 什么是喷射混凝土的收缩?其收缩变形包括哪些?

5. 简述锚杆的构造及作用。

6. 常见的锚杆分哪些种类?各自适应什么样的地质条件?

7. 钢拱架与钢筋网支护原理的差异有哪些?

8. 地下工程防水遵循什么原则?有哪几道防水线?

9. 简述地下工程防水层结构的两种形式。

10. 施工中缝隙分为哪几种?应该如何处理?

11. 什么是仰拱?仰拱起到什么作用?

12. 二次衬砌混凝土的主要作用是什么?

参 考 文 献

[1] 住房和城乡建设部. 地铁设计规范: GB 50157—2013[S]. 北京: 中国建筑工业出版社, 2013.

[2] 国家铁路局. 铁路隧道设计规范: TB 10003—2016[S]. 北京: 中国铁道出版社, 2017.

[3] 北京市规划委员会. 城市轨道交通工程设计规范: DB 11/995—2013[S]. 北京: 中国标准出版社, 2013.

[4] 施仲衡. 地下铁道设计与施工[M]. 西安: 山西科学技术出版社, 2006.

[5] 王梦恕. 地下工程浅埋暗挖技术通论[M]. 合肥: 安徽教育出版社, 2004.

[6] 陈馈. 盾构施工技术[M]. 2版. 北京: 人民交通出版社股份有限公司, 2016.

[7] 贺少辉. 地下工程[M]. 北京: 清华大学出版社, 北京交通大学出版社, 2008.

[8] 陶龙光. 城市地下工程[M]. 2版. 北京: 科学出版社, 2011.

[9] 王明年. 城市轨道交通地下车站设计与施工[M]. 北京: 科学出版社, 2014.

[10] 广州地铁集团有限公司. 地铁是怎样建成的[M]. 广州: 新世纪出版社, 2019.

[11] 肖广智. 明、暗挖结合地铁车站建筑结构型式的应用[J] 隧道建设, 2005(03): 15-19.

[12] 裴晓颖. 暗挖车站建筑细部设计探讨[J]. 铁道建筑技术, 2012(52): 18-19.

[13] 陈宏, 胡建国. 暗挖地铁车站建筑设计方法探析[J]. 地下空间与工程学报, 2010, 6(05): 1001-1008.

[14] 崔志强, 胡建国. 地铁车站型式选择[J]. 隧道建设, 2005, 25(04): 18-20.

[15] 黄瑞金. 地铁浅埋暗挖洞桩法车站扣拱施工技术[J]. 地下空间与工程学报, 2007(02): 268-271, 276.

[16] 住房和城乡建设部. 建筑结构荷载设计规范: GB 50009—2012[S]. 北京: 中国建筑工业出版社, 2012.

[17] 住房和城乡建设部. 建筑结构可靠性设计统一标准: GB 50068—2018[S]. 北京: 中国建筑工业出版社, 2019.

[18] 住房和城乡建设部. 混凝土结构设计规范: GB 50010—2010[S]. 北京: 中国建筑工业出版社, 2016.

[19] 住房和城乡建设部. 建筑抗震设计规范: GB 50011—2010[S]. 北京: 中国建筑工业出版社, 2014.

[20] 住房和城乡建设部. 城市轨道交通抗震设计规范: GB 50909—2014[S]. 北京: 中国计划出版社, 2014.

[21] 单仁亮. 土力学简明教程[M]. 北京: 机械工业出版社, 2013.

[22] 高大钊. 土力学与基础工程[M]. 北京: 中国建筑工业出版社, 2017.

[23] 蔡绍怀. 现代钢管混凝土结构[M]. 北京: 人民交通出版社, 2003.

[24] 刘波. 土木工程 FLAC/FLAC3D 实用教程[M]. 北京: 机械工业出版社, 2018.

[25] 王明年. 隧道与地下工程数值计算及工程应用[M]. 成都: 西南交通大学出版社, 2017.

[26] 蒋雅君. 地下工程本科毕业设计指南[M]. 成都: 西南交通大学出版社, 2015.

［27］ 住房和城乡建设部.地下工程防水技术规范:GB 50108—2008［S］.北京:中国计划出版社,2008.

［28］ 沈春林.地下工程防水设计与施工［M］.北京:化学工业出版社,2016.

［29］ 江苏省住房和城乡建设厅.城市轨道交通工程防水设计及施工指南［M］.北京:中国建筑工业出版社,2018.

［30］ 招商局重庆交通科研设计院有限公司,公路隧道设计规范　第一册　土建工程:JTG 3370.1—2018［S］.北京:人民交通出版社股份有限公司,2019.

［31］ 北京市规划委员会.城市轨道交通土建工程设计安全风险评估规范:DB 11/1067—2014［S］.北京:中国标准出版社,2014.

［32］ 施普德.井水量计算的理论与实践［M］.北京:地质出版社,1997.

［33］ 陈湘生.地层冻结法［M］.北京:人民交通出版社,2013.

［34］ 罗富荣,汪玉华,郝志宏.地铁车站洞桩法设计与施工关键技术［M］.北京:中国铁道出版社,2015.

［35］ 孙钧.地下工程设计理论与实践［M］.上海:上海科学技术出版社,1996.

［36］ 高波,王英学,周佳媚.地下铁道［M］.成都:西南交通大学出版社,2011.

［37］ 赵胜.穿越既有线路地铁暗挖施工关键技术［M］.北京:人民交通出版社股份有限公司,2019.

［38］ 崔之鉴,周顺华.城市轨道交通结构设计与施工［M］.北京:人民交通出版社,2011.

［39］ 朱永全.隧道工程［M］.北京:中国铁道出版社,2016.

［40］ 卢刚.隧道构造与施工［M］.成都:西南交通大学出版社,2010.

［41］ 住房和城乡建设部.地下铁道工程施工质量验收标准:GB/T 50299—2018［S］.北京:中国建筑工业出版社,2018.

［42］ 住房和城乡建设部.岩土锚杆与喷射混凝土支护工程技术规范:GB 50086—2015［S］.北京:中国计划出版社,2015.

［43］ 杨其新,王明年.地下工程施工与管理［M］.2版.成都:西南交通大学出版社,2009.

［44］ 杨会军,王梦恕.浅埋暗挖隧道穿越既有线施工技术［M］.北京:人民交通出版社股份有限公司,2019.

［45］ 罗富荣.北京地铁7号线土建施工技术及应用［M］.北京:中国铁道出版社,2018.

［46］ 于书翰,杜谟远.隧道施工［M］.3版.北京:人民交通出版社,2001.

［47］ 王梦恕.中国隧道及地下工程修建技术［M］.北京:人民交通出版社,2010.